Cartas de
DIOS

Si Dios te escribiera una carta

cada día durante un año,

¿Qué diría?

IVAN TAIT

Dedico este libro a mis hijas.

Bethany, Kindra y Abbi, me envuelven en la luz del Sol de su amor y de

su afecto, sosteniendo mi corazón en sus manos.

Introducción

Las palabras nos pueden hacer o destruir. Es una verdad evidente que las palabras correctas, dichas en el momento correcto y por la persona correcta, ¡Pueden cambiar nuestro mundo! Estos momentos exactamente, ocurren cuando escuchamos con nuestro corazón y no con nuestra mente. ¿Alguna vez te has dado cuenta que las palabras tienen el poder de dar vida y de darnos la muerte? Proverbios 18:21 confirma esto diciendo: "La muerte y la vida están en poder de la lengua; el que la ama, comerá de sus frutos." (NKJV) Recuerdo que, cuando era niño conocí a mi padrastro. Las palabras que me dijo mientras repetidamente golpeaba mi cabeza con sus nudillos, sonaban como un eco en mis oídos después de gritarme: "Tu papá no te quiere y yo tampoco, pequeño..." vociferaba. Estas palabras traspasaron mi alma y me marcaron como niño ilegítimo y no deseado. Sufrí con este abuso verbal durante muchos años. Me refugié en la vergüenza y en la culpa, fueron destruyendo mi auto-confianza y robándome mi potencial. También recuerdo que a los ocho años, mi mamá me tomó de las manos. En un partido de básquet, me miró a los ojos, tomó mi cara y me dijo que era su niño favorito, que era su regalo de Dios. Con sus palabras me rescató totalmente de la destrucción, enviándome un rayo de luz en medio de la oscuridad, lejos del impío y de ese monstruo que invadió mi habitación.

Las palabras pueden empezar guerras y terminarlas. Pueden sanar las heridas invisibles de nuestros corazones. Pueden cambiar los feos y vanos argumentos del corazón en cantos de gozo y alegría. El sonido de las palabras puede ser como música para el alma fatigada. Puede ser como una fuente de vida y un manantial de esperanza, o pueden aprisionar, esclavizar y torturar durante años. ¡Cuánto más, las Palabras del Padre pueden tener el poder para cambiar, para sanar y para inspirarnos hacia la integridad, a la grandeza y al amor!

Las palabras pueden hacer crecer alas en el alma y fortalecerse con el viento y volar con nuestros destinos. Las palabras correctas pueden sanar nuestras heridas, sanar nuestros ojos ciegos, reparar nuestros corazones rotos e inspirarnos hacia la grandeza. Las palabras son el alimento de nuestro espíritu y bebida para nuestra mente. Las palabras pueden convertir a un gusano en un príncipe, a un tonto en un genio y a un perdedor en héroe. El poder de las palabras no puede ser medido para bien o para mal. Una palabra puede liberarnos del peso del mundo sobre nuestros hombros. Puede sacudir las nubes de la oscuridad o de la depresión inmersa en nuestros corazones. Las palabras son el pilar de nuestra fortaleza. Son rocas sólidas en las que nos paramos firmemente contra el viento, la lluvia y los embates de la vida. Jesús dijo: "Las palabras que les he dicho son espíritu y vida." (Juan 6:63 NASB). Isaías 55:11 nos dice de la fuerza de la palabra dicha por Dios: "Así es también la palabra que sale de Mi boca: No volverá a Mí vacía, sino que hará lo que deseo y cumplirá con mis propósitos" (NVI). Vemos esta acción en Génesis 1:3. Dios dijo: "Sea la luz," y ¡así fue! Dios sostiene el Universo entero literalmente unido por Su poder—Su pegamento—en Sus Palabras.

Mientras lees este libro, te animo a que seas como Jeremías que dijo: "Fueron halladas tus palabras y yo las comí. Tu palabra me fue por gozo y por alegría de mi corazón." (Jeremías 15:16 RV). Lee estas cartas de Dios. Serán medicina en tu alma creándote inmunidad en contra de la fealdad y la maldad, edificando fortalezas de fe en tu mente y rodeándote con un océano del amor de Dios. Las palabras de Dios son la última palabra en cada asunto de vida. Abre tu corazón y deja que la luz brille en él. Redefine cada día de tu año con una carta que te dará vida. Sueña tan grande como sueña Dios, ama tan extensamente como ama Dios, camina tan alto como camina Dios y ¡deja a tu alma volar!

Ivan Tait

...Mi corazón tuvo temor de tus palabras Me regocijo en tu palabra
como el que halla muchos despojos.
Salmos 119:161 NKJV

Las palabras de Jehová son palabras limpias,
Como plata refinada en horno de barro,
purificada siete veces. Tú, Jehová, los guardarás.
Salmos 12:6 ESV

¡Cuán dulces son a mi paladar tus palabras!
Más que la miel a mi boca.
Salmos 119:103 RV

Cada palabra que me das es una palabra milagrosa,
¿Cómo no las obedecería?
La exposición de tus palabras alumbra;
de modo que hasta los simples pueden entender
Salmos 119:129 MSG

Manzana de oro con figuras de plata
es la palabra dicha como conviene.
Proverbios 25:11 AMP

El Espíritu da vida; la carne no vale para nada. Las palabras que les he
hablado son espíritu y son vida.
Juan 6:63 NVI

Jesús le contestó al citar Deuteronomio: "Se requiere más que pan
para estar vivo. Sino de cada palabra que sale de la boca de Dios."
Mateo 4:4 MSG

El que escucha lo que yo enseño y hace lo que yo digo,
será como una persona sabia que construyó su casa sobre la roca.
Mateo 7:24 ESV

En el arca de Noé

Génesis 7:1
*El Señor le dijo a Noé: Entra en el arca con
toda tu familia, porque tú eres el único hombre justo
que he encontrado en esta generación.*
NVI

En el arca de Noé, puse el mundo. En el arca de Noé, establecí todas Mis promesas. En el arca de Noé, asenté todas Mis esperanzas y sueños de un mundo nuevo y de un nuevo comienzo. En el arca de Noé, dispuse Mis planes para la raza humana. En el arca de Noé, sostuve el corazón del mundo: cada animal, cada latido del corazón, cada buen deseo y todas Mis bendiciones. Hoy no es diferente. He puesto en ti, mi nueva arca de Noé, toda la esencia de quien Yo soy. No he retenido nada para ti. He colocado Mi Hijo en ti. Todos los tesoros del Universo yacen en ti, en la persona de Mi Hijo. No necesitas nada, no te falta nada y nada te faltará. Las esperanzas del mundo están en ti. Los sueños del mundo habitan en ti. Conduce tu camino a través del diluvio. Desembarca en Mi montaña. Sal y empieza a construir, a plantar y crece en una vida nueva conmigo mientras las semillas de tus posibilidades se hacen una realidad.

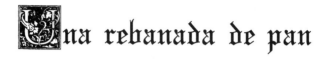

Una rebanada de pan

Deuteronomio 15:4
Para que así no haya en medio de ti mendigo…
RV

Busca a las almas pobres y hambrientas del mundo. Dales una rebanada de tu amor. Mantéenlos vivos con tus constantes generosidades. Da con tu corazón, no por obligación o por voluntad religiosa. Una rebanada de pan de amor conlleva nutrientes que no se ven y propiedades curativas. Comparte tu vida con los huérfanos; albérgalos y edúcalos. Son tus diamantes en bruto esperando por el joyero experto que los pula y exponga sus gloriosos colores y su brillo. Amo a los huérfanos y a las viudas. Yo soy Su Padre. Te los doy para que nunca te quedes sin un sano propósito y un divino amor. Los pobres, el perdido y los olvidados son el camino a Mi corazón. Te guían a Mis brazos. Te colocan en el centro de Mi voluntad. Te protegen de las mentiras del diablo. Te abren los ojos a la verdad y a la religión santa. Te unen a Mí y te mantienen conectado con Mi corazón. Ámalos; mírame. Ámalos; sé como Yo.

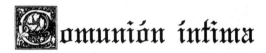omunión íntima

Salmos 25:14
El secreto [la dulzura, la comunión íntima]
del Señor es con los que le temen.
AMP

Me Revelo a aquellos que Me temen. Revelo Mis secretos y abro Mis manos con gusto a aquellos que se estremecen con Mi Palabra. Miro y dependo de aquellos que confían en Mi, incondicionalmente. Siempre estoy listo para responder las preguntas de tu vida. Hay profundidades en Mi amor que quiero revelarte, océanos enteros de recursos naturales y espirituales, no explotados. Mi amor sana y construye aspectos de tu vida que han estado rotos. Este amor arropará tu espíritu y preservará tu herencia. Definirá tu familia y coloreará tu mundo. Hay una relación que tú y Yo podemos tener, una dulce e íntima comunión que hacen que todas las demás relaciones funcionen. Esta comunión añade vida donde ha habido muerte, quiero decir donde no ha habido nada y paz donde el conflicto y la confusión han reinado. Una comunión íntima es lo que te ofrezco. Si tú la aceptas, nuestro viaje empezará otra vez. Bendiciones, regalos, revelación y vida serán tuyos de por vida.

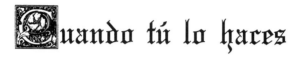uando tú lo haces

Salmos 17:15
En cuanto a mí, continuaré viendo tu rostro en justicia; estaré
completamente satisfecho cuando despierte, sosteniendo tu rostro.
Parafraseo del Autor

Cuando despiertas, Yo despierto. Cuando despiertas, estoy listo esperando para que me alcance tu corazón. Estoy de pie junto a tu cama con Mis brazos extendidos, llamándote por tu nombre. Tengo Mis manos llenas de regalos para tu día, tus destinos, tus bendiciones y tus asignaturas. Ningún día será desperdiciado siendo Yo tu guía. Tengo una vida completa preparada para ti. No habrá errores permanentes que alteren tu vida, en tu futuro y no habrá desastres en tu vida Espiritual. Tu despertar en las horas tempranas será tiempo de jubilosa esperanza cuando te despabiles y reclames tu herencia. La vida del Espíritu comienza. Jamás descuides la vida. Nunca la olvides, la pierdas o la pases por alto. Detente y bebe Mi vida a través de la oración, la adoración y de las acciones de gracias. Cuando despiertes, una canción de victoria comenzará. Tu despertar dará aviso a todos Mis enemigos y éllos huirán.

Maniobrando a través de los rápidos

Salmos 107:29
*Silenció la tormenta hasta calmarla y gentilmente susurró,
hasta que las olas del mar se aquietaran.*
AMP

Toma el tiempo viajando por la vida. No te apresures, no te asustes, o te desesperes. Cálmate. Come Mi Palabra como un dulce curativo. Descansa en Mis promesas. Esconde tu corazón en Mi fidelidad. Afina tu corazón con las notas más altas del verdadero amor, de la fe excesiva y de la santidad pura. Vive como un conquistador en medio de los lobos, de las cabras y de las víboras. Maniobra a través de los rápidos de la vida. Continúa remando; nunca saques tu remo del bote. Otros a tu alrededor se darán por vencidos, saltarán de la barca y abandonarán sus remos, porque tú has sido llamado a vivir en calma donde la paz reina, donde puedes escuchar el sonido de todas las cosas vivas a tu alrededor, jamás serás distraído por el rumor de las aguas revueltas a tu alrededor, nunca pienses que tu bote se hundirá, siempre moviéndote hacia adelante, siempre viendo la luz frente a ti, nunca viendo hacia atrás, nunca temiendo, dudando o temblando por lo desconocido. Segura es tu palabra. Toda tu vida estarás seguro. El peligro es seguridad para ti, porque Yo controlo los rápidos, las olas y los vientos. Soy tu timón. Te traeré seguro a casa en cada ocasión. Descansa con esto y florecerás.

l verdadero escape

2 Timoteo 2:26
Escaparán del lazo del diablo y harán la voluntad de Dios.
Parafraseo del Autor

La libertad total es tu destino. No hay escape parcial conmigo. Porque al hacer fielmente Mi voluntad, escaparás de tu pasado. La persona que eras ayer nunca surgirá de nuevo. El monumento mental del mundo se desmenuzará ante tus ojos. Los antiguos amantes de la carne se separarán. Como la mantequilla en un sartén, tus viejos amos, tiranos, se arrastrarán como víboras sin colmillos buscando un agujero para esconderse. Cada tortuoso, poder seductor perderá su poder atractivo y fascinador. Todas tus pérdidas serán abundantemente reemplazadas.

Mi alma y la tuya se fundirán; nos volveremos inseparables. Nuestras mentes pensarán lo mismo, nuestros corazones latirán como uno, nuestros espíritus tendrán comunión con la dulzura de la vida. Tú serás la fuente de la verdadera bendición para el alma solitaria. El verdadero escape, es la verdadera rendición, cuando todo lo que pidas se convierte en uno con todo lo que soy. Escaparte del mundo y escaparte conmigo. Cada escape divino conduce a un divino descubrimiento donde encuentras el tesoro de tu destino. Cada tesoro revelado te guía a una nueva preparación y a una nueva intimidad conmigo. Huye del ayer.
Sumérgete en tu futuro.

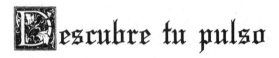escubre tu pulso

Mateo 6:21
*Porque donde esté vuestro tesoro, allí estará
también vuestro corazón.*
RV

La vida tiene un camino para robarle la pasión a la gente: pasión positiva, pasión con energía. Muchas personas son como hombres muertos caminando. Aun cuando estén hablando y sus corazones están latiendo, han perdido su pulso verdadero, la razón de su verdadera existencia, esa parte milagrosa en ellos que les hace saber que están vivos. Yo sé dónde puedo encontrar tu pulso, ese lugar donde te sientes completamente vivo, en donde respirar es fácil y cada paso es una alegre expectativa de que algo bueno va a pasar. Desde hoy en adelante, vivirás en perfecta armonía con el pulso que te doy. Yo lo creé, te lo doy y lo mantendré vivo para tí. Tómate siempre el pulso. Asegúrate de que esté latiendo al unísono con el Mío. Entonces todos tus sueños se harán realidad. El latido de mi corazón es tangible. Mi pulso está lleno de milagros. Toma tu pulso a diario. Compáralo con Mi latido. Deja que se acelere o que reduzca su velocidad en armonía con el Mío. Entonces siempre estarás en el lugar correcto a la hora correcta, contemplando correctamente, escuchando debidamente y haciendo lo correcto. Bendición tras bendición aparecerán en tu peldaño anunciando Mi llegada.

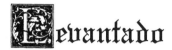evantado

Hechos 3:7
Y tomándole por la mano derecha le levantó;
y al momento se le afirmaron los pies y tobillos.
RV

Cuando toco a alguien con Mi poder, son cambiados para siempre. Cualquier cosa que no cambia para bien, no proviene de Mí. Es tiempo de levantarse de cada circunstancia negativa y de todo pensamiento débil. No dejaré ninguna parte de ti sin tocar. Te tomaré del lugar en el que estás ahora y te llevaré a otro lugar de asombrosa influencia. Tus habilidades para ayudar a la gente están a punto de incrementarse. No dudes de Mi bondad. No titubees en creer lo que te digo. Tu confianza en Mi es tu número de tu cuenta de banco. Cuando confías en Mí incondicionalmente, la bóveda de tu banco se abre. Si, es tiempo para que veas Mi enorme poder trabajando a tu favor. El tiempo para Mi venida se acerca. Ocupa tu lugar en Mi y nunca lo cedas a alguien. Ahora, toma Mi mano y déjame llevarte al lugar de tu destino.

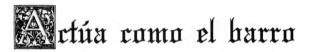ctúa como el barro

Isaías 64:8
Nosotros somos el barro y tú el alfarero.
Así que obra de tus manos somos todos nosotros.
NKJV

Actúa como el barro y no como una roca. El barro no tiene resistencia y tampoco sonido de rebelión. El barro es suave y dócil al moverse, moldearse y es fácil de integrar. El barro tiene la esperanza de convertirse en algo con lo que se podrá edificar. Es la imagen del potencial. Cualquier cosa puede hacerse con el barro. No tiene limitaciones, sólo las limitaciones del alfarero. El barro puede convertirse en el sueño del alfarero. El barro es la visión manifiesta de su alfarero. Es la voz del corazón del alfarero. El barro habla por el alfarero. Representa las intenciones y las esperanzas de su alfarero. El barro no tiene fallas permanentes. En un segundo puede rehacerse y recrearse. Si no funciona, el alfarero lo puede cambiar. Está lleno de posibilidades. Grita a la aventura. Es el total cumplimiento de la vida del alfarero. Todo Su amor se derrama en el alfarero y toda Su esperanza es abundante en Su barro. El alfarero no retiene nada. Ninguna cantidad de presión, de tensión o de dolor puede alojarse en bien del sueño del alfarero. ¡Oh, sé Mi barro! Detente. Espera que te toque. Y te cambiaré. Crearé tu corazón y sanaré tus deformidades. Confía en Mi toque. Confía en Mis perfectas intenciones para ti. Naciste para ser Mi barro, así que actúa como tal y añadiré esplendor a tu destino como Mi barro.

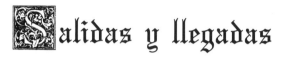alidas y llegadas

Deuteronomio 28:6
Bendito serás en tu entrar y bendito en tu salir.
RV

La vida está llena de salidas y llegadas. Hay momentos para salir y momentos para llegar. No trates de cambiar las salidas o las llegadas. Es necesario para tu destino. A veces necesitas alejarte de cierto tipo de relaciones. Hay personas que al principio serán tus amigos, pero se convertirán en peligrosas obligaciones. Tienes que estar dispuesto en apartarte. Siempre hay nuevos comienzos aguardando en las alas de tu vida. No temas salir de una mala situación. No dudes en alejarte de una persona inútil o de un campo muerto. Date el derecho de llegar a mi voluntad. La llegada y la salida son saludables cuando se hacen con Mi voluntad. Cada salida trae una nueva revelación de Mi bendición. No puedes llegar a Mis nuevas oportunidades si estás atorado en el pasado. No puedes entrar en Mi plan creado para tí, si te rehúsas a dejar el viejo plan. Mi voluntad es una emocionante, desarrollada, amplia voluntad. Soy un Dios emocionante. No me quedo quieto. Deja tu pasado. Entiérralo. Nunca vuelvas a visitar los fantasmas del ayer. Entra en Mi voluntad, descubre Mi plan y llega a Mi casa. Vive ahí, habita sin estorbos y llega a la vida.

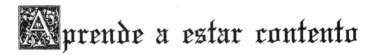

Aprende a estar contento

Filipenses 4:11
Pues he aprendido a contentarme, cualquiera que sea mi situación.
Parafraseo del autor

Existe la escuela del gozo por la que todos Mis soldados deben pasar. Es imperativo que a Mis soldados no les quede ningún aspecto en que puedan ser vendidos, comprados, o sobornados con cualquier placer externo o un simulacro. Un soldado de Dios primero debe ser disciplinado en hábitos de santidad. Esto le permite ser fuerte cada día. Tus hábitos edifican una casa para que Yo habite en ella. Segundo, un soldado debe ser intocable ajeno a todas las fuerzas del mal. Ninguna tortura emocional, mental o espiritual puede destruir a Mi soldado. Un soldado de Dios debe ser el maestro del área de aprendizaje para estar contento ya sea en lo frío o en lo cálido de la vida. Mi soldado se mantiene firme y fiel. Persevera a través de problemas con alegría y con una sonrisa. Camina sin cojear en sus actitudes. Su zancada está libre de la inconveniencia, de la incomodidad personal o del sacrificio. Mi soldado aprende este arte santo y se convierte en el maestro del gozo. De esta manera, él o ella serán totalmente dignos de confianza y capaz de ser recibir la confianza y todas las riquezas de Mi reino.

El don de la sed

Salmos 42:2
Mi alma tiene sed de Dios, del Dios vivo.
¿Cuándo vendré y me presentaré delante de Dios?
AMP

Tu sed por Mi, es mi regalo para ti. Tu sed te guía a Mis atrios y te sitúa delante de Mi trono. Tu sed me permite llenar tu corazón con Mi amor y Mi gloria. En lo profundo de tu ser está el "Gran Cañón" de necesidades y deseos, todo lo que puedo, lo cumpliré. Tu sed es tu GPS para Mí. Me encontrará aún a través de las tormentas, de los tornados y de los huracanes. Mientras continúes sediento nunca estarás perdido. Tu hambre me llama en la vigilia de la noche. Clama a Mi nombre incluso cuando duermes. El hambre te define; te expones a Mí. Desata Mi corazón en ti. Me recuerda tu necesidad y tu amor por Mí. Sin reservas, sin excusas y sin vuelta atrás es el clamor de tu alma sedienta. Te prometo que calmaré tanta sed como tengas. Estar sediento Me honra. Me coloca en el trono de tu corazón y elimina la competencia por tu corazón. Me hace Señor de tu voluntad y el Autor de tu vida. La sed y el hambre serán satisfechas. Permanece sediento y estaré contento.

implemente porque te amo

Proverbios 15:6
En la casa del justo hay gran provisión;
pero turbación en las ganancias del impío.
RV

Hay muchos lugares en donde están escondidos y están enterrados grandes tesoros. Yo sé donde están. Sé donde están todos los tesoros espirituales. Soy el que enterró esos tesoros. Están escondidos para que Mi pueblo, que verdaderamente me ama y que tiene motivos puros, pueda encontrarlos. Tengo el mapa con las direcciones exactas de los tesoros. Sé que ya no estás más interesado en la vanagloria, en el ego-centrismo, en el orgullo o en los vanos y huecos placeres de la carne. Te daré el mapa del tesoro. El deseo de tu corazón te será concedido. No necesitas ni suplicar, ni mendigar. Estos son tus tesoros los que he reservado para ti, simplemente porque te amo. Quiero que uses lo que necesitas y que dones el resto. Ayuda al herido, venda sus heridas y pon ungüento en sus ojos ciegos. Anima a las almas abandonadas. Protege a las víctimas. Esconde al abandonado y restaura las mentes vencidas de los viajeros desvalidos. Da donde no te den a cambio. Siémbrate y mantendré tu semilla fluyendo. Nunca te faltará la semilla para sembrar y riquezas para cosechar.

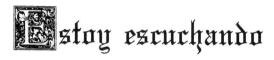stoy escuchando

1 Juan 5:14

Esta es la confianza que tenemos en Él, que si
pedimos alguna cosa conforme a Su voluntad, Él nos oye.
AMP

Nunca dudes que estoy interesado en escuchar tus peticiones en tu oración. Amo el sonido de la oración. La oración es Mi sinfonía; es Mi santuario de música hermosa. El Cielo está lleno de la fragancia de las oraciones puras. Son las flores del jardín del Cielo. Una oración pura, sincera y altruista es como el olor de mil flores hermosas para Mi. Amo tus oraciones; anhelo decir "si" a ellas. Yo acostumbro a responder oraciones. Es Mi alimento cotidiano saber que me necesitas y que estás contando conmigo, saber que porque confías en Mí, repararé ahora lo que está roto. Restaurar lo perdido, sanar al enfermo y liberar a los prisioneros me produce gran gozo. Vivo para sorprenderte con tremendas respuestas. Vivo para darte nuevas y asombrosas convicciones y para abrir tus ojos a nuevas verdades e ideas frescas. Nunca dudes de mi buena voluntad. Estoy escuchando. Ahora, empieza a hablar.

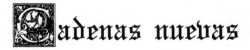adenas nuevas

Jeremías 40:4
*Y ahora yo te he soltado hoy de las cadenas
que tenías en tus manos…*
RV

Respira en el aire fresco de la libertad; nadie te dañará nuevamente. Nunca escucharás el golpeteo de tus cadenas arrastrándose detrás de ti. Mi libertad es permanente. Las cadenas familiares escondidas en tu ADN se disolverán. Las cadenas de la mente se destruirán. Las cadenas de malos hábitos se derretirán frente a ti como la nieve con el Sol. Nunca necesitarás ver hacia atrás; nadie te está siguiendo. He separado los tentáculos de tu alma. Tus entrañas han sido reconstruidas y tu corazón, alma y espíritu ya han sido transformados para siempre. Ahora tus cadenas son cadenas de misericordia y verdad, de amor y poder. Usa estas cadenas cada día; presúmelas. Encadena a tanta gente como puedas a estas cadenas, porque son cadenas eternas en el Cielo. Ahora eres un esclavo del amor. Tu corazón ha sido circuncidado, tu espíritu purificado y tus emociones sanadas. Ahora estás listo para tomar tu lugar en Mi ejército. Ata con correas tus armas, monta tu caballo y sopla tu trompeta. Ataca el campo del enemigo y rescata sus cautivos. Desátalos y sánalos. Este es tu destino verdadero: desatar el cielo en los cautivos del infierno y dejar que el sonido de la libertad reine por toda la Tierra.

La clave para Mi casa

Hebreos 4:16
Acerquémonos, pues, confiadamente al trono de la gracia,
para alcanzar misericordia y hallar gracia para el oportuno socorro.
NKJV

No titubees en acercarte a Mí. Acércate con tus intenciones. Corre hacia Mi con tu hambre. Abrázame con tu honor. Permanece junto a Mi; inseparable, íntegro con todo tu corazón. Ve dentro de Mis ojos. ¿No puedes ver el océano de amor? ¿Puedes ver cuánto deseo bendecirte y darte acceso ilimitado a Mi, para que corras hacia Mi? Observa, Mis brazos están extendidos para ti, esperando con anticipación santa verte rendido a Mi voluntad, esperando para vestirte con vestiduras de vencedor, anticipando que te levantes con integridad. He estado esperando escuchar el sonido de tus sueños tocando a la puerta de Mi corazón, puesto que te he prometido otorgártelos. He dicho a todos que vienes. Siéntate a Mi mesa un rato, cena conmigo, ábreme tu corazón y déjame aliviar tu dolor. Le he dicho al guardián de la puerta que te permita tener la llave de Mi casa. Es tuya. Ven a verme a cualquier hora que desees; nunca estoy tan ocupado para ti. Observa atentamente Mi cara y descubrirás después de un momento que pierdes de vista este mundo molesto. Déjame quitarte los harapos de la religión. Toma tu ropa nueva y póntela; combinan con la Mía. No está arrugada, no tiene mancha, ni está decolorada. Son blanco puro, lavadas en el Hijo, destellan esperanza. Recuerda soy tu lugar seguro. Yo soy la casa de tu corazón.

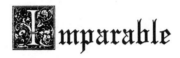mparable

Hechos 5:39
Más si es de Dios, no la podréis destruir…
RV

Soy imparable. No puedo ser alejado del trono, ni dominado, o retirado del camino. Mi posición, como Supremo Gobernante del mundo, es permanente. Tengo absoluto e inalterable poder sobre el Universo. Los tres mundos están bajo Mi poder. Todo sobre la Tierra, debajo de la Tierra y arriba en el Cielo está bajo Mi dominio. Soy tu Guardaespaldas personal, Constructor y Doctor. Estoy en el proceso de construirte una vida indestructible; una vida segura y cubierta con una armadura impenetrable. Esta vida será un refugio para las víctimas del ejército de Satanás, un hospital para el quebrantado, para el enfermo y un centro de restauración para aquellos que han caído en las manos de los ladrones de vida. Tu vida portará la marca del Calvario, el toque de la crucifixión. Este es aquel que ha crucificado su vida antigua y sus hábitos y ha abrazado al Príncipe de vida desde este lugar sagrado de santificación. Gobernarás sobre las fuerzas del enemigo y sobre las influencias demoníacas a tu alrededor. Habita en Mi mente y vida y toda tu vida romperás cadenas y darás vida; vida imparable.

El sonido de un creciente corazón

Filipenses 2:13
*Porque Dios es el que en vosotros produce así
el querer como el hacer, por su buena voluntad.*
RV

Cuando estás cerca de Mí, ¿puedes sentir que tu corazón crece? La circulación en tu interior es tu creciente corazón, crece con cada latido de amor y misericordia que das al necesitado. Déjalo latir y crecerá al tamaño de Mi corazón. ¿Puedes imaginarte que el mundo entero quepa en tu corazón? Amando cada cosa viviente, estando tan lleno de bondad que ¿todo mal huya de ti? Esta es la evidencia de Mi presencia.

Mi corazón en ti, responderá a Mi susurro; ningún grito es necesario. No hay ningún temblor ruidoso para obtener tu atención. Ningún problema, ni calamidad o depresión nerviosa es necesaria. Sólo un toque de Mi mano y las balanzas se caen, los demonios huyen y las circunstancias son arregladas. Cuando termine Mi obra en ti, no habrá ninguna división de ningún tipo entre tú y Yo. Seremos uno. El sonido de un creciente corazón será como música para ti. Vivirás para amar y amarás para vivir. Crece en Mí. Soy todo tuyo.

n el lugar callado

1 Crónicas 4:40
*Y hallaron gruesos y buenos pastos, y tierra ancha
y espaciosa, quieta y reposada.*
RV

El lugar callado es tu lugar de refrigerio. Ven a él; deja que te sane y fortalezca tu corazón. Deja que te abra los ojos para ver la verdad de la vida. Ven y no traigas contigo falsedad o pretensión—ni inseguridad—porque estos son avisos de desalojo. No me quedo en donde no soy querido. Rasga tus emociones torturadas de tu corazón. Arranca la duda de tu mente y párate en Mi lugar callado con honestidad. De esta manera no habrá ningún impedimento en tus oraciones. Sumérgete en Mi presencia. Deja que se convierta en la medicina de tu alma. Ven y no tengas temor. Estoy esperando con los brazos abiertos. Nunca falto a una cita; no faltes a las tuyas. Cuando permanezcas en Mí lugar callado, serás transformado permanentemente. Cada día crecerás fuerte y sabio. Construye aquí tu casa; aquí es donde Yo vivo. No aceptes ningún tormento, ni tortura, o ansiedad; nunca deben ser tolerados. Declara que tu territorio será pacífico, seguro y bueno. Aquí es donde siempre me encontrarás aguardando.

Las ramas de tu voluntad

Mateo 26:39
Yendo un poco adelante, se postró sobre su rostro, orando
y diciendo: Padre mío, si es posible, pase de mí esta copa;
pero no sea como yo quiero, sino como tú.
RV

Aprende a podarte. Las ramas de tu voluntad por siempre darán fruto tierno. ¡Sé revelado! El verdadero tú está esperando para salir. Poda tu alma, tu espíritu, tus opciones y después tu destino se manifestará. Echa tus raíces en lo profundo del suelo de Mi voluntad. Deja que se queden mucho tiempo con alimento que da vida, que viene por habitar en Mí. Encuentra tus derechos de nacimiento y conviértete en un guerrero. Vive tus sueños conmigo. Deja lo viejo, tus partes marchitas atrás. No trates de injertarte en la vida antigua. Es un pasado muerto y seco. En vez, de eso bebe mi agua natural y deja que a tu alma le salgan alas. Crece. Hazte fuerte como el roble y flexible como la palmera. Vuélvete poderoso como el cedro y permanece plantado en Mis atrios. Vive una larga, saludable vida en Mi lluvia. Extiende tus ramas naturales para que los demás encuentren un hogar en ti. Una voluntad, una vida y un destino.

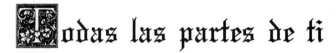odas las partes de ti

Salmos 139:16
*Mi embrión vieron tus ojos, y en tu libro estaban
escritas todas aquellas cosas que fueron
luego formadas, sin faltar una de ellas.*
RV

Te busqué y te encontré escondido en lo profundo de las cámaras de tu corazón, sin ser expuesto, sin ser descubierto con todas tus partes escondidas de la vida, de la vida verdadera y real. Mi vida. Estabas solo, errante, perdido, desconectado y no amado. Pero ya no más. Ahora soy tu Lugar Secreto. Te he escondido en la hendidura de la peña; a salvo, seguro y protegido. Ninguna fealdad puede alcanzarte. Ninguna voz extraña o molesta puede confundirte. No habrá guías extrañas o no deseadas tocando las cuerdas de tu corazón, porque Yo deseo ser el Conductor de tu vida, Director y Planificador. Encontraré la música de tu vida y la sacaré. Todavía no lo sabes, pero hay sinfonías viviendo dentro de ti que moverán los corazones perdidos de las almas solitarias hacia Mí. Primeramente te guiaré con Mi mano, después con Mi voz y finalmente con un susurro. Después conocerás todos los propósitos para los cuales te formé. Encontré todas las partes en ti y las estoy uniendo día tras día hasta que estés listo para ser presentado, en tu totalidad equipado y absolutamente Mío.

e ofrezco a ti

Jeremías 31:3
Jehová se manifestó a mí hace ya mucho tiempo, diciendo:
con amor eterno te he amado; por tanto,
te prolongué mi misericordia.
RV

Me ofrezco a ti; sin límites, sin condiciones y sin restricciones. Captúrame, porque Yo ya te recibí. Vivo en el lugar de absoluta confianza. Rescato al incompetente, reparo lo desechado. Mi amor constantemente está fluyendo hacia ti; te guiará hasta tus rodillas. Hay un lugar de rendición que contiene tu alma y remueve las emociones conflictivas. Así, serás totalmente curado para que tu valentía estalle y tu espíritu guerrero vencerá a tus enemigos, rasgando sus máscaras y exponiendo sus corazones traidores. Observa que tu dolor se desvanece en Mis manos. Los virus del alma no pueden sobrevivir en Mi presencia; se extinguen en un océano de amor. Permanece dentro de Mi y ponte sobre Mi altar. Ríndete a Mi presencia consumidora y vivirás intocable por el diablo.

La arena bajo tus pies

Mateo 7:24
*Cualquiera, pues, que me oye estas palabras, y las hace, le comparar*é
a un hombre prudente, que edificó su casa sobre la roca.
RV

La arena bajo tus pies siempre se moverá. Así que ponte de pie. Yo la soplaré. No naciste para pararte en cualquier suelo, sólo en tierra firme. Hay una Roca que nunca se mueve. Puede soportar todas las pruebas, todos los movimientos y todos los ataques. Esta Roca es tu Roca. Es sólida, segura, estable y un fundamento confiable para que sobre de él, construyas tu vida. Jamás se ha conocido que esta Roca se quiebre, mueva o sea arrollada por cualquier inundación, viento o tormenta. Yo perduro para siempre y por causa de que construyas tu vida sobre Mi, tu también lo harás. Ahora puedes vivir en este nuevo lugar con seguridad. Sentir la brisa de la vida llevándote a lugares espirituales que nunca antes has visto. Escala las intransitables montañas. Abre las velas de tu espíritu y déjame llenarte con los vientos de amor del Cielo. Detente y mira a tu alrededor. Observa a donde te he llevado: es más allá de tu propio alcance y potencial y dentro de una tierra que siempre tuviste para ocupar. Has visto tu último castillo de arena. Ahora tu casa está construida sobre esta Roca.

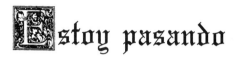stoy pasando

Mateo 9:22
Ten ánimo, hija; tu fe te ha salvado.
Y la mujer fue salva desde aquella hora.
RV

¡Está alerta! ¡Yo estoy pasando! ¡No me pierdas! Asegúrate de atar tu corazón en Mi puerto. No debes ser encontrado en el muelle del enemigo. Quemará tu barco y tu viaje terminará. Tengo mapas para que los leas y tengo viajes que quiero que realices. Ocúpate preparándote y alistando tu barco para tu viaje. Ponle gas y aceite y abastécelo con alimento y provisiones para ello, el viaje de tu vida. Ese viaje te guiará a Mí; todo a Mí. Es tiempo de levantar la vista y leer el mapa escrito en tu corazón. Observa dentro de tu corazón con sinceridad y nunca te engañará, ni te llevará por mal camino. Estoy esperándote al final del camino y tengo tu tesoro en Mi mano. No temas de las aguas inexploradas que cruzarás, porque ya han sido cruzadas antes. Son buenas aguas llenas de luz y aventura. Recuerda, te estoy esperando. Nunca olvides que aunque haya muchos lugares a los que puedes ir y muchos lugares en los que puedas terminar. Yo soy tu destino.

Arde

Juan 2:17
Entonces se acordaron sus discípulos que está escrito:
el celo de tu casa me consume.
RV

¡Arde conmigo, arde por Mí, y arde a través de Mí! Incendia al mundo con Mi mensaje de amor y perdón. Quémalo con el celo santo y Mi amor consumirá cada parte de ti. Deja que el carbón del fuego de Mi altar llene la linterna de tu corazón. ¡Arde, arde, arde! Vive ardiendo, habla ardiendo, duerme con ardor en tu corazón y camina con los pies ardiendo tanto que te hagan gritar la verdad. El fuego de Mi altar consumirá a tu familia con canciones de salvación. Nunca quites tus ojos del fuego; nunca dejes que se vaya. Nunca permitas que la flama se apague o llegue a arder sin llama, o sea una luz que no pueda percibirse. No vivas nunca lejos de su calor. Este es el fuego que los fantasmas de tu pasado temen. Tiemblan al violento amor, a la santidad flamante y a la bondad incondicional. No pueden producir toda la alabanza, la honestidad o el embate de las convicciones. Arde ahora, arde aquí, arde por siempre.

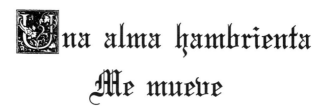na alma hambrienta Me mueve

Mateo 5:6
*Bienaventurados los que tienen hambre y sed de
justicia, porque ellos serán saciados.*
RV

Ten cuidado del sonido tranquilizante, de la prosperidad y del éxito. Son las bendiciones que pueden devorar tu alma y seducir tu imaginación. Rápidamente pueden convertirse en dos víboras venenosas. Una promete lo que sólo Yo puedo entregar y la otra te convence de que no Me necesitas. Ambas son trampas mortales para tu espíritu. Ten hambre de Mí con todas tus fuerzas. Abre tu alma como una vela poderosa y déjame llenarte con los vientos de Mi justicia. Permíteme sacarte del calabozo de los placeres legales y llevarte a donde muy pocos han viajado. Este lugar es un lugar secreto y sólo el hambriento puede llegar allí. Tienes que saber esto: Es el alma hambrienta la que Me mueve. El hambre causa que Mi Espíritu hierva y queme. Me obliga a responderte y a otorgarte tus peticiones. Mantente hambriento, vive hambriento y cultiva tu hambre.

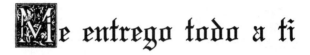e entrego todo a ti

Lucas 5:20
Hombre, tus pecados te son perdonados.
RV

Te perdono por todo, incluso de las cosas que no te puedes perdonar. Te abrazo en tu dolor. Volteo a verte cuando lloras. Necesito tu compañía. Cada hora te veo, incluso en la selva que te rodea. Escucho tu corazón latiendo por la noche. Recuerdo todo acerca de ti cuando todos los demás te han olvidado. Te libero de las viejas y oxidadas cadenas del pasado. Te cuido como a un recién nacido. Te vigilo en la batalla. Restauro tu gozo en la mañana. Consuelo tu pérdida y escucho tus deseos aun cuando no tienen sentido. Te fortalezco para tu viaje. Te favorezco con puertas abiertas. Te adopto como Mío. Te perdono del juicio. Te sano cada enfermedad. Te escondo del furor de las tormentas de la vida. Te protejo de ti mismo y te amo con un amor eterno que no se puede extinguir. Me entrego todo a ti sin restricciones.

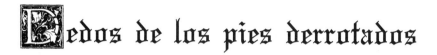edos de los pies derrotados

Apocalipsis 12:10
*El acusador de nuestros hermanos, el que
los acusaba delante de nuestro Dios día y noche.*
RV

Esta es tu herencia: ganar, desafiar a tus antiguos señores, encararlos mientras caen al suelo derrotados sin poder levantarse nuevamente y luego permanecer de pie con el poder de tus convicciones, inmovible y resuelto a conquistar. Esto Me glorifica. Mis siervos que traen puesta la corona de los mártires hablan claramente y viven francamente. No amaron sus vidas incluso hasta llegada la muerte. Esta dedicación lo hace a uno invencible. Estos son los corazones de los héroes del Cielo. Tienen la valentía de un León y la sangre de un Rey como sus armas. Tienes la espada de poder en tu boca y en la integridad de tu corazón. Este es el verdadero tú, ¡el campeón que Yo creé! Con un corazón de león, la naturaleza de un cordero y el alma de un águila que se eleva y conquista; éste es tu destino.

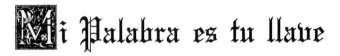i Palabra es tu llave

1 Samuel 9:27
Mas espera tú un poco para
que te declare la palabra de Dios.
RV

Aquellos que renuncian a Mí con palabras ásperas ya están perdidos. Me han crucificado nuevamente. Me han clavado a Mí y a Mi amor a una cruz de intelectualismo, la cual está edificada en mentiras y distorsiones. Los niños imaginarios del hombre se engendran por los incrédulos e infieles. Creen que pueden pararse dedo con dedo junto a Mí y defenderse con su ignorancia, pero tú estás dotado con una sabiduría y un conocimiento mayores, con una revelación, una iluminación y un entendimiento mayor. Estarás respondiendo sus preguntas con Mi sabiduría y revelación. Te enfrentarás a aquellos de corazones sinceros hacia la verdad. Con Mi Palabra desencadenarás a los prisioneros intelectuales que anhelan el conocimiento salvador; ésta es tu llave para abrir las celdas de las cárceles y dejarlos en libertad. Dale la vuelta a la llave en el candado de sus corazones y sácalos de la prisión.

Déjame

Apocalipsis 3:20

He aquí, yo estoy a la puerta y llamo; si alguno oye mi voz
y abre la puerta, entraré a él, y cenaré con él, y él conmigo.
RV

Déjame llenarte con el néctar celestial. Permíteme verter un poco del vino celestial sobre ti para aliviar tus aflicciones y dolencias. Déjame rodearte con los secretos del Cielo. Permíteme darte tu verdadera naturaleza y ponerte un nombre nuevo de acuerdo a tu potencial. Déjame destapar tus oídos de las mentiras que el mundo te ha dicho para que puedas escucharme, entonarte canciones que te sanarán y te moldearán. Déjame darte un nuevo corazón; uno que sea movido fácilmente y que sea provocado por Mí. Permíteme sostener tu corazón en Mis manos como si todavía fuera un recién nacido en los brazos de su mamá, sin olvidar jamás el toque de amor. Déjame mostrarte cosas que los ángeles sueñan ver. Déjame entrar en los rincones secretos de tu corazón donde no te atreves a ir. Permíteme alcanzar las partes inalcanzables, e intocables de ti. Déjame arreglar las partes dañadas de ti. Permíteme entrar a tu vida para contarte ampliamente tu historia a la distancia. Déjame darte una voz para explicar Mis misterios y deleites para que todo el mundo quiera detenerse y escuchar. Déjame ser tu vida.

n nuevo corazón

1 Samuel 10:6, 9
Entonces el Espíritu de Jehová vino sobre Saúl, se puso de pie
y fué mudado en otro hombre. Dios le dio otro corazón.
Parafraseo del Autor

Si tu corazón no ama lo que Yo amo o necesita lo que necesito, si tu corazón no quiere buscarme temprano, desesperadamente y siempre, si tu corazón no tiene sed de Mis atrios o desea perdonar a la gente que no amas, entonces dame tu corazón y te daré uno nuevo exactamente como el Mío. Deseo que sientas el amor que tengo por el pobre, por el desdichado, por las almas descartadas del mundo. Deseo que veas a través de Mis ojos y que seas consumido por amor y empatía para todos. El corazón que preparé para ti nunca te traicionará al querer o anhelar cualquier cosa que sea ilegal, ilegítima o peligrosa. Te guiará a la verdad al amar la verdad. Te guiará al bienestar, al honor y a las riquezas por la humildad. Un nuevo corazón está disponible para ti en cualquier momento que el tuyo se rompa. Manténlo limpio, nútrelo con la verdad y fortalécelo con Mi alimento sagrado. Te hará grande en la Tierra. Un hombre sin Mi corazón es una concha vacía. Mi corazón te guiará a Mis caminos como una luz en el bosque. Confía en Mi corazón sin reservas, sin vuelta atrás y sin lamento. Toma tiempo para aprender el sonido de tu nuevo corazón. Su sonido será como el sonido del coro gritando y regocijándose por la victoria del Cielo. Desde ahora en adelante, me seguirás. Descubre la voz de tu nuevo corazón.

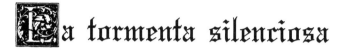a tormenta silenciosa

Marcos 4:39
Y levantándose, reprendió al viento,
y dijo al mar: Calla, enmudece.
RV

¿Será una tormenta peligrosa si su bramido te lastima? Por esto soy llamado el Refugio de la tormenta porque puedes estar en las tormentas de la vida y no te dañarán. Soy el perfecto escudo contra todos los peligros de la vida. Puedo protegerte de las ocultas e inesperadas tormentas. Puedo protegerte de la tormenta repentina que viene rápidamente y sin aviso. Puedo protegerte de cada clase de tormenta que la vida pueda traer. Las tormentas escuchan cuando Yo hablo. Son como un bebé tranquilizado por las caricias de su madre. Lo único que sentirás en cualquier tormenta es silencio y calma. Cuando estés totalmente entrenado en el dominio de las tormentas, enseñarás a los demás a controlar las suyas. Te convertirás en meteorólogo de tormentas, en silenciador de tormenta y en el amo de las tormentas. Habla Mi nombre con autoridad. Cree que lo que dices puede cambiar el tiempo de la vida de la gente y lo hará.

a vista

Juan 12:21
Señor, quisiéramos ver a Jesús.
RV

Mantén tus ojos puestos en Mí y tu corazón estará libre de toda pequeñez. Mira quién soy y lo que puedo hacer. Todo pecado será derrotado. Verme será la mayor necesidad que tendrás. Contemplarme es conocerme. Y conocerme es la meta eterna de tu vida. Al mirarme, la voz del fracaso desaparecerá para siempre y tus montañas insuperables disminuirán delante de tus ojos. Al mirarme, la confusión en tu vida se volverá tan clara como si estuvieras observando a través de un microscopio desde el Cielo. Al observarme, los malos recuerdos de tu vida cambiarán por Mis victorias. Al observarme, la belleza se revelará para tí por si sola y abrazará las partes más tiernas de tu vida. Al mirarme, tus sueños se volverán realidades y tus deseos serán platillos frescos de maná cada nuevo día. Abre tu corazón cada mañana y tus ojos-de Dios serán abiertos y verán la gloria y la grandeza de tu futuro junto a mí. No eres un observador o soñador por accidente, pero así fuiste diseñado. Nunca volverás a ver las cosas de color gris. No hay necesidad de filtros para tu vida verdadera. No necesitas pintar ningún falso mural; tu verdadera vida está aquí. La Luz de tu destino ha aparecido; Su nombre es Jesús. Pon tu mirada en Él y vivirás. Doy sueños y hago que los sueños se hagan realidad. Nadie más tiene este poder. Sólo Yo puedo dar un sueño y hacerlo realidad. Primero sueña en conocerme. Soy tu primer sueño, el sueño de tu vida. Finalmente, te convertirás en un dador de sueños, ayudando a los demás a descubrir sus sueños. Cuando levantes tu vista luego de muchos años de amar y verme bendecir a los demás, todos tus sueños se harán una realidad.

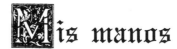is manos

Mateo 8:3
Jesús extendió la mano y le tocó, diciendo: Quiero; sé limpio.
Parafraseo del Autor

.

Mis manos están especialmente diseñadas para sanar el daño causado por las experiencias de tu vida. No hay heridas o daño que Yo no pueda sanar. Veo con visión de Rayos-X. Mis manos pueden extenderse a través de tu pasado, de tu presente y de tu futuro. Puedo cruzar a través de los años de tu pasado y reparar cada ruptura de tu espíritu y de tu alma. Mis manos no están atadas por el tiempo. Pasan por el tiempo como el agua atraviesa un cedazo. Mis manos restauran instantáneamente. Reconectan cada parte de ti que flota en el aire. Mis manos te formaron en el vientre de tu madre. Te pondré en lugar seguro. Haré Mis reparaciones y después te ungiré, te prepararé y te enviaré al mundo. Ahí serás un constructor de vidas rotas, un reparador de puentes rotos y un conductor de esperanza, fe y amor. Tus habilidades se duplicarán cada año y vivirás en un estado de constante asombro. ¡Disfruta, disfruta, disfruta! Toma tu tiempo, no estés ansioso y no te apresures. Todo debe ser logrado adecuadamente. No te puedo formar a medias. Yo termino totalmente lo que empiezo. Soy incapaz de dejarte a ti y a los tuyos sin bendiciones. Las riquezas de Mis bendiciones serán tuyas hasta el final de tu camino.

uedo ver el futuro

2 Corintios 4:7
Poseemos este precioso tesoro en vasos humanos,
para que el poder de Dios sea visto en nosotros,
a través de nosotros y por nosotros.
Parafraseo del Autor

No estoy perdiendo Mi tiempo contigo. Cada minuto que he pasado persiguiéndote e influenciándote ha valido la pena. Tengo fe al ver en lo que te estás convirtiendo. Te persuadiré respecto a Mi poder en ti y en Mi habilidad para que llegues muy alto y seas un transformador de vidas. Yo puedo predecir tu futuro y te veo como un gran general en Mi ejército dirigiendo a Mis soldados hacia la guerra. El secreto de tu poder está en apreciar el tesoro que he depositado en ti, el cual es Cristo en ti, la Esperanza de Gloria. No creas la voz de la serpiente. Tápate los oídos cuando te hable. Abre tu corazón y déjame sacar el tesoro. Déjame mostrarte lo que es tener al Cielo viviendo dentro de ti. Hay un día de grito triunfal por los nuevos descubrimientos que estás a punto de hacer. Mirarás dentro del Lugar Santísimo y tu vida nunca será la misma nuevamente. Puedo ver tu futuro y esto me hace sonreír.

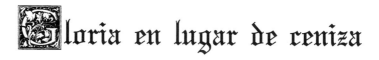loria en lugar de ceniza

Isaías 61:3
A ordenar que a los afligidos de Sion,
se les dé gloria en lugar de ceniza...
NKJV

Empecé sin nada. Tal vez no entiendas todo ahora mismo, pero lo que estoy haciendo en ciertos aspectos de tu vida los estoy reduciendo a cenizas. Sólo cuando todo el esfuerzo humano sea abolido entonces podrá comenzar Mi obra divina en ti. No puedo usar nada que provenga de tu carne. No puedo usar nada que haya nacido en la cuna del egoísmo. Sólo puedo usar lo puro, el oro incorruptible que está en ti. Así que relájate y confía en lo que estoy haciendo. Deja que el proceso reductor continúe. Entérate: El resultado final será la gloria; pura, belleza pura. Gloria en tu corazón, en tus pensamientos y en tus motivos. Gloria al caminar conmigo, gloria en tu personalidad y gloria en tu servicio hacia Mi. No te quedes cerca de las cenizas. Habita en la gloria. Permite que sea tu recubrimiento. Propágala a todas partes.

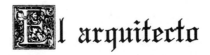l arquitecto

1 Corintios 3:9
Porque nosotros somos colaboradores de Dios,
y vosotrossois labranza de Dios, edificio de Dios.
NKJV

Yo soy el Arquitecto personal de tu vida. He terminado el proyecto original para tu vida, el plan maestro. Cada habitación de tu vida ya ha sido diseñada. Conozco el tamaño de cada pieza de mobiliario y donde está. No he olvidado nada. Soy el Maestro de Obras. Nada de lo que diseño cae en pedazos; no será derrumbado, no se rasgará ni se destruirá. Ninguna tormenta puede destruirlo, ninguna inundación puede ahogarlo. Es prácticamente indestructible y no hay nadie que lo pueda dañar. Lo he pintado con pintura totalmente resistente que nunca se deteriora. No necesita ser retocada. Una capa es todo que necesita. La plomería y la electricidad nunca se deteriorarán, ni se oxidarán, ni fallarán. Sí, estoy muy orgulloso al ver a donde vas. Mi diseño para ti es perfecto. Todos los que lo vean querrán el mismo diseño. Disfruta cada ladrillo, cada piedra y tabla que te doy. No te resistas cuando corte, talle o reemplace algo. Sólo permanece de pie y recibe Mi toque perfecto. Deja que el mundo se maraville de Mi obra.

arcado

2 Corintios 9:8
*Y poderoso es Dios para hacer que abunde en vosotros
toda gracia, a fin de que, teniendo siempre en todas las
cosastodo lo necesario, abundéis para toda buena obra.*
NKJV

Te he marcado para que todo el mundo sepa que eres Mío. En el pasado, cuando vivías sin mí, te llenaste de soledad, de lugares vacíos. Tu alma era como un filtro; todo iba directamente a ti. Tenías un corazón solitario y un espíritu abatido, pero ahora todo ha cambiado. Mi gracia te cambió. Ahora tus etiquetas son: suficiente, habilidad, logro y éxito.

Estas son las palabras que marcarán tu vida para siempre, no insuficiencia, ni fracaso, ni pérdida. ¡Nunca la falta de logros! ¡No! Te estoy marcando. Estoy poniendo Mi sello de aprobación en todo tu esfuerzo por Mí. La gracia siempre te seguirá a dondequiera que vayas. Ahora eres necesario, querido, valorado e indispensable. Estás marcado por Mi amor. Todos en el Cielo, como en la Tierra y debajo de la Tierra todos lo sabrán. Ahora tu nombre portará Mi honor.

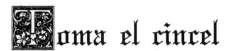oma el cincel

Juan 15:3
*Ya vosotros estáis limpios por la palabra
que os he hablado.*
NKJV

Mi Palabra es como un jabón para tu alma. Conforme lo comas, te limpiará las partes más íntimas. Mientras lo celebras, recreará todo tu ser. Hoy come Mi Palabra como si fuera dulce. Cómela todo el día como bocadillos. Envuélvete en ella como una cobija eléctrica en un día frío de invierno. Mi Palabra tiene poderes tan especiales que nadie más los tiene. Trabaja maravillosamente para aquellos que confían y viven por ella. Recuéstate en ella como si fuera una cama, depende de ella como del aire que respiras, vive de ella como el alimento que comes. Te mantendrá saludable, curado y completo. Búscala cuando estés preocupado. Háblala cuando tu mente te traicione. Confía en esto, porque Yo sé de lo que estoy hablando. Ya no estás ni débil ni inmaduro. Tú eres un estudiante de tiempo completo aprendiendo a vivir como Cristo y todo lo que necesitas saber está escrito en Mi Palabra. Ahora, báñate diariamente en Mi Palabra y el olor del mundo nunca te llegará. Ingiérela como vitaminas y tu corazón nunca se enfermará. Medita en ella y nunca serás pobre. Mi Palabra te protegerá y te hará intrépido libre de penas. Ahora toma el cincel y grábala en el corazón del mundo.

ntacto

Lucas 10:33
Pero un samaritano que iba de camino, vino cerca
de él y, al verlo, fue movido a misericordia.
NKJV

Otros en tu vida te han visto quebrantado y sangrando, despojado de
tu dignidad, despojado de valor y te han ignorado. Nunca lo haré. No
puedo hacerte eso. Me niego a hacerlo alguna vez. Yo te veo; no eres
invisible para Mí. Veo cada herida hecha por tu padre, tu madre y tus
amigos. Siento tu dolor y declaro una guerra santa por ello. Permanece
ahí un tiempo. Déjame vendar tus heridas. Tengo un aceite sanador especial con tu nombre en él. Trabaja perfectamente en ti y te restaurará,
reparará y recreará tus órganos. Primero tu corazón, después tu alma
y finalmente tu espíritu. Quédate quieto allí; no te muevas. Cuando
termine, estarás perfectamente sano y fuerte. Ninguna parte de ti se
romperá, sangrará o dejará de funcionar. Yo soy Sanidad. Soy Salud.
Y Soy Bienestar. Cuando este día acabe, verás al mundo de diferente
manera. No habrá nubes, ni traidores, ni víboras. Todo lo que verás es
a Mí y a ti viviendo juntos ininterrumpidamente y sin abandono.

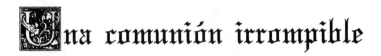 Una comunión irrompible

1 Juan 1:7

Si caminas en la Luz de Mi verdad, como Yo estoy en luz,
tenemos comunión irrompible unos con otros, y la sangre de
Jesucristo nos limpia de toda culpa y de todo pecado.
Parafraseo del Autor

¡No eres culpable! Tienes que decírtelo. Qué bien se siente ser perdonado. Disfruta la luz de tu limpio corazón. Goza una clara consciencia y báñate en el poder sanador de estar bien conmigo. Este es tu sauna espiritual. Cuando habitas ahí, tu estrés se va, tus músculos se relajan y tus dolores de cabeza nunca regresarán. Te he hecho y te he diseñado para que vivas en la luz donde no hay secretos ni recuerdos enterrados. Todo lo que te atormenta tiene que irse. Eres un portador de la luz. Echarás fuera los fantasmas de la gente. Nunca romperás filas conmigo. Siempre hazme preguntas. No saltes antes de saber que te lo he dicho. La comunión que tienes conmigo te hará grande. Tu sabiduría que fluye libremente te abrirá muchas puertas difíciles y tu amor sincero ganará muchos amigos. Vive prolongadamente en mis bendiciones y regálalas.

ntrégate

Isaías 58:10
*Y si te ofreces ayudar al hambriento, y sacias
el deseo del afligido, entonces surgirá tu luz en las
tinieblas, y tu oscuridad será como el mediodía.*
NASB

Todos necesitan y quieren las mismas cosas: paz, amor, salud y felicidad. Piensan que las cosas, los lugares o las personas pueden dárselas, así que persiguen toda la vida tumbas vacías con rostros falsos, siempre decepcionados con los resultados. Quiero que te involucres en las cosas que me involucro. Yo construyo Mi iglesia, alimento al hambriento, rescato al huérfano, salvo al perdido, curo al enfermo, socorro a la viuda. Amo al no amado. Consuelo al herido. Proveo para el pobre. Visto al desnudo y dejo en libertad al prisionero. Restauro al perdido y educo al ignorante. Le doy poder al débil, le cumplo al soñador y curo al leproso. Abro los ojos de los ciegos y pongo una canción en el quebrantado de corazón. Levanto al rechazado. Estoy en todo y para todo.
Celebra conmigo y entrégate a este doliente, perdido mundo abatido.
Entregarte es la única manera de encontrarte.

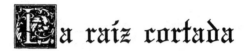a raíz cortada

Salmos 145:14-15
*Sostiene Jehová a todos los que caen, y levanta a todos
los oprimidos. Los ojos de todos esperan en ti,
y tú les das su comida a su tiempo.*
RV

No te preocupes por nada. No puedes fallarme cuando sigues buscándome. Sólo sé paciente. Confía en Mi poder que te cambia. Yo no modifico tu comportamiento; transformo tu carácter. Yo no corto tus ramas; arranco tus raíces. Son las malas raíces por las que voy detrás. Tengo un hacha especial para las raíces; puedo cortar cualquier raíz sin importar qué tan grande o vieja sea. Nunca ha fallado y cuando son raíces fuertes, permanecerán firmes hasta que raíces nuevas, saludables y raíces santas crezcan en su lugar. Te amo y por esta razón te estoy mostrando todo lo que puede dañarte y me estoy deshaciendo de eso. Ahora estás en posición para obtener verdadera felicidad. Ahora verás la luz desde Mi faro. Ahora tus problemas terminarán, la guerra cesará y el fracaso desaparecerá. Los sueños ahora son cumplidos. Tu familia será salvada, tu salud crecerá fuerte y tus cheques nunca se rebotarán.
Confía en mi carácter mientras creo en el tuyo.

i huésped bienvenido

Salmos 121:7-8
El Señor te libra de todo mal y cuida tu vida. El Señor
te protege al entrar y al salir, ahora y para siempre.
TLB

Te protegeré en donde quiera que vayas. Seguro en Mi nombre. Seré
tu Guardaespaldas, el Guardián de tu alma y el Protector de tu espíritu. Te libraré de aquellos que ponen excusas y abandonan Mi
vida santa. Mantendré alta tu energía. Soy tu Compás y tu Mapa. Sé
a dónde necesitas ir y conozco el camino más corto para llegar ahí.
Soy tu Lámpara, tu Linterna eléctrica, tu Foco y tu Antorcha Viviente.
Proveeré para tu viaje. Mantendré los leones y los predadores en la
bahía. Recuerda, nunca estoy incomodado por tus necesidades. Yo
mejoro al cuidar de ti. Me deleito en el sonido de tu gozo. Soy tu
Guardián y siempre serás Mi grata visita. Nunca olvido tu rostro, ni tu
voz, ni tu nombre. Los tengo grabados en Mi corazón y ahí siempre
permanecerán. Ningún mal te atacará. Esta es Mi promesa para ti.

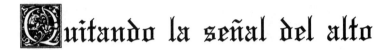uitando la señal del alto

Isaías 40:2
*Tu guerra terminó, tu iniquidad es limpiada; recibirás una doble
porción de gozo por toda tu tristeza.*
Parafraseo del Autor

La gente es adicta a luchar. Se dejan llevar por la adrenalina del drama.
No pueden vivir sin ella, irán de drama en drama, creyendo que esto
es lo que los mantiene vivos. Esta mentira ha arruinado la vida de la
mayoría de Mis hijos. ¡Tu guerra interna termina hoy! La clausurarás
y encontrarás la paz interior en tu lucha personal. Tus conflictos sin
resolver desaparecerán. La confusión se aclarará instantáneamente y
la señal del alto en tu vida será removida. La luz roja ha cambiado a
verde. Es tiempo de recuperar los años y los meses que te perdiste.
Mira en tus bolsillos porque están a punto de desbordarse con bendiciones. En los días pasados no tenías nada que ofrecer, pero ahora eres
el dador, eres el pagador y eres el que está escribiendo los cheques
para la iglesia, para los huérfanos y para las viudas. Tú eres el que está
en paz dando sabiduría y dando las respuestas a los problemas que la
gente enfrenta. Nunca más estarás en la prisión del tormento. La cárcel
ha sido quemada. ¡Sigue adelante!

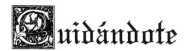uidándote

Isaías 49:10
No tendrán hambre ni sed y el sol, ardiente ya no los alcanzará.
Pues el Señor en su misericordia los guiará; los guiará junto
a aguas frescas.
TLB

¿Qué tan negro puede estar el corazón humano? ¿Qué tan desesperadamente perverso? Nadie sabe la magnitud de qué tan lejos el hombre se ha alejado de Mi gracia y amor. Pero he revocado los efectos de la caída. Todas las maldiciones están rotas, todas las necesidades han sido suplidas y toda hambre y sed se han previsto. Sólo entérate: estoy cuidándote, no dejaré que nadie te engañe con palabras tentadoras de filosofías humanas. Te protegeré de influencias corruptas e inmorales. Los engañadores con todas sus atractivas máscaras no serán capaces de sacar las astillas de tus ojos. No terminarás en quiebra y con las manos vacías. En vez de eso, encontrarás que junto a hermosas corrientes de agua viva puedes ir cada día y beber hasta que toda tu sed sea saciada. Sólo cuando tienes sed de Mí será saciada y podrás calmar la sed de alguien más. Necesito que sepas que desde el día que naciste te he estado cuidando. Esto es lo que hago porque Te Amo.

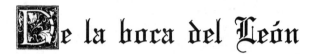 De la boca del León

Amós 3:12
Te libraré de la boca del león, parte por parte y sanaré las heridas de los dientes del depredador.
Parafraseo del Autor

A lo largo de tu vida, los depredadores han destrozado pedazos de tu vida. Te han masticado como si fueras un hueso. Han rasgado tus brazos, piernas y tu corazón, pero tengo un toque sanador y restaurador. Ese toque y lo que se perdió, o fue robado, o tomado será restaurado. ¿Puedes creer esto? ¿Puedes confiar en Mí? Si tú puedes, el milagro que has estado esperando se activará. Conozco la voz de tu león; es débil y vil. Sus dientes son una ilusión; su gruñido es un truco. Todo lo que perdiste te regresará mejor que antes. Recuperarás tu discernimiento y verás los tesoros invisibles del Cielo. Liberarás al ciego de su oscuridad. Llevarás Mi cruz al mundo perdido. Las tinieblas huirán cuando hables Mi Palabra, te daré una pala especial milagrosa para escavar pozos para el sediento. Todo esto porque eres un vaso de honor. Ninguna pérdida habrá para ti de nuevo; sólo ganancia perpetua y verdadera seguridad.

en a Mi casa

Lucas 8:41
*Entonces llegó un hombre llamado Jairo, que era
un alto dignatario de la sinagoga; postrándose a
los pies de Jesús, le rogaba que entrara en su casa.*
NKJV

Ven a Mi casa. Te daré Mi dirección. No te quedes afuera en la puerta; entra. Yo tengo muchos secretos maravillosos que revelarte. Visítame y te visitaré. Estoy yendo a tu casa. La limpiaré de toda lepra generacional. Cada habitación estará limpia, cada puerta ungida. Las paredes tendrán pintura santa, sanadora de enfermedades e inmune a las enfermedades. Repararé la puerta rota y agrietada. Removeré el moho y el enmohecimiento. Ninguna partícula de polvo permanecerá. Las paredes gritarán salvación, las puertas me alabarán y los pisos hablarán de Mis poderosos hechos. Siéntate y relájate. Déjame hacer un cambio total. Cuando termine, el regocijo empezará. Los viejos recuerdos que la gente te dejó se están desvaneciendo como la neblina. Mi viento se las llevará. Cada mala palabra, alguna vez dicha en tu vida se romperá. Palabras que eran invitaciones del enemigo ya no lo serán más. Se irán todos los intrusos que tratan de traer su basura y dejártela en tu puerta. Habrá cánticos y alabanza que saldrán de tu casa.

 onvirtiéndote en barro

Jeremías 18:6
Mira, como el barro en manos del alfarero,
así eres en Mis manos...
NKJV

Cuando te formé, estabas perdido en un laberinto de confusión. No tenías destino, futuro o esperanza; tus prioridades estaban torcidas y eran muy egoístas. Tu corazón lleno de saetas de abusadores y tu mente infestada de pensamientos autodestructivos. Tu corazón, roto y temeroso. Cada parte de ti estaba desconectada y aislada. Suplicaste desde lo más profundo de tu corazón y te escuché. Extendí Mi Mano y te levanté de la nada. Ahora debes convertirte en barro; suave, barro dócil, una masa sin dureza, ni resistencia. Quiero convertirte en Mi instrumento de poder. Quiero que me permitas cambiarte cada vez que lo necesite. Por lo tanto, sigue siendo Mi barro. Si lo haces, el mundo será tuyo; todo cuanto puedas imaginar te concederé y tus sueños más profundos se harán realidad.

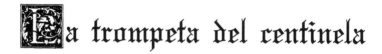a trompeta del centinela

Ezequiel 33:6
Pero si el centinela ve venir la espada y no toca la trompeta, y el pueblo no se prepara, y viniendo la espada, hiere a alguno de ellos, éste fue tomado por causa de su pecado, pero demandaré su sangre de mano del centinela.
NKJV

No seas alguien complaciente. No vendas tu alma a la aprobación de la gente. Decir la verdad con amor es lo único que puede salvarlos a todos. Eres responsable de la verdad que poseas y por toda la verdad que dispongas. Dala a la gente como medicina. Aquellos que saben la Verdad y la esconden, la cambian o la retienen Me darán una explicación. Irás dando el don de saber la Verdad. Sopla la trompeta del centinela. Nunca engañes a nadie con la Verdad. Cuando hables, estaré contigo. Lleno tus palabras con salud y vida. Te daré tanta sabiduría que dejarás a todos atónitos y tus palabras serán como salvavidas lanzado al mundo que se ahoga. Salva a todos cuantos puedas con la Verdad. Sopla en la trompeta; déjala sonar por toda la Tierra. Deja que la Verdad reine.

Dale oportunidad a la gente de ser libre al introducirla con la absoluta Verdad.

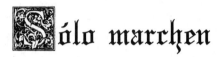

Sólo marchen

Éxodo 14:15
Luego el Señor le dijo a Moisés: "¿Por qué clamas a mí?"
¡Dile al pueblo que se ponga en marcha!
ESV

Avanza. ¡No mires ya hacia atrás! Pon tu mano en el arado, mueve tus pies y ponte en marcha. Te conozco, sé tu pasado. Escúchame al dirigirte a los deseos de tu corazón. Conmigo nunca perderás piso ni territorio. ¡Avanza, avanza, avanza! Escucha Mi trompeta y aprende lo que significa. Tengo muchos libros con secretos para revelártelos.

Tus oraciones son escuchadas, tus promesas cumplidas, tu mente persuadida, tu poder desatado y tu alabanza alumbrará al Cielo. Alaba a todas horas y en todo momento y circunstancias. Te protegeré de los engañadores y de los tramposos. Te guardaré y evitaré que caigas. Sólo haz una cosa por Mí: Avanza; sólo avanza. Haz a un lado las cargas y los aplastantes pesos. Haz a un lado las distracciones de tus pasados placeres. Olvida los fantasmas del pasado. Da la espalda a cada tentación y haré tu corona gloriosa. Estoy creando tu motor sin reversa. No veas atrás, porque tu destino está delante de ti. Ahora párate y ponte en marcha, siempre y por siempre avanza.

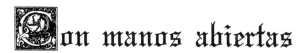on manos abiertas

Mateo 13:8
Pero parte cayó en buena tierra, y dio fruto, cuál
a ciento, cuál a sesenta y cuál a treinta por uno.
NKJV

Recuerda la vida que una vez viviste cuando tu suelo estaba seco y agrietado, tu lengua imploraba por agua y tu estómago siempre se sentía vacío. Aun cuando estaba lleno. Te hice sentir insatisfecho. Traje una divina insatisfacción a tu vida para salvarte de esta vida sin valor. Ahora eres un buen suelo; suave, tierra suelta, fácil de mover, dócil y sin piedras. Eres tierno, hambriento y estás sediento de Mis sagradas semillas de vida. Es tiempo de recoger la cosecha. Es tiempo de cosechar bendiciones. ¡En algunos aspectos segarás al treinta por uno, en algunos al sesenta por uno y en otras cosechas al ciento por uno! Ya no más esperas o luchas. Tu cosecha está lista, está madura. Tu trabajo, tu familia y tu vida personal cambiarán a partir de hoy. Yo ordeno que tu semilla produzca. Maldigo las malas semillas y las cosechas limitadas. Tus cosechas serán irrazonablemente grandes y superabundantes. Verás tus cosechas como las esperadas y las sostendrás en tus manos. Campos ricos y abundantes cultivos fluirán a ti. Experimentarás una vida de plenitud y la verás saturada con agua fresca cada mañana. Tu vida personal dará señales de estar bendecida por un amoroso Padre. Todos sabrán que es tiempo de cosecha para ti. Inundarán tu granero y abrirás la cerradura de la puerta hacia el futuro. Otórgales todas las provisiones que necesiten. No retengas ninguna cosa buena para ellos. Porque al hacerlo, garantizas tu propia abundancia. Mírame aquí de pie con las manos abiertas.

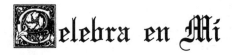elebra en Mí

Salmos 107:9
Porque sacia al alma menesterosa, y llena
de bien al alma hambrienta.
RV

Tu hambre es arquitectura de tu bendición. Anhela el hambre, añora
Mi Palabra hoy. Removeré otro velo. Este velo detiene mucho la verdad necesaria. Nadie puede satisfacer tu alma, porque está sintonizada
conmigo. Todas las demás fuentes de gratificación son imitaciones
huecas. Son falsificaciones sin esperanza tratando de llenar los lugares
vacíos de tu alma, diseñada por Dios. Abre tu alma y la llenaré, no con
deseos huecos sino con satisfacción de un alma perfectamente construida. No habrá más sed innecesaria, ni ansias, ni hambre. Te daré sueños
por la noche que te inspiren a crear. Te encontrarás riendo en victoria
y cantando de gozo. Tu vida Me magnificará. El llanto y el lamento
desaparecerán en tu familia porque tu tiempo de segar ha comenzado,
cosechando los sueños que largamente esperabas, oraciones y esperanzas. Sólo quedarán gritos y regocijo. Recuerda que Yo te hice y sé lo
que necesitas. Te he diseñado para que sólo estés feliz conmigo viviendo en el centro de tu vida. Tienes un gran poder por estar centrado,
satisfecho y hambriento, todo al mismo tiempo. Este es el secreto para
la vida: celébrame todo el día.

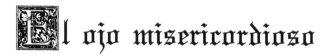l ojo misericordioso

Proverbios 22:9
El ojo misericordioso será bendito,
porque dio de su pan al indigente.
RV

Te he traído a este lugar para dotarte de las piezas faltantes en tu vida. Ahora es tiempo para que abras tus manos. Da algo el día de hoy. Asegúrate de que te haya costado algo. Es común dar los sobrantes y las piezas innecesarias para uno; sin embargo, tu prosperidad se esconde detrás de tu generosidad. Da respeto, amor y dinero y Mi Espíritu te perseguirá y bendecirá tu vida con bendiciones irrazonables. Haré de ti un objeto de Mi compasión. Cuando despiertes, una bendición te saludará. Cuando te levantes, una bendición te saludará. Cuando empieces tu día, una bendición guiará tu camino. Tan rápido como las bendiciones lleguen, regálalas. Esto es lo que quiero que hagas hoy. Sé un alma dadivosa. Llenaré tu vida con conexiones divinas y oportunidades. Desato tus regalos a través de tu generosidad y de tu bondad. Busca a tus compañeros de oración y busca también amistades santas, a aquellas personas que pulirán tus perlas y te guiarán a la cruz. Esta es una buena vida, un lugar bendecido y un propósito santo.

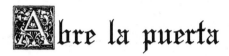bre la puerta

Lucas 16:10-11
*El que es fiel en lo muy poco, también en lo más es fiel; y el
que en lo muy poco es injusto, también en lo más es injusto.
Pues si en las riquezas injustas no fuisteis fieles, ¿Quién os
confiará lo verdadero?*
RV

Eleva las puertas eternas. Tu voluntad es lo que quiero de ti, no tus palabras, ni tus ideas, ni tus costumbres o tus rituales. ¡Quiero el seguro de tu corazón abierto! ¡Déjame entrar! Alza las puertas para que realmente pueda alcanzarte y ayudarte ya. Este es día de intimidad. No habrá ninguna resistencia, ni Me empujarás lejos, ignorando Mi Espíritu Santo o distrayéndote. Simplemente abre tu corazón y descúbreme. Entonces, tus problemas se desvanecerán y verás Mi cara claramente. No quiero que te desanimes con respuestas retrasadas en tu vida. Debes aprender a confiar en Mí incondicionalmente; sólo entonces, puedo confiar en ti y otorgarte las riquezas verdaderas de la vida. Estas son las riquezas del cuerpo, del alma y del espíritu. La vida está a punto de ponerse mejor para ti. Pintaré un nuevo lienzo para ti con todos los colores adecuados. Fidelidad es tu nuevo nombre. Sé fiel a todos. Sé fiel mental, emocional, espiritual y moralmente. Deja que la bondad sea la cara de tu personalidad. Vive libre de frustración por no ser poseído por nadie más que Yo. Déjame ser tu obsesión y comprometeré todo lo que tengo y todo lo que soy para ayudarte a cumplir todos tus sueños. Ahora, verás claramente.

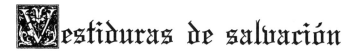

Vestiduras de salvación

Isaías 61:10

En gran manera me gozaré en Jehová, mi alma se alegrará en mi Dios,porque me vistió con vestiduras de salvación, me rodeó de manto de justicia.

ESV

Ponte las vestiduras de salvación. Vístelas con orgullo santo, porque son tus vestiduras de salvación las que te protegen de los escorpiones de Satanás, de las sanguijuelas y de las víboras. Estas vestiduras de salvación son tu pase gratuito hacia Mi presencia, justicia, sanidad, limpieza y aceptación. Viste el amor como tu armadura. Mueve tus zapatos de paz para que el mundo los vea. Tus decisiones o te visten conmigo o te desnudan sin Mí. Mis vestiduras de salvación no tienen precio; no pueden comprarse con dinero. Deben ser otorgadas como regalo o sólo dadas por Mí. Tus vestiduras de salvación aterrorizan a tus enemigos. Los desnudan de su valor. Debilitan su propósito y rompen sus huesos. ¡Vístete para matar al diablo! Escoge tu ropa cuidadosamente, porque el enemigo te apuntará con sus vestiduras falsas y manchadas de sangre de vidas arruinadas y de niños perdidos. Se ven bien por fuera, pero tienen enfermedades mortales, e incurables. Esto no es para ti. Verás las buenas obras de bondad que haré. Meditarás en la paz y estarás lejos del terror. Mostrarás a los demás lo que puedo hacerles y nunca disminuirás. Tu destino increméntalo diariamente. Tu casa está llena de tesoros que nadie puede robar. No permitas ninguna acusación en tu contra. Tu manto automáticamente rechazará la injusticia y te protegerá de los dardos venenosos de Satanás. Vístete para matar al inútil y al improductivo.

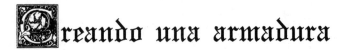

reando una armadura

Colosenses 4:6
*Que sus conversaciones sean cordiales y agradables. (placenteras
y atractivas), sazonadas [como si fueran] con sal, [para que nunca
tengas pérdida] a fin de que ustedes sepan la respuesta adecuada
para cada persona [que te haga una pregunta].*
AMP

Tu boca está llena de grandes milagros que te están esperando. Di lo
que digo. Deja que tus palabras armonicen con Mi voluntad y Mis
palabras serán como penicilina espiritual, sanando todos los gérmenes,
todos los virus y todas las bacterias del alma. Tus palabras son tus
armas. Crean un trono para Mí y agitan Mi cetro de poder sobre tu
vida. Lávalas y tu corazón será establecido. Deja que tus palabras
preparen tu destino. He sacrificado todo para asegurar tu éxito en la
vida. Abraza Mis instrucciones, porque cada lección añade otra pieza
de la armadura. Te doy la bendición de pureza, la bendición de unidad
y la bendición de actividad santa. Con éstas tienes la garantía de reinar
en la vida. ¿Quién puede detener tu movimiento? Nadie. No ahora.
Nunca. Las palabras son como espadas o medicina; úsalas para sanar
corazones rotos. Nunca permitas que tus palabras te maldigan o te
esclavicen. Enciende el mundo con palabras llenas de fe, gobernadas
con amor.

Los campos están despertándose

1 Reyes 18:41
Entonces Elías dijo a Acab: "Sube, come y bebe;
porque ya se oye el ruido de la abundante lluvia."
NKJV

Ahora es tiempo del avivamiento, no mañana. Cae de rodillas, ahora, empieza a humillarte y cambia cada actitud y cada acción que Me desagrade. Entonces la lluvia comenzará a caer. Cada pedazo de tierra árida empezará a ablandarse y los campos muertos comenzarán a producir abundantes cosechas. Alábame, porque ¡la sequía terminó! Es tiempo de arar la tierra blanda. Prepara tu corazón para recibir Mi semilla incorruptible que puede crecer dondequiera, con o sin agua y con o sin cuidados. Mis semillas están diseñadas para producir y no pueden fallar. Cumplirán aquello para lo cual fueron enviadas a provocar en tu vida. Es tiempo de detenerte y ver a tu alrededor. Verás que esa sola semilla ha cubierto todo tu campo. Miles sobre miles de semillas germinadas están produciendo vida alrededor. Eres un productor de lluvia. Transformas los desiertos en jardines, los lugares desaprovechados en manantiales y fuentes de agua viva. Acompaña a las almas muertas y olvidadas que conozcas y arrójalas en Mi lluvia sanadora. Deja que llueva, que se derrame y caigan chubascos cada día. Los campos están despertándose.

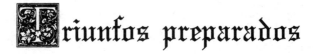 Triunfos preparados

Proverbios 12:11
El que se esfuerza en su trabajo estará satisfecho con pan, pero el que persigue fantasías no tiene sentido común y le falta entendimiento.
AMP

Abandona la ociosidad de tu vida natural y espiritual. Comienza a trabajar y a sembrar semillas hoy y para el resto de tu vida. La bendición está aguardándote, escondida tras tu disciplina. Los hábitos santos son la fuente de tus cosechas sobrenaturales. Nunca seas flojo. Nunca comprometas la integridad de tu vida. Quiero que sepas que Yo estoy a tu favor y he preparado tus triunfos. Te he hecho un experto guerrero. Las batallas que pelees hoy ya fueron ganadas. El trabajo que realizas ya es todo un éxito y aquellos a quienes sirves serán liberados. Estoy entrenándote para ganar. Recuerda que eres parte de una nueva familia. Confiar en Mí es la clave para todo lo bueno. Trabajar arduamente y con gran fe eso cambiará al mundo. Tu consistencia será bien remunerada. Naciste para conocerme, para vivir para Mí y para trabajar para Mí. Nunca lo dudes. Nunca busques otro puerto. Yo soy lo que quieres y necesitas. Soy todo lo que necesitas, mañana, tarde y noche. Soy la olla de oro al final del arcoíris. Ya he preparado tus triunfos. Todos los días y dondequiera habrá sonidos del triunfo.

Formado en las manos de amor

Isaias 64:8
Pero ahora, yo soy tu Padre; tú eres el barro y yo
soy tu alfarero; y tú eres la obra de mi mano.
Parafraseo del Autor

Tú no eres el producto de dolor, de rechazo y de las heridas de tu pasado. Tu pasado se ha convertido en tu camino hacia la vida, el amor, el gozo y el poder. Nadie de hoy en adelante tiene el poder para arrastrarte, jalarte, esclavizarte o llevarte de regreso a ese camino—ese lugar donde la luz no brilla y solamente sombras existen. Ese lugar es ahora un cementerio. Yo he llenado el cementerio con los huesos de tus memorias dolorosas; tú nunca más vas a volver a ver esos huesos.

Nunca mas vas a escuchar los sonidos de esos días peligrosos y de las personas peligrosas que caminen hacia ti. Ellos nunca te dirán "Te amo" y después dejar de hablar contigo. Ahora te he puesto en un lugar nuevo, en la grieta de la roca. Allí es donde te esconderé y te guardaré de todo peligro y daño—todas las olas peligrosas, todas las tormentas y huracanes, todos los maremotos, todo dolor, pérdida y sufrimiento. Te he levantado y he puesto tus pies sobre una roca sólida. ¿Tú piensas que hay alguién en el universo que te pueda mover del lugar donde te he puesto? No hay nadie. Yo reino sobre los cielos, yo reino sobre la tierra, y yo reino sobre ti. Estoy en control de todo en tu vida; yo los moveré como piezas de un rompecabezas para poder crear para ti los sueños y el futuro que en tu corazón sabes que naciste para completar. Yo agregaré los colores que necesitas en tu vida. Yo agregaré cada sombra, ángulo, perspectiva, jardín, árbol, pájaro, fruto, arroyo y fuente. Cada día vas a poder oler la fragancia de mi presencia. Vas a ser rodeado por un jardín de fe. Cada día que ves uno de tus deseos cumplidos y produzcas fruto, levantarás tus manos, me agradezcas y me alabarás. Tú nunca estarás en un desierto. Tú nunca vas a pasar por sequía. Tú nunca pasarás por las situaciones de pesadillas que mucha gente pasa porque no tiene la paciencia para escucharme. Ellos no esperan pacientemente para que yo les hable; ellos andan en apuros. Ellos hacen lo que quieren. Ellos actuan conforme su propia voluntad. A mi me obligan a aprobar lo que ellos hacen pero eso no es el corazón que te he dado a ti.

Tú tienes el corazón de un verdadero hijo mío. Es suave y fácilmente provocado por mi voz. No necesitas que levante mi voz; solo un susurro es lo que necesitas. Y de este día en adelante, siempre me vas a poder escuchar. Tu siempre podrás verme. Tú nunca jamás te vas a sentir solo. Yo te prometo que cada vez que tú lleges a ese lugar secreto mi rostro te será revelado a ti. Vas a sentir como si estuvieras adentro de un aposento donde mi voz resuena en tu espíritu. Estoy haciendo estas cosas para que seas mi vocero. Vas a ser como un espejo que refleja mi rostro de amor, my voz de consuelo. Tus manos van a gotear el aceite ungido de sanidad. Tu voz va a ser llena de la bondad misericordiosa que tengo en mi corazón por toda la humanidad. Mora en mi. Marínate en mi amor. Satura tu fe en mi palabra. Cántalo, escríbalo, háblelo, hágalo, vívalo y se todo lo que fuiste creado para ser.

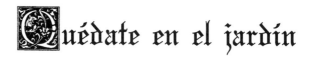uédate en el jardín

Génesis 3:8
Y oyeron la voz de Jehová Dios que se paseaba en el huerto,
al aire del día…
RV

Acude a un lugar de quietud y permanece ahí hasta que escuches Mi voz. Estoy esperando platicar contigo. Anhelo tu compañía. El tiempo para orar es ahora. Ya no pienses más, no te preocupes o te estreses. Entrégame todo. Entrégame todo afán. Para cuando termines, todo estará resuelto. Hoy es día-libre de estrés. Canta, gobierna, aprópiate, da, protege, bendice, ocúpate, confía y vuela. Permíteme guiarte hoy a un lugar de salud y sanidad. Déjame fortalecer tus convicciones; son la fuente de todas tus victorias. Déjame sintonizar tu corazón para que palpite exactamente a Mi ritmo. Soy tu Roca firme y tu Cimiento. Quédate en Mi jardín y florece. No veas los jardines a tu alrededor. No huelas las flores de los demás. Su aroma es seductor e hipnotizante. Parecen y se sienten genuinas pero se marchitan y decoloran. Lo que te estoy dando tiene Mi toque y por lo tanto es indestructible. Mi voz es Mi regalo para ti. Es tu Consuelo en la tormenta y tu Refugio durante las fuertes lluvias y salud para tu corazón y para tu alma. Una Palabra Mía cambia todo para siempre. Quédate en el jardín.

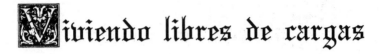iviendo libres de cargas

Salmos 55:22
Echa sobre Jehová tu carga, y él te sustentará;
no dejará para siempre caído al justo.
RV

Déjame quitar la carga de tus hombros. Permíteme aligerar tu carga. Veo estrés. Escucho la voz de tu corazón. Siempre estoy aquí para ti. Los tiempos de iluminación están aquí. Quiero que veas las cosas como las veo. Todas las cosas en tu vida estarán llenas de luz y con entendimiento. No habrá confusión, ni nubosidad, sólo claridad pura y simple. Te estoy apartando de las influencias corruptas que te acosan. Resucitaré para ti campos de amor y de compasión. La relevancia de tu vida se está multiplicando. Tu búsqueda por el significado ha llegado. La manifestación de Mi Espíritu en todas las áreas de tu vida será visible a simple vista. Las partes que aún no rindes a Mí cambiarán hoy. La suavidad y la flexibilidad que estaba buscando ahora están en tu corazón. Ahora eres Mío. Sé que puedo confiar en que obedecerás Mi instrucción y sostendrás Mis sagrados dones en tus manos. Tu espalda nunca se romperá y tus hombros nunca se abatirán. Tu espina dorsal será como una pieza de acero, fuerte y capaz de soportar todo en esta vida. Ya has tenido suficientes problemas en una vida. Déjame mostrarte en donde descansar, en donde puedes relajarte, ser refrescado y reanimado. Eres libre. Vive y actúa de esa manera. Sostén este regalo fuertemente.

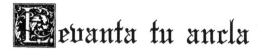evanta tu ancla

1 Pedro 2:9
Pero vosotros sois linaje escogido, real sacerdocio, nación santa,
pueblo adquirido por Dios, para que anunciéis las virtudes
de aquel que os llamó de las tinieblas a su luz admirable.
ESV

Vivir dentro de ti hoy es Mi vida. No eres normal. No eres como todos los demás. Has sido escogido para propósitos divinos. Eres espiritualmente único y súper dotado. Muchos de tus dones todavía están dormidos y listos para surgir. Yo soy tu Promotor. Garantizo tu crecimiento y tu éxito. Las enfermedades mortales se alejarán de ti. Los tiranos de tu vida caerán vencidos y tendrás un espíritu incapaz de ser provocado. Necesitas pasar un tiempo a solas conmigo, con sanidad y soledad. Déjame enseñarte cómo relajarte. Hay gran fortaleza en el descanso. En este lugar de restauración, encontrarás lo que estás buscando. Aquí es donde Mi propósito divino empezará a surgir desde un corazón pacífico. Talentos que jamás soñaste te poseerán. A causa de Mis heridas, las tuyas desaparecerán. Me formaré en ti y te edificaré una mansión que ningún ladrón puede robar. Eres productor de bendiciones. No fuiste creado para la holgazanería. Te creé para que seas como Yo. A menos que estés creando algo, nunca verás todo lo que he planeado para ti. Quiero formarme en ti. Cuando termine, te parecerás justo a Mí. No lo dudes; abrázalo. Deja que te lleve por el río de Mi voluntad. Déjame trasportarte a Mi océano. No perteneces al lugar en que actúan sin peligro. Eres un marinero. Levanta tus anclas y haré lo demás.

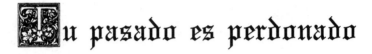

Tu pasado es perdonado

2 Corintios 5:17
De modo que si alguno está en Cristo, nueva criatura es:
las cosas viejas pasaron; todas son hechas nuevas.
ESV

Tu pasado es perdonado y tus fracasos son borrados. Nada que hayas hecho detendrá el maravilloso plan que tengo para ti. Experimentarás una nueva vida. Frescura y aliento serán tus porciones diarias. ¡Ya nunca más mirarás atrás! Pon tu mano en el arado y no te detengas, porque la victoria es tuya. Hay un Cordero cuya sangre clama para limpiar y purificar almas. Esta sangre será tu canto para el mundo; arroyos de purificación del divino poder, de paz, de aceptación, de protección divina y entrada santa a Mi casa. La gente llegará en multitudes acudiendo a oir el sonido de la voz de Mi sangre llevándolos a los arroyos de purificación. Todas tus preguntas serán contestadas y los pasos de tus pies serán fuertes, firmes y seguros. La cabeza de la víbora caerá y tu espada será bañada con la sangre de Mis enemigos. No recuerdes el ayer. Fija tus ojos en el estandarte que te he dado. No juntes las rocas del ayer; te romperán la espalda. No dejes que el remordimiento ponga un lazo alrededor de tu cuello. Fuiste destinado a cambiar el mundo. Eres diferente. Créelo y efectuará su obra. "Purificación," "Santidad" y "Poder" son tus estandartes. Ondéalos para que todos los vean y observa a tu familia y amigos correr hacia Mí. Recuerda tu pasado fue perdonado.

Toma Mi manto

1 Corintios 13:7
El Amor soporta cualquier cosa y todo lo que llega, siempre,
cree lo mejor de cada persona, su esperanza no se debilita bajo
ninguna,circunstancia y todo lo soporta. [Sin desfallecer].
AMP

Vístete de Mí y te comportarás como Yo. Ponte el amor, el gozo y la paz como una prenda nueva. Hay un nuevo nivel de amor divino que ha sido desatado para ti. Aquellos que te han ofendido y frustrado ya no serán más una amenaza para tu paz, pero de hecho son enviados para introducirte a tu verdadero ser. Es un bautismo de amor que viene a tu camino. Estarás pleno con toda Mi plenitud. Nadie tendrá poder sobre ti. Si no quieres nada de los demás y quieres verme como tu Fuente, te encontrarás libre de su poder. Ponte de pie y obsérvame destruir toda la duda y la frustración de tu vida. Te estoy colocando en un lugar con inmunidad respecto a los deseos de la carne, la vanagloria de la vida y las artimañas del pecado. Tu boca será un arma de liberación, tu corazón un refugio para el huérfano de padres. Tu mente un escondite para Mi bondad y tus manos, un lugar de sanidad. No habrá trabajos difíciles, sin espinas, sin maldiciones, sin moretones y sin guerra para ti. Toma Mi manto; es un manto lleno del poder de Mi amor incondicional. Tu vida es Mi obra maestra. Mirarás lo que he hecho en tu vida y caerás a tus pies y me adorarás. Nadie en la vida te dominará de nuevo con fallas e imperfecciones.

Las raíces de Dios

Efesios 3:16
Para que os dé, conforme a las riquezas de su gloria, el ser fortalecidos con poder en el hombre interior por su Espíritu.
NKJV

Un río de fuerza se acerca a ti. Lavará toda la basura y el moho mental y emocional que experimentaste durante toda tu vida. Tu fuerza se duplicará. Tu hombre interior dará un paso al frente en tu vida. Nunca temas a tu viejo ser; ha sido crucificado y es incapaz de resucitar porque está muerto. Ahora, las raíces de Dios están brotando y tu árbol espiritual está cargado de frutos imperecederos, frutos que otros quieren, necesitan e imploran. Eres un portador de frutos. Los pecadores vendrán a tu árbol por amor, por gozo y por paz. Mi fruto en ti está maduro y listo para ser consumido. Te visto ahora con Mi mejor manto. Sin hojas de higo, ni piel de animal, sin vestidos manchados. Ahora eres fuerte y vestido en la Luz Santa. He trabajado duro para llevarte a este lugar de transparencia. Si te muestras a Mí, no puedo negarte ninguna de Mis bendiciones. Eres como una excavadora derribando las fortalezas de Satanás. Ya no necesitarás más atención especial. Ponte en alto y fuerte. Las puertas de los enemigos se están desmoronando.

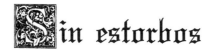in estorbos

Salmos 27:1-2
Jehová es mi luz y mi salvación; ¿de quién temeré? Jehová es la
fortaleza de mi vida; ¿de quién he de atemorizarme? Cuando se
juntaron contra mí los malignos, mis angustiadores y mis enemigos,
para comer mis carnes, ellos tropezaron y cayeron.
RV

Hay una dulce, comunión sin estorbos que viene cuando eliges vivir con Mi luz purificadora. No hay voces extrañas. No hay emociones inquietantes, ni deseos adictivos; sólo el calor del sonido de Mi voz cursando a través del camino de tu corazón. Deja las voces antiguas y los sonidos atrás. Te daré un nombre sobre Mis servidores, una fe que detiene los depósitos del infierno y un testimonio que regresará los corazones de los infieles a Mí. Las pláticas empezarán a aparecer en tu familia. Una dulce comunión sin estorbos llegará con nosotros y tendrás el poder de servirme hasta que te llame a casa. Te trasladaré a Mi presencia cada vez que digas Mi nombre y Yo colgaré otra medalla para mostrarte qué tan orgulloso estoy de ti. Tengo un granero lleno de recompensas de amor esperándote. La luz te seguirá. La sabiduría hablará por ti. La salvación se aparecerá a dondequiera que vayas. Nadie perturbará tu paz. Nunca serás intimidado por nadie. Sus rostros no representarán ya una amenaza para ti. Eres una pieza vendida de acero para Mí. Yo lo digo; y tú lo haces. Fin de la historia.

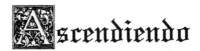scendiendo

Salmos 15:1
Jehová, ¿quién habitará en tu tabernáculo?
¿Quién morará en tu monte santo?
RV

Ascender es el llamado de tu trompeta; alcanzarme es tu tarea diaria. No dudes en dirigirte a Mi pasión y a Mi presencia. Bebe Mi amor como un dulce néctar. Sepárate de todos los demás. Camina con auto-negación, santidad y pureza moral. Deja que la gracia sea tu espada, la gentileza tu estandarte y agrega la humildad a tu personalidad. Abraza la ternura, el celo y la pasión. Habla con voz misericordiosa y ten paciencia. Mantente fiel a Mi fidelidad y a Mis convicciones inamovibles. Nada podrá separarte de Mí. Te mostraré el camino hacia Mi Monte Santo, el lugar donde Yo vivo y los santos caminan. Ésta también es tu casa. Este lugar santo no es para visitantes; sólo para residentes. No se permite entrar a nadie más. No te canses de hacer lo bueno. Nunca pares de caminar con integridad. Nunca escuches a los hipócritas educados. Tienen tapa ojos. Y no se los quitarán. Mírame, porque Mi rostro es el mapa para encontrar el Monte Santo.

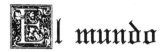l mundo

1 Juan 2:15
No améis al mundo, ni las cosas que están en el mundo.
Si alguno ama al mundo, el amor del Padre no está en él.
ESV

Hay una batalla que todos debemos pelear. Si decides vivir y rechazas las trampas mortales del mundo, los espíritus seductores de Satanás y resistes sobornos y falsas promesas, serás ungido con poder. El amor fluirá libremente desde Mi corazón al tuyo. Me manifestaré para ti. Nunca serás nuevamente encadenado. Quiero mostrarte la maravillosa vida de gracia y verdad. Tu vida ha sido destinada para ser magnífica, para realizar hazañas, para ganar batallas, para poseer nuevos territorios, para tener paz en todos tus límites, en la revelación del Santo y para momentos felices. Todo esto te daré porque eres un solo-corazón, honorable y honesto. El mundo sabe cómo seducir; sabe las canciones que el corazón humano ama. Su deseo es esclavizarte, hacerte adicto y dominarte. Cada vez que resistes, te acercas a Mí. Mi rostro se aclara y todo se enfoca. No creas la mentira que te dice que estás perdiéndote de mucha diversión. Recuerda que el mundo te hará pagar con tu alma. Yo restauro tu alma del daño del mundo. Soy tu Padre. Mi amor ahora está en ti. Déjalo salir.

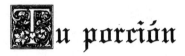u porción

Proverbios 12:7
*Dios trastorna a los malvados y dejan de existir, pero
la casa de los [intransigentes] justos permanece firme.*
AMP

¡Yo reprendo todo lo que ataca a tu familia! No te tocará. Reprendo los ataques espirituales en contra de tu familia y de aquellos que amas. El territorio que has perdido es muy importante para Mí y lo recuperarás. Cada fracaso cambiará y triunfará. El diablo fue derrotado y ¡Yo estoy en el trono! Prepárate para unas épocas de crecimiento y de progreso. Pon tu mirada en Mí, apóyate en Mí, vive en Mí y todas Mis palabras se cumplirán. Encuentros divinos, avivamiento y progresos son mi aportación. Mi afable consolación te seguirá día tras día. Si resistes a las mentiras y a los dardos y dudas, nadie podrá mantenerse de pie delante de ti en toda tu vida. Soy tu porción. Te doy todo lo que necesitas para reinar en esta vida totalmente amado, preparado y plenamente hallado. Esta es la verdad de tu vida. Come tu porción entera de vida.

Totalmente empapado

Zacarías 10:1
Pedid a Jehová lluvia en la estación tardía. Jehová hará
relámpagos, y os dará lluvia abundante, y hierba verde
en el campo a cada uno.
RV

Vas a pedirme que llueva. Vas a clamarme para que caigan chubascos de bendiciones durante el día de tu siembra, porque hago que tu semilla crezca. Ocasiono que las nubes de tormenta cubran la tierra y caiga un aguacero de bendiciones que alimenten tus semillas. Estás destinado a tener cosecha abundante. ¿Podrá el diablo robártela hoy? ¡No! ¿Podrá el malvado robártela hoy? ¡No! Tu cosecha está segura en Mis manos. ¡Es tiempo de que empieces a cosechar al ciento por uno!

Prepárate para el aguacero del Cielo. Mi lluvia produce poder para sacar a todos de sus pozos, los eleva y los establece sobre la Roca y derrama sobre ellos cantos de salvación. Continuamente serás refrescado en medio de una generación torcida y perversa. Levántate. Alza tu corazón en tus manos hacia Mí y mójate completamente en la lluvia.

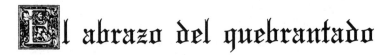l abrazo del quebrantado

Lucas 22:19
*Y tomó el pan y dio gracias, y lo partió y les dio,
diciendo: Esto es mi cuerpo, que por vosotros es dado;
haced esto en memoria de mí.*
RV

Tú serás Mi pan, si abrazas Mi dolor. Podré compartir el mundo hambriento. Porque has creído en la muerte, en la sepultura y en la resurrección de Mi Hijo caminarás conmigo en comunión normal y constante. Caminarás con una relación irrompible conmigo. Todo tendrá su enfoque. Mi Espíritu estará en ti, contigo y a través de ti. El Espíritu Santo irá delante de ti. Protegeremos tu espalda y ambos lados. Porque estás caminando en comunión conmigo y porque tienes confianza constante en Mi voluntad en tu vida, vivirás con el poder de la resurrección. Hoy, estás limpio por la sangre de Mi Hijo. Yo he perdonado y olvidado todos tus pecados. Vives un nuevo comienzo y tienes abierta una nueva puerta. Empieza de nuevo hoy. Celebra todas las facetas de Jesús. Celebra el lavamiento y la purificación de Su sangre santa. Ningún dedo acusador puede permanecer delante de ti. Tu vida está a salvo de destrucción, segura frente a una invasión espiritual, satisfecha con las bendiciones de arriba y ungida para vivir completa e incondicionalmente rendido. No temas el abrazo del abatido.

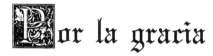or la gracia

1 Corintios 15:10

Pero por la gracia de Dios soy lo que soy, y la gracia que él me concedió no fue infructuosa. Al contrario, he trabajado con más tesón que todos ellos, aunque no yo sino la gracia de Dios que está conmigo.

NVI

Eres quien eres por la gracia que te he dado. Nunca se acabará, ni desgastará ni desaparecerá. Todo el día sentirás la habilidad sobrenatural de Mi Espíritu. Sentirás tanta gracia que serás capaz de producir abundancia de buenas obras para Mí. Cuando observes a tu alrededor. Verás Mi gracia en tu vida. No tengas temor. No te sientas inseguro ni atormentado por las palabras del diablo o por las palabras de los que no escuchan Mi voz. Súbete a la Roca y declara ¡gracia, gracia y más gracia! Tienes que decírtelo a ti mismo: Mi gracia te da el poder para vencer al pecado y para tener éxito en donde habías fracasado. Esto Me permite reinar y derrotar al pecado. El pecado altera tu retrato y vuelve a escribir los términos en cada capítulo de tu nueva vida. La gracia te mueve desde la casa de la muerte a la casa de vida. Llena lagos vacíos y ríos de tu alma. Renueva y reprograma tu mente para creer en Mi maravilloso poder. Libérate de cada obstáculo. Disfruta las bendiciones de la vida al entregarte a Mi divina influencia dentro de tu corazón. Déjala manifestarse en tu modo de vivir.

oy tu molino de viento

Salmos 115:14
Aumentará Jehová bendición sobre vosotros;
sobre vosotros y sobre vuestros hijos.
RV

Tu familia ha sido incluida en esta multiplicación. Primero, tu dinero se incrementará a través de buenas inversiones y de tu obediencia cuando des. Segundo, la unidad de tu familia se fortalecerá al punto de convertirse en algo inseparable. Sus mentes serán como una sola. Tu visión se aclarará. Tu futuro permanecerá conforme te multipliques y comiences a ver el incremento de tu cuenta de banco. No habrá moho, ni ladrones, ni despilfarro. Tengo tu fortuna bajo llave y la estoy asegurando. Las verdaderas riquezas del amor, de la gracia y de la salud comenzarán a tocar a tu puerta. Soy tu Molino de Viento. Estoy obligado a que la vida fluya de Mí hacia ti. Mientras que los demás viven con corazones adoloridos, verás agrandarse la paz constantemente. Beben leche agria, pero tú bebes la miel de la Roca. Recuerda que incluso las tormentas ayudan a los cultivos. Porque Me amas, invertiré todo lo negativo que trate de estorbarte en el camino. Soy tu Molino de viento. Escucha el sonido de un nuevo viento.

Fuera de las tinieblas

Colosenses 1:13
El cual nos ha librado de la potestad de las tinieblas,
y trasladado al reino de su amado Hijo.
RV

Has sido elegido especialmente por Mí para ser sacerdote de la realeza en tu casa, ciudadano de una nación santa, un hijo Mío. Te he librado de las tinieblas y te he trasladado a Mi reino. Todo el día Me alabarás y Me honrarás con tu comportamiento, con tus palabras y con tu forma de vida. Mi Espíritu y Mi gloria reposarán en tu cabeza. Ni un solo forastero hostil llegará hoy a tu espíritu; ningún abuso te afectará. El diablo se frenará y no se acercará más a ti. Caminarás como alguien ataviado con vestiduras de sacerdote vencedor. Hoy las puertas oscilarán abiertas. La gente será amable contigo y te mostrará su aprobación. Las adversidades y las pruebas serán como el agua corriendo por tu espalda y tendrás energía por la fuerza de Mis palabras que estarán en ti, ardiendo como fuego en tus huesos. La vida que necesitas es una vida de riqueza interna. Cuando Mi reino viva en ti, entrarás en mi reposo, victorioso y realizado. Sin esto serías nómada en el desierto seco y caliente. Si me conoces, vivirás en constante santidad, lleno de amor, guiado por la fe, apoyado en la esperanza y rodeado de paz.

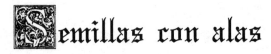emillas con alas

Génesis 8:22
Mientras la tierra permanezca, no cesarán la sementera
y la siega, el frío y el calor, el verano y el invierno,
y el día y la noche.
RV

Desde el día en que fuiste concebido, he sembrando fielmente en tu corazón Mis semillas aladas. Necesito que entiendas lo que es una semilla alada. Esta no es una semilla normal que crece simplemente donde ha sido plantada. Éstas son capaces de volar y de esparcirse. Tienen el poder de crecer en todo lugar al mismo tiempo. Estas semillas especiales comenzarán hoy mismo a germinar en ti. Comenzarán hoy a volar y resultarán en múltiples cosechas mostrándose a tu puerta. Oh, ¡las bendiciones que he preparado para ti y la bondad sobrecogedora te van a sobrepasar! No más días vacíos sin una cosecha o bendición de la cual presumir. Traigo tu barco de bendición. Las semillas aladas serán lanzadas y los campos comenzarán a madurar para ser cosechados. Agradéceme diariamente. Éste es el corazón que riega las semillas. Ríe, canta y alaba. Esta es la luz del Sol que hará crecer las alas de tus semillas.

Los días desperdiciados serán restaurados

Romanos 13:12
*La noche está avanzada, y se acerca el día. Desechemos, pues,
las obras de las tinieblas, y vistámonos las armas de la luz.*
RV

Cuando sientas como si hubieras desperdiciado mucho tiempo durante muchos días y luego el remordimiento se apodera de tu alma, recuerda que Yo puedo reclamar esos días desperdiciados y las noches de tu vida. Un día desperdiciado es un trágico acontecimiento en el Cielo. Cada día es un regalo para realizar tareas y encargos. Deben realizarse, ejecutarse y cumplirse. Un día es todo lo que necesito para cambiar al mundo. Te enseñaré a redimir el tiempo, a pulir un día como una perla escondida. He puesto un milagro en cada día. Cada día sostiene un sueño. Una vez que se pierde, uno nuevo toma su lugar. No menosprecies nunca las horas que te he dado. Usa esas horas para aprender de Mí, para crecer en Mí y para fortalecer tus convicciones. Voy a realizar una obra rápida de recuperación para que ningún día se pierda y se olvide. Conságrate al convertirte en productor de vida. Crea, inventa, aprende, aprecia, muévete, avanza hacia arriba y vive sin límites. Existen muchos más días en el camino para que puedas disfrutarlos. Bebe un día como si fuera néctar de vida. Disfruta de cada olor, de cada fragancia y de la belleza de Mi creación. Antes de que puedas darte cuenta, todo habrá sido restaurado.

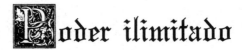oder ilimitado

Lucas 4:14
Jesús volvió en el poder ilimitado del Espíritu — y se difundió su fama por toda la tierra de alrededor.
Parafraseo del Autor

Déjame vestirte con Mi poder. El poder para vivir una vida santa debe ser tu leche. El poder para ver milagros extraordinarios seguirá a tu alrededor. Tu vestimenta santa debe ser el poder para amar a los que no son amables. Tus zapatos deben estar cubiertos con poder para que puedas viajar con bien. Tu espada debe tener poder para recibir cosechas de campos muertos. El ayuno y la oración deben ser tu escudo y tu estandarte. Ninguna derrota debe ser capaz de vencerte nuevamente. Tu anillo debe darte el poder por el pacto de sangre que hice contigo a través del sacrificio de Mi Hijo. Tus enemigos deberán estar aterrorizados por el poder que he desatado en tu vida. Saturaré tu campo de semillas productoras de poder; poder para predicar. Mi mensaje, te da poder para que seas héroe para el desahuciado y te da poder para que tengas tiempos fructíferos y momentos de refrigerio de parte del Señor. Tus mañanas deben ser momentos de quietud por el poder íntimo que te permita ver el mundo espiritual de los ángeles. Vivirás sin ser atacado por el enemigo. Mi plan te sostendrá como una mano asida por Mi amor.

Bajo Mi cuidado

Salmos 121:7-8
Jehová te guardará de todo mal y guardará tu vida. Él mantiene
Su ojo sobre ti cuando sales y cuando entras y siempre te cuida.
Parafraseo del Autor

Relájate; los perros están afuera de tu portón y no pueden meterse. Hoy te mantendré seguro a dondequiera que estés. Te cubriré con Mi mano y seré tu escudo. Seguridad es Mi nombre. Seré tu Guardaespaldas. Mantendré a los violentos lejos de ti. Cegaré sus ojos para que no puedan verte cuando pases. Soy el Guardián de tu alma. Los ladrones nunca podrán tocar tu alma cuando intenten hacerlo. Sus manos resbalarán a causa del aceite de la unción en tu alma. Tu alma no puede ser robada y nunca será vendida. Te liberaré de aquellos que hacen convenios con facilidad y placer, quienes dejan de ser siervos útiles. Te conservaré como la niña de Mis ojos y en el mismo centro de Mi atención. Nunca estarás fuera de Mi luz, ni siquiera un momento. Soy tu guardián. Yo Me he comisionado para garantizar tu llegada al Cielo sin mancha, sin tacha, ni rasguño. Ya no tendrás más cicatrices luego de estar bajo Mi protección. Vive libre de cualquier temor y de cualquier preocupación. Disfruta al despertar y al dormir. Recuerda: estás bajo Mi cuidado.

Conmigo

Génesis 39:2
Pero Jehová estaba con José, en todo lo que él hizo.
Parafraseo del Autor

Nunca te dejaré. No soy capaz de abandonarte. Cada persona que alguna vez te haya abandonado, ha dejado su rechazo en ti, pero Yo te dejaré Mi marca de amor. Cuando seas bueno, malo; si estás presente o ausente, estaré contigo. En cada prueba de la vida estaré contigo. Estaré ahí para ti, para lo que Me necesites. Cuando necesites un Padre, ahí estaré. Cuando necesites un maestro o un guía o para cualquier otra cosa que necesites en cualquier momento Yo soy tuyo desde el comienzo de tu vida hasta que cierres los ojos para estar conmigo. Estoy contigo. Envuelve hoy tu fe alrededor de estas palabras. Deja que sanen todos los recuerdos de pérdida y soledad que alguna vez sentiste. Mantén este amor sanador y pasa el resto de tu vida esparciéndolo a tu alrededor. Haz a los demás lo que he hecho contigo. Tu integridad está escondida en tu caminar amoroso. Tu poder se esconde en tu caminar con fe. Tu destino se está escondiendo en tu obediencia. Permanece en Mi voluntad y tu aumento dará el paso al frente.

Tocado por el cielo

Hechos 4:13
Entonces viendo la valentía de Pedro y de Juan, y sabiendo
que eran hombres sin letras y del vulgo, se admiraban;
y les reconocían que habían estado con Jesús.
Parafraseo del Autor

Cuando has sido tocado por el Cielo, todo impulso cambia a tu favor. Ya no eres más aquel que llevaba el mundo en sus hombros. Ya no dependes de tus talentos, de tu conocimiento o de tus habilidades para alcanzar tus sueños. Ahora, Mi poder fluye a través de tu vida. Mi poder fluye a través de tus palabras y acciones, callando a los escépticos y a los críticos. Y cuando pasas tiempo de intimidad conmigo, esto será visible al ojo desnudo. Cada momento que pases en comunión conmigo, se manifestará otro nivel de poder en tu vida. Dedica tiempo cada día para estar a solas conmigo. Encuentra un lugar solitario lejos de todos, en donde el mundo exterior no pueda alcanzarte. Vive a solas unas pocas horas al día. Haz tiempo. Esto es muy importante para tu futuro y tu legado. No subestimes nunca el poder de estar conmigo. Deja que Mi Espíritu te pula. Deja que toque tus sueños y sane tu personalidad. Permite que desencadene tu alma y desate los pensamientos en tu corazón. Paz, poder y triunfo son tuyos cuando seas tocado por el Cielo.

Estas manos perforadas y clavadas

Lucas 24:39
Mirad mis manos y mis pies, que yo mismo soy;
palpad, y ved; porque un espíritu no tiene carne
ni huesos, como veis que yo tengo.
RV

Mis manos perforadas y clavadas son todo lo que este mundo necesita. Mis manos pueden calmar la tormenta violenta del alma. Pueden calmar el dolor invisible de cualquier corazón. Estas manos enmarcan al mundo y extienden la capa del Universo. Sí, Mis manos perforadas y clavadas tienen poderes sanadores. Pueden resucitar al corazón muerto y despertar al amor roto. Pueden sanar al leproso de esa enfermedad que come su carne. Pueden abrir los ojos de aquellos que intencionalmente se ciegan y pueden abrir los oídos de los sordos. No hay problema que no pueda ser curado por estas manos perforadas y clavadas. Cae de rodillas, porque las rodillas dobladas provocan que Mis manos amen y restauren. Confía en Mis manos perforadas y clavadas; no pueden fallar, ni dañar, ni manchar. Están garantizadas para bendecir. Preséntate en Mi trono cada mañana y Mi bendición por estas manos perforadas y clavadas, te darán prosperidad todos los días de tu vida.

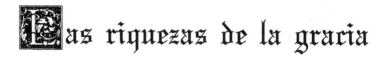as riquezas de la gracia

Hebreos 4:16
Acerquémonos, pues, confiadamente al trono de la gracia, para
alcanzar misericordia y hallar gracia para el oportuno socorro.
Parafraseo del Autor

No caigas en herejías que te hacen totalmente inexplicable e irresponsable en tu vida y en tus acciones contra la gracia. Recuerda, Mi gracia no permite que el pecado reine; te habilita para reinar. Mi hermosa, poderosa e incomparable gracia es Mi influencia divina derramada en tu corazón y reflejada en tu forma de vida. Ama Mi gracia. Apóyate en ella. Depende de ella. Vístete con ella. Ésta puede llevar a cabo lo que no puedes. Las riquezas de Mi gracia ahora serán derramadas sobre ti. La gente ahora notará por la manera en que, incondicionalmente, los amas, por cómo aguantas el problema, por cómo puedes resistir la tentación y por cómo el éxito y el favor te rodean. Mi gracia hará que los placeres y las tentaciones del mundo te sean detestables. Mi gracia causará que tu corazón sea intocable para el enemigo.
Tus amistades comenzarán a florecer sin ninguna explicación. Vive en Mi gracia. Nada en ella. Porque aquellos que pueden ver Mi gracia siempre Me verán recordándolos.

La semilla del menesteroso

Eclesiastés 11:1
Echa tu pan sobre las aguas; después de muchos días lo hallarás.
Parafraseo del Autor

Las semillas necesitan dirección. Una semilla está sola y sin hogar hasta que le das una tarea que cumplir. Dirige tu semilla. Ponla en la dirección correcta. Dale un destino. Lánzala con un propósito. No dejes sin objetivo tu semilla, no permitas que se asiente en suelo seco y duro, en un suelo que se esté muriendo, un suelo que no sea receptivo o que sea lanzada lejos por los vientos de los hombres sin visión. Vincula la semilla a la visión. El campo que plantes que sea con rendimientos, para ti es cosecha. Campos malos, mala cosecha. Lleva una gran bolsa contigo a dondequiera que vayas porque estas semillas no son semillas normales. Estas semillas que te estoy dando se multiplicarán sobrenaturalmente cuando sean sembradas. Siembra una semilla y obsérvala reaparecer en tu bolsa. Yo doy semilla al que siembra. Te he convertido en estratégico sembrador de semilla inmortal y sobrenatural. Estas semillas nunca morirán, ni se marchitarán, ni se acabarán mientras que las sigas sembrando. Cuando las envíes, saldrán como una y regresarán como un ejército. Siembra, siembra, siembra; cosecha, cosecha, cosecha. Hazlo fielmente, diariamente y consistentemente. Hazlo con gozo, con gratitud y expectación. Vive como si nunca se fuera acabar la semilla. Vuélvete el más grande sembrador que conozcas. Nunca guardes, ni atesores, ni retengas tu semilla. Déjala ir a lo que esté en tu mano y soltaré lo que tengo en la Mía.

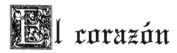l corazón

Ezequiel 11:19
Y les daré otro corazón, uno suave y pondré en ellos un nuevo
espíritu; quitaré el corazón de piedra de en medio de su carne y les
daré un corazón de carne que fácilmente se mueva por Mi Espíritu.
Parafraseo del Autor

Haré tu corazón tan suave y dócil, tan sensible a cada uno de Mis susurros, que incluso un susurro sonará como un grito para ti. No más malas decisiones. No más vueltas equivocadas y ni extremos muertos. No más enredos imprudentes. No dobles intenciones o razonamientos inseguros. Tu nuevo corazón ya está totalmente equipado con un detector de voz. Puede detectar Mi voz en cualquier lugar, por encima de las demás voces extrañas en tu vida. Funciona como aceite para el Espíritu y se desarrolla bien en Mi presencia. Vive para ser ungido por Mi amor y puede durar hasta 120 años sin estar mal. Dale un camino a Mi corazón, dentro de ti. Permite que te guíe. Está preparado con un mapa para encontrar el camino hacia Mí. Tus días de confusión se acabaron. Tus días de felicidad han comenzado. El corazón con sabiduría, con amor e integridad son tuyos. Un corazón biónico late en tu pecho, está hecho para resistir buenos y malos momentos y en instantes de mayor confusión. Vuelve tu voluntad hacia Mí. Esto mantiene tu corazón en Mis manos y te recarga esa batería de 120 años.

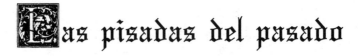as pisadas del pasado

Éxodo 14:13
Los Egipcios que te han perseguido y
atormentado, ya no los volverás a ver.
Parafraseo del Autor

La familia de demonios que a veces susurra sus ruegos y deseos cuando sueñas, tratando de estar en tu vida, serán expulsados para siempre de tu familia. Nada maligno tanto físico, espiritual, como emocionalmente atacará de nuevo a tu familia por toda tu vida. Eres libre. Los ataques de calamidad y las amenazas se irán desvaneciendo en tu mente. Tu mente no será más el área de juegos de aquel que te atormenta. Estoy enterrando los monstruosos cadáveres de una vez por todas. El mismo recuerdo de los fantasmas será como el humo que ha sido lanzado lejos por el viento. La libertad es tu recompensa al amar, al obedecer y al servirme. Con esta libertad tendrás el poder, la fuerza y la percepción espirituales. Ahora ya estás bautizado para ser útil, cubierto con pertinencia y rodeado por milagros. Vive una vida digna a la que puedas respetar. Ven a Mí adorándome. Trae adoración voluntaria. Rodéate de amigos que piensen en forma similar y con un mismo sentir, ser ganadores de almas. Llena el Cielo con almas de los abandonados y disfruta de tu libertad.

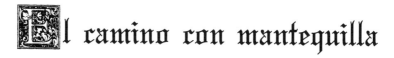 l camino con mantequilla

Job 29:6
Cuando yo lavaba mis pies con leche y
la piedra me derramaba ríos de aceite.
Parafraseo del Autor

Tu camino es uno lleno de suavidad. He enviado a Mis equipos que trabajan en caminos y despejarán tu camino cortando árboles muertos y ramas rotas. Llenarán las zanjas, nivelarán el suelo desnivelado y derramarán mantequilla en tu camino. La mantequilla es mi tratamiento preferido. Serás tratado como un VIP. Tus necesidades serán suplidas, tus peticiones concedidas, tus deseos anticipados y tus sueños creados. Tu camino te conduce a tu destino. Cada vuelta ha sido planeada, cada alto totalmente creado y todos aquellos en este camino con mantequilla serán avisados de tu llegada. Hago esto para poder hablar con la roca del aceite. Cuando te vea venir, comenzará a derramar no chorros o lodo, pero sí ríos de aceite. El aceite es Mi poder sanador para todos los aspectos de tu vida y para todos los viajeros en este camino. Será tu trabajo derramar tanto aceite como te sea posible sobre cada viajero. Deja que el aceite haga su trabajo y siéntate y observa cómo las vidas quebrantadas serán transformadas frente a tus propios ojos.

ealeza

Proverbios 10:22
*La bendición de Jehová es la que enriquece,
y no añade tristeza con ella.*
RV

Todos los hombres y mujeres de la Tierra nacen espiritualmente como huérfanos. Nacen perdidos, no son amados y ni deseados por naturaleza. Nacen enfermos del corazón y enfermos por la semilla del pecado, de la muerte y de la destrucción. Su humildad está ya en su lugar y su tristeza está esperando. Necesitan a un Rey que intervenga y esto es lo que Yo he venido a hacer. He venido para tomar sus harapos heredados y para reemplazarlos con la riqueza de un Rey y hacerlos a todos parte de la realeza por adopción. Por lo tanto, ordeno a riquezas de toda clase que invadan tu vida. Sé ungido con el manto de un príncipe o de una princesa. Sé saturado en lo más profundo de tu alma con riqueza espiritual, riqueza emocional y riqueza social. Estoy sanando tu mente, tu voluntad y tus emociones con Mi bendición. Mi bendición ahora es tuya. Limpiará tu vida de todo pesar. Ponte de pie y siente ahora Mi mano sobre tu cabeza. Recibe el poder de Mi virtud fluyendo sobre ti, reparando, restaurando y preparándote para tu vida futura.
Permanece donde estás y Mi bendición también permanecerá.

Poseyendo las puertas del enemigo

Génesis 22:17
Y tu descendencia poseerá las puertas de sus enemigos.
Parafraseo del Autor

El enemigo siempre ha odiado a tu familia y al potencial de tu familia. Las puertas del infierno que han sido preparadas para ellos han fracasado. Ya no quedarán puertas que te lastimen. Entérate: tus enemigos serán poseídos; sus puertas serán los trofeos de tu familia. Lo que conquistó a tus antiguos parientes y a las generaciones pasadas, no podrán conquistar a tu familia. Tus hijos naturales o espirituales, abrirán las puertas de tus enemigos. Todo el botín escondido detrás de esas puertas será tuyo y de tus hijos. Ven a la reunión para esa destrucción de la puerta. Obsérvame derretir las puertas y recobrar el oro enterrado en ellas. Extraeré todas las joyas y las piedras preciosas que están cubiertas de óxido y polvo. Brillarán de nuevo. Estas joyas representan tesoros robados a las generaciones pasadas. A tu familia nunca le faltará nada. La gracia fluirá nuevamente. El amor será tu almohada, la misericordia tu cobija y la fe tus manos. Tus paredes serán llamadas de salvación y las puertas de tu casa de alabanza y acción de gracias. Golpearás al corazón de la pobreza y repartirás el botín al pobre. Verás Mi cara en las primeras horas de la mañana para recordarte este lazo alrededor de tu cuello y lo trasmitirás a tus descendientes.

mbajadores

2 Corintios 5:20
*Así que, somos embajadores en nombre de Cristo, como
si Dios rogase por medio de nosotros; os rogamos en
nombre de Cristo: Reconciliaos con Dios.*
RV

Te he llamado como Embajador de Unidad. Tu don especial será traer unidad a donde haya lucha, contienda y división. Conforme caminas con unidad, Mi plan y Mi voluntad para tu vida lo verás crecer y expandirse dentro de ti. No temas a ningún acosador o a algún agresivo controlador. Con Mi don en ti, podrás desmantelarlos y se pondrán de pie despojados frente a la verdad. La verdad será tu espada; tu amor, tus cadenas; y tu misericordia, tu canción. Toma estas armas que son los brazos del poder y obsérvame cambiar a la gente y a sus circunstancias. Mírame sanar hogares, a familias y vidas quebrantadas.

Prepárate para que este hilo que unifica fluya en cada aspecto de tu vida. Colócate por encima de tus dones. No te acobardes, ni parpadees, ni titubees. Ahuyenta a tu miedo. Fortalécete por encima de tus dudas.

Tritura tu indecisión y sostén la mano de la eternidad. Deja que te guie a la Tierra Prometida. Deja que la leche y la miel de Mi voluntad saturen tu corazón y sanen tu alma. Ahora, voltea y haz lo mismo con los demás.

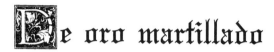e oro martillado

1 Pedro 1:7
*Para que sometida a prueba vuestra fe, mucho más preciosa
que el oro, el cual aunque perecedero se prueba con fuego,
sea hallada en alabanza, gloria y honra cuando
sea manifestado Jesucristo.*
RV

No seas confundido con pruebas que a veces te presenten a ti. Hay un plan de rescate en acción. Nunca Me toman por sorpresa circunstancias imprevistas. Yo sé todo lo que te sucederá y ya preparé una solución para ti. La vida está llena de sorpresas para todos, pero cuando estás conmigo, no tienen la habilidad para hacerte daño. Quédate quieto. Abraza Mi paciencia y te impulsaré suavemente a través de las aguas de vida. No olvides que eres una obra fina, de oro costoso. Deja que el martillo haga su trabajo. Cuando termine, serás extremadamente valioso y deseado por aquellos que estén cubiertos con polvo de indignación, de mugre y de lodo. Estoy haciendo un vaso especial de Mí. Tendrás Mi toque especial, el que sólo un experto metalúrgico podrá impartir. Tu viaje te dirigirá hacia Mí, tu valor guiará a otros hacia Mí y las marcas del martillo le dirán al mundo que Yo te amo.

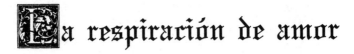a respiración de amor

Efesios 5:2
*Y andad en amor, como también Cristo nos amó,
y se entregó a sí mismo por nosotros, ofrenda
y sacrificio a Dios en olor fragante.*
RV

Cuando te enfrentes a una encrucijada, escoge vida, la vida de amor, no de amargura. Nadie en la Tierra escapará de ésta encrucijada y tú tampoco. Escoge amor y Mi amor respirará en ti. Llenará tu vida con salud, bondad y entusiasmo. La benevolencia te invadirá cada día. La buena voluntad será tu constante compañera. La negatividad desaparecerá como niebla no deseada. Tu visión de la vida avanzará. Tus enemigos ya no te intimidarán. Nunca perderás el sueño o tendrás ataques de ansiedad. No más dolores de cabeza, ni angustia, ni problemas sin resolver. Cuando el amor respire en ti, comenzarás a vivir. Detente, respira profundamente con amor y comienza a cantar, porque tus nuevas victorias están en camino. Perdona todos los pecados lanzados en tu contra. Perdona aquel que nunca cambiará su comportamiento. Libérate del poder de sus imperfecciones y permítete una nueva vida sin confusión emocional. Vive libremente.

Inyecciones de vida

2 Tesalonicenses 2:17
Que El Señor fortalezca, conforte y te haga
estar firme e inmóvil en toda buena palabra y obra.
Parafraseo del Autor

Ven a Mi hospital. Déjame animarte con buenas nuevas acerca de lo bueno que está por venir. Permíteme refrescar tu espíritu y despertar buenos deseos en tu corazón. Déjame conectarte con Mi intravenosa y rehidratarte. Permíteme llenar tus arterias con agua de vida, la clase de agua que restaura tu alma. Déjame destapar tus arterias de dudas amenazantes en tu vida. Déjame limpiar tu sangre de toda enfermedad infecciosa y permíteme ponerte inyecciones de vida. Estas inyecciones no están disponibles en ningún otro hospital, sólo en el Mío. Son inyecciones sobrenaturales de salud. Te hacen un súper humano, capaz de hacer lo imposible y apto para resistir todo más allá de la razón. Te hace apto para amar más allá de lo esperado y para amar por encima de las circunstancias peligrosas del mundo. Las inyecciones de vida no podrías comprarlas ni venderlas; sólo puedo dártelas en Mi hospital. Sólo Yo tengo acceso a ellas y he preferido dártelas. Así que ven y vive en la vida más saludable y rica que el hombre haya conocido alguna vez.

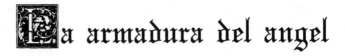

La armadura del angel

Jeremías 1:18
Porque yo te he hecho un protector de la ciudad, y como columna de hierro y como muro de bronce—nada puede dañarte.
Parafraseo del Autor

Estás revestido con armadura impenetrable. Ya no tendrás más puntos débiles. Tu armadura está hecha de acero de ángel. Los ángeles visten estas armaduras especiales. Nunca más te encontrarán herido ni ensangrentado al lado del camino. Cada arma que tu enemigo posee no tiene poder en contra de la armadura de ángel. Su lanza, su dardo y sus cañones te eludirán. Sus acusaciones, sus tormentos y engaños desaparecerán frente a ti. Sus crueldades, seducciones y cohechos se debilitarán, quedarán sin poder y vacías. Ninguna tentación te alejará de Dios. Ninguna seducción alcanzará tu corazón. Cada maquinación se revelará y no caerás en ninguna trampa del enemigo. Regocíjate todo el día que soy tu escudo y tu armadura. Porta tu armadura de ángel con orgullo y respeto. Confía y depende de Mí y nadie te traicionará.

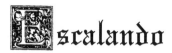 scalando

Miqueas 6:8
Oh hombre, él te ha declarado lo que es bueno, y qué
pide Jehová de ti: solamente hacer justicia, y amar
misericordia, y humillarte ante tu Dios.
RV

Ascendiendo por la escalera de la vida; esta escalera imaginaria, es todos los sueños consumidores del egoísmo del hombre. No te he llamado para escalar y luego descender. Verás, conmigo la subida incluye tu bajada. Sí abajo en humildad, en compasión y viviendo una vida sin egoísmo, teniendo y dando con buena voluntad. Cuando prefieres a los demás por encima de ti y dejas que reciban la gloria o el crédito, entonces estás de subida. Cuando vacías tus bolsillos para el pobre y cuando sacrificas tu agenda por el bienestar de los demás, has llegado a Mí. Soy tu Recompensa y tu Premio Constante. Me doy a ti. Te doy acceso total a Mi poder, a Mis secretos y a Mis dones. Lanzo al Cielo en tu familia y envío Mi asamblea para rescatar a todas las ovejas extraviadas de tu manada. Por lo tanto, ve lánzate cuesta abajo y luego sube.

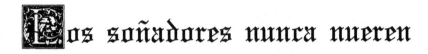 os soñadores nunca mueren

Joel 2:28
Y después de esto derramaré mi Espíritu sobre toda carne,
y profetizarán vuestros hijos y vuestras hijas; vuestros
ancianos soñaránsueños, y vuestros jóvenes verán visiones.
RV

Un sueño es señal de que todavía vivo en tu corazón. Puedes cambiar al mundo con el sueño adecuado. Nunca permitas que la gente y su negatividad, sus dudas y pesimismo roben tus sueños. Tan alto como puedas soñar, Te llevaré. Tus sueños son alas para tu fe y Yo viajo en alas de la fe. Si quieres estar donde estoy, sueña. Si quieres vivir permanentemente en Mi presencia, sigue soñando. Añadiré todos los demás ingredientes que tus sueños necesitarán. Añadiré deseo, disciplina y sabiduría. Te mostraré el plan de tu sueño, que es la pieza que todos los soñadores deben tener. Te explicaré cada paso del plan. Ninguna piedra se perderá. Toda la sabiduría y la motivación que necesitarás para tener éxito estarán ahí. Necesito que sueñes y Yo te daré la explicación. Recuerda, los soñadores nunca mueren.

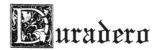

Duradero

Santiago 5:11
He aquí, tenemos por bienaventurados a los que sufren...
RV

Tu corazón no te abandonará. Tus momentos espirituales no te cansarán. He puesto Mi batería eterna en ti. Nunca se gasta, ni deja de funcionar. Es el poder que mantiene el Universo funcionando día tras día, año tras año y vida tras vida. No podré ser detenido. Este poder vive dentro de ti. Tengo todo lo que necesitas para soportar cada adversidad y pruebas que la vida te arroje alguna vez. Podrás relajarte y apoyarte en Mí. Descansa tu hombro en la mano de Mis promesas. Bebe estas promesas como agua de vida. Deja que organicen de nuevo tus pensamientos y ajusten tus actitudes. Permíteles enriquecerte con las riquezas de la sabiduría eterna y con entendimiento. Cuando no permitas ser provocado y en cambio tranquilamente esperes que las emociones negativas se alejen. Dame oportunidad de llenarte con poder, fuerza y paz. Después, podrás soportar el rechazo, los sufrimientos, las irritaciones y a la gente ruda, egoísta y desconsiderada. Y estarás listo para que verdaderamente confíe en ti y seas usado por Mí.

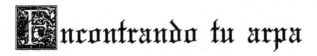ncontrando tu arpa

Salmos 137:2
Colgamos nuestras arpas sobre los sauces.
Parafraseo del Autor

Nunca permitas que nadie robe tu arpa de alabanza y adoración. Cuida esa arpa como tu más valiosa posesión. Nunca la dejes a causa de la crítica verbal y por gente abusiva en tu vida. Jamás la abandones, si tu corazón no se iguala a tu canción. Canta y tu corazón seguirá a tu arpa. Edifícame una casa con tu alabanza. Tu arpa me llama; me requiere y me atrae hacia ti. Construiré un trono encima de ti, un trono escuchando, donde Yo me siento y me ministras. Amo el sonido de tu adoración voluntaria. Es la totalidad de Mi propósito en tu vida. Tu arpa es tu arma. Cuando la toques, los demonios huirán. La atmósfera está llena de cantos de los ángeles. Las huestes invisibles serán llamadas. Me seguirán a Mi trono, rodeándome con adoración en armonía con tu arpa. Entérate: Mientras sigas tocando, nunca cantarás solo. Toca tu arpa de alabanza. Deja que se escuche fuerte y clara. Permite que el mundo entero se llene de Mi gloria.

Dame tu oreja, clávala a la puerta

Éxodo 21:6
Entonces su amo lo llevará ante los jueces, y le hará
estar junto a la puerta o al poste; y su amo le horadará
la oreja con lesna, y será su siervo para siempre.
RV

Cuando la gente está lista para rendirme todo, lo hacen a través de un ritual santo. Colocan su oreja en el poste de la puerta y su amo perfora un agujero de amor en su oreja, simbolizando su libre albedrío, comprometido de por vida a Mí. Este acto de amor eterno es la señal liberadora de completa libertad, una rendición total. Te amo, ámame libremente sin obligación, sin espanto, sin chantaje, sin manipulación o cohecho integrados. Todo esto anula nuestra relación. El verdadero amor es la marca de nuestra relación. Afecto genuino, verdadera comunicación, amor sincero, y lazo íntimo. Exclusividad: Eres sólo Mío y soy sólo tuyo. Libertad de Espíritu, una desenfrenada adoración, un compromiso incondicional. Conquista esta vida y gobierna con ella. Gobierna al enemigo, vence a la carne, vence al mundo y vive por encima del temor. Dame tu oreja y te daré Mi corazón.

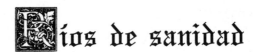íos de sanidad

Juan 7:38
El que cree en mí, de su interior brotarán ríos de agua viva.
Parafraseo del Autor

Soy el que apaga la sed del sediento. Amo la sed. Esta es una señal de un profundo y verdadero amor por Mí. Si tienes sed de alguna cosa Yo te la puedo saciar. Alguna sed la quito y otra la satisfago. Pero el propósito de estar sediento de Mí es que puedo abrir los ríos de sanidad que están en ti. Escondidos en tu hombre espiritual están los ríos de sanidad de Mi amor, de Mi gozo y de Mi paz. Son para que tú los disfrutes. Ríos de revelación, de confianza y de poder serán para que algunos se beneficien de ellos. Los ríos de adoración, de pureza y de rendición serán para que Yo los disfrute. Como ves, hay tres cosechas de los ríos de sanidad para que goces. Estos ríos no son iguales. Nadie los puede detener porque no se originan en ti. Están ahí porque te los puse en tu segundo nacimiento. Son la fuente de vida que te conecta conmigo. Fluyen de Mí hacia ti. Cuando tengas sed, sólo abre las puertas de estos ríos. La intimidad purifica los ríos y los aleja de elementos contaminantes en tu vida. Los ríos son tuyos. Libéralos para los demás.
Yo ya los liberé para ti.

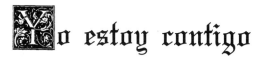 o estoy contigo

Mateo 28:20
Yo estoy con vosotros todos los días,
hasta el fin del mundo. Amén.
RV

Hoy no estás solo. Estaré contigo todo el día y en cada detalle de éste. Te hablaré. Por ti cargaré tus penas hoy. Te cargaré cuando seas incapaz de caminar. Seré tuyo todo el día hasta que el Sol se oculte y para toda la eternidad. Nunca jamás te abandonaré. Buscarás a tu alrededor y ahí estaré cerca de ti, sosteniendo tu futuro en Mis manos, reconciliando tu vida, reinventándote, cambiando los efectos de tu pasado, volviendo a planificar el Hoy para ti y dirigiendo tu futuro. Yo estoy contigo y eso te da acceso total a Mí todos los días. Pregúntame cualquier cosa: Te responderé. Pídeme que mueva montañas; lo haré. Pídeme que destruya tus dudas y desaparecerán. Quédate donde pueda verte, cerca de Mí, junto a mí. No te extravíes; estoy justo aquí. Estoy junto a ti de por vida y la vida está dentro de ti. Vive conmigo, quédate cerca, duerme junto a mí, camina a mi lado y sé íntimo, porque Yo siempre estaré cerca.

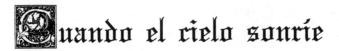uando el cielo sonríe

Números 6:24-26
Jehová te bendiga y te guarde. Jehová haga resplandecer su
rostro sobre ti y tenga de ti misericordia; Jehová alce
sobre ti su rostro y ponga en ti paz.
NKJV

Es Mi voluntad que vivas bajo la sonrisa del Cielo. Cuando el Cielo te sonríe, todo tu mundo sonreirá, así nadie te podrá controlar con compromisos ajenos a ti. No pueden esconder Mi propósito por ti con sus manipulaciones o maquinaciones. Cuando el Cielo te sonría, estarás libre de las leyes del hombre y las leyes del Cielo tomarán su lugar. La sonrisa del Cielo es la vida con control divino. No habrá ni demonio, ni diablo, ni depredador en tu jardín o en tu cocina. Ninguna sanguijuela, ni alborotador o Judas habrá en tu cena. Ninguna víbora, ni escorpión, ni buitre habrá en tu sala. Ningún egipcio te perseguirá en el desierto. La sonrisa del Cielo es la horca para Satanás. Yo sonrío y él será ahorcado. Toma Mi sonrisa y ponla en tu corazón. Abrázala con obediencia. Recíbela con integridad, cómela con unidad y ama y colócala alrededor de tu cuello, con fidelidad y decisión. Cuando el Cielo te sonríe, aun te alegra tener al agresivo a tu alrededor. Mi sonrisa es contagiosa; tiende a contaminar a todos, así que sonríe y contamina al mundo con tu amor.

ntolerable

Éxodo 2:23
Aconteció que después de muchos días murió el rey
de Egipto, y los hijos de Israel gemían a causa de la
servidumbre, y clamaron; y subió a Dios el clamor
de ellos con motivo de su servidumbre.
RV

Nunca cambies lo que estás dispuesto a tolerar. ¡Recuerda esto! La vida está llena de cosas inexplicables. No permitas que las circunstancias inexplicables de la vida moldeen y enmarquen tu mundo. Deja que tu fe y tu confianza en Mí cubran tu corazón. Cuando Mi fe habite en tu corazón desatará un torrente de victorias, un diluvio de transformaciones y una avalancha de milagros. Alcánzame. Mantén tu corazón seguro frente a extraños y de invasores. Rechaza la duda, el temor y la inseguridad en tu vida. Desarrolla intolerancia hacia el fracaso. Reclama tu herencia con tenacidad y rehúsate a que te nieguen lo que compré para ti con Mi vida. Tú muestras tu amor por Mí al unirte a Mis victorias y al exhibirlas frente al mundo. Hoy es el tiempo para bajar tu pie y dibujar una línea en la arena. Recuerda, lo que no puedas tolerar deberá irse.

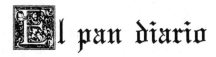l pan diario

1 Juan 5:14
Ésta es la confianza que tenemos en Él, que si
pedimos alguna cosa conforme a su voluntad,
(de conformidad con Su propio plan) Él nos oye.
AMP

Yo acostumbro a responder a las oraciones. Es Mi alimento diario, Mi pan sabiendo que Me necesitas y que confías en Mí, sabiendo que arreglaré al herido, restauraré lo perdido, sanaré al enfermo y liberaré a aquellos que vivan en cautiverio. Estas actitudes me producen gran gozo. Amo sorprenderte, sobresaltarte y fortalecer tus convicciones. Amo ver la expresión de tu cara cuando digo: "si," a tus peticiones. Quiero que tengas paz y que sepas cuánto quiero darte para que cumplas tu destino. Yo sé que las oraciones sin respuesta, no las puedes cambiar, ser sanado o suplir tus necesidades. Voy a alejar tus dudas, voy a abolir tus necesidades y a destruir tu escasez. Será tiempo de abundancia, de copas rebosantes, de mesas llenas de bendiciones y celebrando Mis victorias con tu familia. El escenario está a punto de cambiar. Tu confianza está a punto de triplicarse y tus aventuras están a punto de comenzar. Corre hacia Mi trono y quédate ahí hasta que cada necesidad sea satisfecha.

ue dicho. Escrito está. Hecho está.

Santiago 1:17
*Toda buena dádiva y todo don perfecto descienden
de lo alto, del Padre de las luces, en el cual no hay
mudanza, ni sombra de variación.*
RV

¿Crees que soy tan bueno como tu corazón pudiera imaginarme? Bien, ¡Créelo! Soy billones, trillones de veces mejor que eso. Soy perfecto y lo suficientemente bueno como para que se pueda llenar todo el infinito con gritos de alabanza. Sólo tengo buenos regalos para ti. Las víboras están lejos de tu pasto, los lobos han dejado su cacería y los caníbales no tienen dientes, van dando tumbos por la vida. Ahora que somos socios, los llamados en tu vida están listos para prosperar. Tus posesiones se incrementarán; regálalas periódicamente. Tu momento de oración se intensificará y tus posibilidades se volverán ilimitadas porque en Mí no hay regreso. Cuando te hago una promesa, tus problemas se acaban en esa circunstancia. Cuando hablo, el Universo se detiene, escucha y obedece. Cada cosa viviente está programada para obedecerme. Soy su Dios, Su Señor. No preguntan, ni dudan, ni vacilan; simplemente obedecen. No cambio Mi manera de pensar. No estoy limitado a una visión escasa. Yo veo todo al mismo tiempo. Sé todo inmediatamente. Soy todo al mismo tiempo. Por lo tanto, disfruta de paz. He dicho. Escrito está. Hecho está.

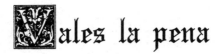ales la pena

1 Tesalonicenses 5:24
Fiel es el que os llama, el cual también lo hará.
RV

No te abandonaré como un proyecto inconcluso. Cada parte que te falta o que está perdida la reemplazaré. Cada promesa que te he hecho, la cumpliré. Aquellos que son débiles en su fe serán fortalecidos por la tuya. Aquellos que están buscando venganza serán librados de su rencor. Ésos cuya almohada es la incredulidad despertarán a la verdad. Todos aquellos enamorados del mundo, verán Mi mundo y cambiarán de lugar. Esta es Mi promesa; Yo la cumpliré. No fuiste un accidente. No eres sólo una pequeña partícula entre billones. No, tú eres un regalo especial para el mundo. Fuiste cuidadosa y maravillosamente creado. Déjame mostrar tus dones, tus talentos y todo el potencial que ha sido enterrado bajo montañas del temor y la duda. Permíteme abrir las puertas de la fe para enviarte al mundo. Eres asombroso y todavía no lo sabes. Eres poderoso, listo, sabio y dotado. Eres bueno, paciente y fiel. Vale la pena salvarte. Soy fiel. No titubeo ni me escondo. No me desgasto, ni me canso, ni me debilito. Mi fuerza es eterna. Mi fuerza de voluntad no puede ser detenida ni resistida. Nadie se compara conmigo y nadie puede retarme. Recuerda, hay un solo Trono y un solo Dios en ese Trono. Estás relacionado conmigo y valió la pena buscarte.

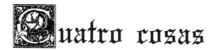uatro cosas

Proverbios 22:29
¿Has visto un hombre cuidadoso en su trabajo? Delante
de los reyes estará, no delante de gente de baja condición.
AMP

Te concedo cuatro cosas que podrán sanar tu mundo. Primero, te daré sabiduría. Con esto, muchas puertas previamente cerradas para ti, se abrirán. Segundo, ungiré tus palabras con justicia. Aquellos que te escuchen amarán el sonido de tus palabras y otorgándote favores. Tercero, te daré un corazón puro y con el que nunca serás vencido, ni seducido, ni engañado. Esto te dará ilimitado acceso a Mí. Y finalmente, te otorgaré poder para llevar a cabo grandes obras de amor para Mi Reino. Nunca dudes lo que puedes llegar a ser en y a través de Mí. Duda todo sin Mí pero permanece cerca, a Mi lado. Nunca olvides el sonido de Mi susurro. Nunca te alejes del toque de Mi mano. Abrázame como un niño(a) pequeño que abraza a su padre. Ámame tierna y completamente. No escatimes ninguna parte tuya. Baja la guardia y habla honestamente. Yo tengo hoy gran cantidad de planes para ti. Hay algunas sorpresas en tu camino, algunos sueños perdidos aparecerán y tu fe se incrementará. Al final del día de hoy, estarás gritando de alegría.

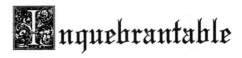nquebrantable

Salmos 89:34
No olvidaré mi pacto, Ni mudaré lo
que ha salido de mis labios.
RV

Una vez que lo digo, entonces ocurre. Yo no pongo a prueba, ni bromeo con Mis hijos con falsas esperanzas, ni con falsas promesas. Mi Palabra no tiene comparación en rapidez, precisión o poder. No hay fuerza mayor en el Universo que las palabras que salen de Mi boca. Mi Palabra es la vida de toda verdadera existencia humana. Destruye la vida inútil. Crea permanencia para el ciudadano común y para el alma errante. Calma al inquieto, satisface al vacío y elimina los recurrentes problemas de la vida. Si Yo lo digo. Lo haré. No puedo decir una mentira, así como el agua no puede ser lodo. No puedo ser falso ni desleal. Soy inquebrantable. No puedo ser derrotado, ni engañado, ni tentado, ni Me pueden hacer menos. Nadie tiene Mi sabiduría, Mi fuerza, Mi poder. Todos aquellos que pretendan tenerla, desaparecerán. He formado una sociedad contigo y nunca será quebrantada. Somos uno. Lo que tengo es tuyo. Úsalo para hacer el bien. Bendice a alguien, como Yo te he bendecido.

nalterable

Malaquías 3:6
*Porque yo Jehová no cambio; por esto, hijos
de Jacob, no habéis sido consumidos.*
RV

Estoy a punto de permanecer invariablemente contigo. No sólo serás confiable ante tus ojos, sino que también los demás confiarán en ti. Yo no cambio, ni vacilo, ni altero Mis opiniones. Soy digno de confianza constantemente. Este es Mi plan para ti. Te enseñaré el oficio de la preparación, la cual garantizará tu éxito. Te daré el don de la sabiduría y de la precaución y sólo tendrás que hacer las cosas una sola vez, lo cual te favorecerá. Te voy a dotar con el poder para que puedas esparcir Mi gloria. Te protegeré de la corrupción, de los mentirosos y de los ladrones. Nunca tocarán a tu puerta sin que estés preparado para destruir sus mentiras. Te hice una promesa, te cambiaré y te convertiré en vaso de honor. Con tu cooperación, eso será exactamente lo que haré. Convertiré un arma de un gusano. Fuiste creado de la nada, sin embargo heredarás todo. Llegaste sin nada y te irás con todo. No sabías nada, pero impactarás al mundo con Mi sabiduría. No sentías nada y mostrarás Mi corazón. ¿Puedes ver, incluso mientras estás leyendo esto, el milagro de transformación ya empezó?

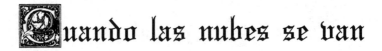uando las nubes se van

2 Timoteo 2:21
*Así que, si alguno se limpia de estas cosas, será
instrumento para honra, santificado, útil al
Señor, y dispuesto para toda buena obra.*
RV

Limpia la casa; deshazte de lo reprochable y las nubes se irán. La lluvia comenzará a caer, pozos estarán abiertos y los manantiales de salud correrán en ti. Escúchame y Yo consagraré tu día y te sobrecogeré con las olas de ánimo. No puede haber ninguna duda en tu corazón, ninguna duda acerca de otras vidas que pudiste vivir. Debes dejar todo tu corazón en Mi altar. Cada vid será cosechada para que el sobrante pueda crecer fuerte. Dos ramas fuertes son mejores que mil débiles. No te aflijas por las ramas perdidas, porque sólo son ramas inservibles que estaban ahí para despertar tu verdadero yo. Cuando tengas paz debido al modo en que hago las cosas, las nubes se irán. Todo aquel desánimo, desilusión y confusión repentinamente y para siempre se habrán ido. Una casa limpia es una invitación para que Yo me presente en ésta. Me gustaría construir una biblioteca dentro de tu corazón. Esta biblioteca estará llena de Mi conocimiento y tiene respuestas a todos los problemas de la vida. Deja que tu corazón abra los libros y dé vuelta a las páginas. Déjame enseñarte lo que Yo sé acerca de todos y de la vida. Sé Mi libro. Sujeta Mi verdad sagrada y segura en la palma de tu mano. Calladamente abre las páginas de tu corazón a Mi pluma que te espera.

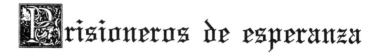risioneros de esperanza

Zacarías 9:12
Volveos a la fortaleza, oh prisioneros de esperanza;
hoy también os anuncio que os restauraré el doble.
RV

Te haré un prisionero diferente, nunca adicto, ni atormentado, ni abusado en tu prisión. No, serás prisionero de la esperanza con la expectativa jubilosa de que algo bueno está a punto de suceder. Tu corazón vivirá con la expectación, la satisfacción y el compromiso. El verdadero amor será tu distintivo. Póntelo, úsalo, ámalo y pruébalo. Una vez que te ubicaste dentro de tu propia celda, mirando hacia afuera a través de los barrotes de hierro, esperando que algún día puedas ser libre. Ese día ha llegado. No más cárcel, no más carceleros y no más barrotes. La esperanza es como medicina para el corazón. Sana, repara los malos recuerdos, busca en los bolsillos el dolor y expulsa la pus de las partes infectadas de tu corazón. En tanto has sido prisionero y torturado en tu vida, tu compasión avanzará, moviendo tu corazón para mostrar amabilidad a las víctimas de los estragos de la vida. No sólo descubras las celdas de los demás, destrózalas y quémalas hasta que queden cenizas. No dejes nada de la obra del enemigo. Destruye todo. Esta es tu misión.

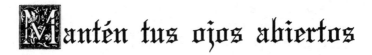antén tus ojos abiertos

Números 13:30
*Entonces Caleb hizo callar al pueblo delante de Moisés,
y dijo: Subamos luego, y tomemos posesión de ella;
porque más podremos nosotros que ellos.*
RV

No eres lo que dicen que eres. Puedes desafiar sus predicciones y prosperar. La gente siempre se ha burlado de ti y te ha menospreciado, pero Yo nunca dejaré de creer en ti. Cuando los demás piensen que ya te rendiste será cuando realmente comenzaré a mostrarle al mundo cuán asombroso eres realmente. No importa lo que estés enfrentando, ya fue derrotado. Estoy poniendo un nuevo espíritu en ti. No habrá temor, ni cobardía, ni timidez en ti. Serás como un depredador, listo para devorar a tu presa. No tengas misericordia con lo perverso; véncelo con bondad. Haz lo opuesto a tus impulsos y ansias. Calma a la gente; háblales acerca de sus habilidades y talentos. Diles que Yo regreso por una iglesia victoriosa. El triunfo será tu motivación. Te revelaré la ubicación del refugio, la casa donde llevo a la gente para que sea restaurada y mejorada, ahí serás totalmente restaurado. Alimenta a Mis ovejas. Muéstrales el camino para llegar a Mi lugar secreto. Están buscando instrucciones. Mantén tus ojos abiertos.

Quédate en la fuente

Salmos 139:17-18

¡Cuán preciosos me son, oh Dios, tus pensamientos! ¡Cuán grande
es la suma de ellos! Si los enumero, se multiplican más que
la arena; despierto, y aún estoy contigo.

RV

Pienso en ti, más veces al día que lo que contenga toda la arena de los mares. Sólo Yo puedo amar tanto. Nunca ha habido un momento en el tiempo en que no esté pensando en diferentes maneras de amarte y de bendecirte. Esta es mi ocupación. Así de valioso eres para Mí. Nunca más te sientas solo, ni tampoco no amado o invisible. No sientas lástima de ti. Este mundo no es tu casa. Sólo estás de visita. Deja que Mi amor envuelva tus pensamientos y te libere de las trampas de la amargura de la vida. Los fantasmas y los demonios del ayer recibieron notificaciones de desalojo. Tu vida ha sido declarada propiedad privada. El anuncio de "Prohibido la entrada" ha sido colocado. Ahora eres Tierra Santa. Te he santificado como Mi propiedad. Toda Mi riqueza es tuya. Todos Mis títulos, nombres, Mi autoridad y Mi poder ahora están disponibles para ti. Vive tu vida como un hijo Mío. Camina con valor. Vive con compasión. No consideres tu debilidad. Mírame cuando dudes de lo que vas a hacer. Estoy de llamada las 24 horas del día, para ti. Este es Mi compromiso contigo. Deshazte ya de problemas emocionales. Quédate en la fuente. Construye tu casa ahí y crece.

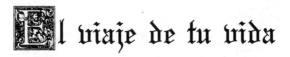l viaje de tu vida

Génesis 22:8
Y respondió Abraham: Dios se proveerá de cordero
para el holocausto, hijo mío. E iban juntos.
RV

Yo tengo todo lo que necesitas para que puedas realizar el viaje de tu vida. Soy el dueño del oro y de la plata; soy dueño de cada banco, de cada tienda y de todos los recursos de la vida. Soy dueño de cada objeto valioso, así que no te preocupes por lo perecedero, o por las riquezas falsas por las que todos mueren. Se oxidarán y se pudrirán. En lugar de eso, rodéate de todo lo inmortal, de todas las cosas santas y sagradas. Vive por encima de lo básico, de lo que no tiene valor y de los deseos temporales de la carne. Adhiérete a la verdadera riqueza, aquella que el dinero no puede comprar, ni la ambición pueda alcanzar en esta vida. Entonces cada puerta se abrirá, cada ascenso te será concedido y todos tus sueños los verás realizados. Esta es la percepción de tu futuro a Mi cuidado y Mi supervisión. Confía en estas palabras que te digo. Inclina todo tu ser hacia ellas, confía en su integridad y vive en paz. Mira hacia adelante y observa la escala de tu éxito. Depende de ti subirla y compartirla. Entrega a manos llenas, sé bondadoso y generoso.

La mano imparable

Daniel 4:35
Todos los habitantes de la tierra son considerados como nada;
y él hace según su voluntad en el ejército del cielo, y en
los habitantes de la tierra, y no hay quien detenga su
mano, y le diga: ¿Qué haces?
RV

Cuando Mi mano intervenga y comience a moverse, la Tierra se detendrá y escuchará. ¿Quién podrá detener Mi momento en tu vida? ¿Puede alguien decirme, "No," "Detente ahora," o "Tú no puedes hacer esto?" Una vez que he decidido bendecirte, los cielos se abrirán, el progreso dará un paso al frente y la vida tomará su lugar en tu corazón. Los ladrones correrán de esas vidas. Los dolores de cabeza cesarán y la guerra llamará a una tregua. Cuando permanezcas rendido incondicionalmente, Mi mano siempre moverá la Tierra por ti. Las montañas se derretirán al sonido de tu fe, con la que hablas. Los valles serán exaltados y los lugares peligrosos de la vida dejarán de ser una amenaza. Mi mano reposará sobre tu cabeza. Mi "Si" sellará tu frente. Acepta que el Universo intente herirte; no lo hará y no podrá. Estás seguro. Vive seguro en este lugar. Permanece lleno de estas verdades. Permite que te den fuerzas. Bebe barriles de fe y los océanos de amor. Sé un océano para el mundo que se hunde a tu alrededor y te guiaré con seguridad a la vida en el paraíso.

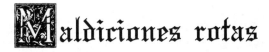aldiciones rotas

Lucas 10:19
*He aquí os doy potestad de hollar serpientes y
escorpiones, y sobre toda fuerza del enemigo,
y nada os dañará.*
RV

Es tiempo de arrojar lejos de tu familia al enemigo. Todos esos demonios que la han oprimido durante generaciones deberán irse. Las maldiciones se romperán, las iniquidades serán curadas y las debilidades destruidas. Clama por todo lo que pagué por ti y cambia tu mundo. Has sido llamado para ser un destructor de maldiciones. A donde quiera que vayas, liberarás a la gente de sus maldiciones generacionales, personales y para todos aquellos que están en el mundo. No eres como los demás. Eres especial. Se te ha dado una asignación especial en esta vida. Liberar a todos aquellos que están atados por el diablo. Sácalos de esa cárcel. Pónlos en el verdadero camino y nunca dejes de hacer el bien. Quédate en el hueco de Mi mano, sé Mi mano. Transporta la antorcha de la verdad. Levántala en alto como ejército ondeando su colorida bandera al viento. Deja que el viento del Espíritu Santo escolte tu antorcha hasta la eternidad. Deja que tu bandera sea tu voz. Te garantizo que el mundo escuchará.

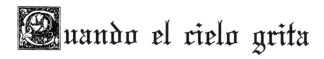uando el cielo grita

Isaías 1:17
*Aprended a hacer el bien; buscad el juicio, restituid al
agraviado, haced justiciaal huérfano, amparad a la viuda.*
RV

Necesito que ayudes a los huérfanos, que alimentes al pobre y rescates
a las viudas. Usa el poder que te daré y haz el bien a aquellos que no
tienen nada. Este es tu verdadero destino. Hay tesoros que aún no son
descubiertos que esperan por ti en los huérfanos y en las viudas. Tu
riqueza en esta vida está escondida en las vidas de los olvidados: su
dolor es tu campo misionero. Alívialo; derrama palabras de sanidad
dentro de sus espíritus abatidos. Colma sus corazones vacíos con esperanza. Dibuja una pintura con tus palabras para que sueñes al respecto.
Traza un mapa para que puedan seguirlo. Muéstrales qué clase de vida
pueden tener si Me siguen. Esa es tu misión. Síguela, empápate de ella
y escucha el sonido de los aplausos que te llegarán desde el cielo. Cada
vez que un alma perdida es rescatada, ¡el cielo grita!

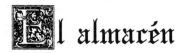l almacén

Nehemías 9:21
Los sustentaste cuarenta años en el desierto; de ninguna
cosa tuvieron necesidad; sus vestidos no se envejecieron,
ni se hincharon sus pies.
AMP

Si lo hice en el pasado. No dudes que puedo hacerlo en tu futuro. Hay almacenes de provisión esperando por ti. Estas no son bendiciones de segunda mano, no son bendiciones usadas llenas de agujeros, ni son pretensiones falsas; son bendiciones que se incrementan y multiplican mientras más las uses. Pruébame, inténtalo y comprueba si no te incrementaré conforme liberes lo que está en tus manos. Tengo una historia de provisión para Mis hijos. Yo soy el Almacén. Soy la fuente de ese Almacén. Soy la comida en el Almacén y tengo las llaves del Almacén. Quiero dártelas, quiero sostenerte en el desierto o en mares abiertos. Dondequiera que estés, te cuidaré. No alejes tu confianza y tu fe de Mi Palabra; tómalas como vitaminas. Cuando asumí la responsabilidad como tu Proveedor. Nunca llegaré tarde y a ti nunca te faltará nada. Te doy vida, salud y riqueza. Ahora úsala por el bien de la humanidad.

Las veinticuatro horas al día

1 Pedro 1:5
*Que sois guardados por el poder de Dios mediante la fe,
para alcanzar la salvación que está preparada para ser
manifestada en el tiempo postrero.*
RV

Mis ojos están puestos en ti las 24 horas al día. Veo cada paso que das. Incluso antes de que lo des. Voy al frente eliminando los propósitos del enemigo. Extermino la destrucción delante de ti, elimino la crueldad, remuevo la enfermedad y la destrucción. Haré al Sol brillar para ti aún cuando esté lluvioso. No tendrás nunca días melancólicos, o con depresiones cuando permanezcas en Mi camino. Tu futuro ya ha sido escrito y no hay malas noticias en él. Si te quedas donde te diga, la vida te sonreirá. Mi poder será como un escudo a tu alrededor. Es tiempo de apartarte a un lugar solitario y que busques Mi voluntad. Haz esto: saca ventaja de nuestro tiempo a solas y no malgastes ninguna oportunidad que te daré para que estés conmigo. Quédate unido a Mi presencia, abraza Mi fe, eso será una armadura impenetrable para ti, recuérdalo. El amor es tu arma. La verdad tu estandarte. Úsalos hábilmente para liberar a otros. Has sido dotado del poder de lo alto. ¡Aplasta a los que apoyan al diablo y proclama la libertad! Nunca quitaré Mi mirada de ti.

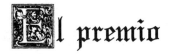l premio

Filipenses 3:14
*Prosigo hacia la meta para ganar el premio del supremo
por el cual Cristo Jesús me ha llamado a mi.*
Parafraseo del Autor

El tesoro de la vida no puede ser encontrado por casualidad. Debe ser buscado con compasión y determinación. Debe ser perseguido con furia santa. Considerando placeres y tesoros falsos del mundo sin valor es la única manera de pensar adecuada para ti. Hay un premio incalculable más que todos los demás; tan valioso que miles de interesados han dado sus vidas para alcanzarlo. El premio del que te estoy hablando te está buscando. Te está esperando y te completará. Prosigue arduamente hacia este premio. Valóralo más que el valor de tu propia vida y lo encontrarás. Si lo buscas con cada fibra de tu ser, se te presentará. Quita los frenos a tu búsqueda. Lánzate completamente, porque vale la pena. Ningún sacrificio o pérdida será tomada en cuenta. Esto es lo que has estado buscando toda tu vida. El premio de tu vida, soy Yo, sólo Yo. Recuerda cómo funciona esto: Tú corres a Mí y Yo corro a ti. Acorta la distancia entre ambos rápidamente. Ámame. Te amo. Está en tus manos decidir la vida que quieras vivir. Actúa y avanza.

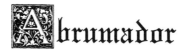

Abrumador

Josué 3:15
Mete tus pies en el jardín y las aguas desbordarán sus diques.
Parafraseo del Autor

Este es tu día para desbordarte con Mis ríos. Tu banco y los aspectos restringidos de tu vida serán colmados con expectación jubilosa, porque llevas en tu corazón Mi arca que sostiene Mi gloria. Tus pasos serán guiados por inspiración divina. Tu unción personal se desbordará y las víboras serán maldecidas. Conforme camines tus ojos verán la verdad oculta y tu corazón meditará con pacíficos resultados. Sumerge tus pies en Mi río. Observa cómo el agua aumenta cuando lo haces. Entre más profundo te sumerjas en tu relación conmigo, las aguas de Mi río subirán más. Quiero que sepas que nunca vivirás sin esta bendición desbordante. Quiero que el río de tus bancos rebose con bendición. Quiero que tu copa de sabiduría rebose. Quiero que tu barril de carne nunca se agote y quiero que tengas mucha fuerza para este viaje.

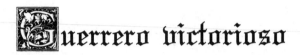uerrero victorioso

Isaías 14:3
Quitaré tu carga pesada y te daré reposo de tu lamento y de tu temor.
Verás que todos los tiranos poderosos han sido destruidos.
Parafraseo del Autor

No busques tus cadenas perdidas. No suspires por el melón, ni por haber escapado de Egipto. Crucifica todo esto. Por cada tentación que venzas. Te daré promoción espiritual. Por cada cadena que rechaces, duplicaré tus fuerzas. Por cada melón tentador que aplastes, otra pieza de la armadura crecerá en ti. Cuando el día termine y hayas ganado, te llamaré Guerrero Victorioso. No dejaré de trabajar a tu favor hasta que cada sueño que tienes sea una realidad. No bromeo a la gente con la esperanza. No cuelgo la zanahoria enfrente de su nariz y no los dejo comérsela. Las maldiciones generacionales han sido rotas de ti. Tu árbol está firmemente plantado, enraizado profundamente y floreando permanentemente. Eres un guerrero victorioso y todas las posibilidades de la vida son tuyas. Eres un hijo con destino. Naciste para ser grande; grande en amor, grande en pasión, grande en misericordia. Tu pasado es borrado diariamente. Mi borrador también reemplaza el pasado. Vuelve a escribir tu futuro. Redefine tu valor. Envía tus misericordias delante de ti. El amor es tu estandarte. Ondéalo al frente de cada batalla y siempre vencerás.

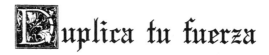uplica tu fuerza

Números 11:17
*Y yo descenderé y hablaré allí contigo, y tomaré del
espíritu que está en ti, y pondré en ellos…*
RV

Tu carga está a punto de aligerarse. El peso en tus hombros está a punto de romperse. Mece tus brazos con libertad. Observa que tu corazón ya no tiene peso. Tienes aire nuevo que respirar y cuarto nuevo para correr alrededor. Los lugares resbaladizos han desaparecido y ahora estás parado en tierra firme. Te doy el poder para cumplir con tu responsabilidad. Cada parte de tu vida estará trabajando como un reloj finamente sincronizado. Cada vez que te hincas para orar, quiero que sepas que derramaré más aceite de la unción en ti. Duplica tu fuerza siendo transparente. Triplica tu fuerza recorriendo el siguiente kilómetro. Cuadruplica tu fuerza al considerar a los demás en primer lugar. Finalmente, transforma tu fuerza al vivir muerto a tu yo y vivo para los demás. Estos secretos son tus perlas. Consérvalas en un lugar seguro porque son muy valiosas. Te darán una fuerza sobrenatural. Te permitirá hacer proezas de fuerza para Mí. Necesito que sepas que tu trabajo es ser el conducto. Para ello; obséquialo como regalo. Encuentra al débil, al desvalido y al derrotado y entrégaselos. No lo retengas. Obséquialo y siempre se multiplicará.

Mis brazos esperan

Isaías 52:7
Cuán hermosos son sobre los montes los pies del que trae alegres nuevas, del que anuncia la paz, del que trae nuevas del bien, del que publica salvación, del que dice a Sion: ¡Tu Dios reina!
RV

Has sido llamado para alentar, para estimular a la gente para salir de sus calabozos de la desesperación, sacarlos de los pozos que hicieron con su ego. Te doy poder para sacarlos arrastrados de arenas movedizas de la tentación. Aléjalos de las distracciones de este mundo. Toma sus corazones con tus manos y encamínalos hacia el Calvario. A los pies del Calvario sus cabezas abatidas y sus manos lánguidas serán alzadas. Entonces correrán hacia Mis brazos que los esperan. Cuando ya seguiste esa pista de aquellos que no tenían ayudante, tus pies serán famosos en el Cielo. Ahora ocúpate librando, emancipando y liberando al mundo que te rodea. Declara esperanza a las generaciones agonizantes alrededor de ti. Vuélvelos a llamar a casa. Muchos estarán listos para escucharte. Están cansados de estar hundidos en la soledad y en actos vacíos. Eres lo que haces cuando nadie te ve. Te recompenso en público por lo que haces en privado. Tu trabajo es publicar Mi Palabra de cualquier forma que puedas. Pon esa Palabra en las manos de todos. Los guiará hacia Mí y los salvaré. Será una luz para recorrer el camino y que sus vidas permanezcan cálidas con ese fuego en su jornada. Reino para siempre. Nadie puede retarme. Proclama esto a todo el mundo y vive seguro en Mis manos.

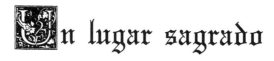 Un lugar sagrado

Éxodo 25:22
*Me encontraré contigo y tendré comunión contigo, de entre
los dos querubines que están sobre el arca del testimonio,
para revelarte todo lo que necesites saber.*
Parafraseo del Autor

Hay un lugar a donde quiero llevarte, un lugar sagrado que no muestro
a todo el mundo—sólo a los escogidos. En este lugar de misericordia
y verdad, todos Mis secretos están guardados. Es aquí donde revelo
Mi verdad a aquellos que Me conocen. No son viejos secretos conocidos por cualquiera porque son secretos deseados muy especiales.
Aquí verás y sabrás cómo Soy realmente, qué es lo que pienso y cómo
siento y cuánto quiero de ti. Tu vida será permanentemente reorgan-
izada por Mi presencia en ti. Mi presencia tiene vida curativa y poder
transformador. Ningún humano podrá permanecer en Mi presencia y
permanecer igual que antes. La comunión conmigo es tu meta personal
en la vida. Este es el secreto del compañerismo. Todos los cambios
santos se llevarán a cabo y aquí es donde Me ves, Me oyes, Me sientes
y Me conoces. Aquí es donde me vuelvo tangiblemente, real a tus
sentidos naturales y también a los sobrenaturales. Aquí es donde Mis
pensamientos se convierten en tus pensamientos. Aquí es donde estam-
po Mi imagen en tu alma y tu rumbo alterado para siempre. Cuando
vas por este camino, tus pies serán bendecidos. Sigue este camino y
permanece en el por el resto de tu vida.

i Yo hablo

Isaías 46:11
Si, Yo hablé, y lo haré venir; lo he pensado, y también lo haré.
AMP

Si lo digo, está hecho. Si lo declaro, se lleva a cabo. Mi Palabra es inalterable, invariable, imparable. Declaro que vas a prosperar y a tener éxito en la vida. Vivirás sin ofensas. Caminarás sin cojear. Tus ojos verán todo lo que está oculto. Tus brazos nunca se cansarán de hacer Mi voluntad. Tus piernas crecerán fuertes mientras más lejos camines. Ningún hombre o mujer será capaz de enfrentarte, durante todos los días de tu vida. Si hablo, las piedras atenderán, las montañas saltarán, las colinas aplaudirán, las islas danzarán y los mares animarán con gritos de victoria. Si Yo hablo, la tierra dejará de moverse, las estrellas cantarán su canción, el Universo inclinará su cabeza y los ángeles se postrarán bajo sus rostros. Los querubines dejarán de respirar, los muertos resucitarán de sus tumbas y la Tierra temblará. Si hablo, todo es Mío y está a Mis órdenes. No dudes de lo que digo, cuándo lo digo o cómo lo digo. Hazlo, dilo y atesóralo. Si hablo, nacerás y tu vida estará escondida en Mi ser. Ahora, haz lo que digo y cambia al mundo.

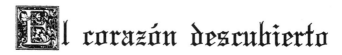l corazón descubierto

Isaías 33:16
[Tal hombre] habitará en las alturas; fortaleza
de rocas será su lugar de refugio; se le dará
su pan, y sus aguas serán seguras.
AMP

¿Quién eres y qué clase de persona quieres ser? Necesito tu cooperación para hacerte una persona que no pueda resistir. Si Me lo permites. Reorganizaré tu corazón. Cambiaré los elementos de tu personalidad. Todo lo que nunca te gustó de ti mismo desaparecerá. Te convertirás en una bendición para ti mismo. No escuches la voz de experiencias pasadas. No inclines tu oído a la voz de tu enemigo. No te detengas y no des al diablo ningún tiempo. Escúchame. Tengo un refugio reservado solamente para ti. El servicio a la habitación esta previsto y todas las cuentas liquidadas. Todo lo que necesites para vivir como hijo del Rey es tuyo. A cualquier lugar que vayas, Mis guardaespaldas irán contigo protegiéndote de las explosiones en la tierra, de asesinos y de trampas ocultas. No te preocupes; las fuerzas especiales que te he señalado pueden ver a través de las paredes. Nunca han perdido a alguien que les haya asignado. Quédate donde te diga. Haz lo que te diga. Todo lo que amas estará seguro. Estoy buscando un corazón abierto; transparente, vulnerable y desprotegido. Quiero tener acceso ilimitado a tu corazón. Si puedes hacer esto, te daré las llaves de la vida y todo será posible. Tú escoges; Yo ya lo hice.

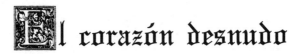l corazón desnudo

Josué 3:5
Santificaos, porque Jehová hará mañana maravillas entre vosotros.
RV

Milagros asombrosos son Mi especialidad. Amo sorprenderte. Anhelo conducirte a la grandeza. Entre más grande sea tu llamado, mayor serán los milagros. ¿Crees que naciste para estar escondido, o ya sientes la grandeza latir en tu corazón? Vive esperando lo imposible y lo imposible sucederá. Sumérgete en Mis sorpresas sobrenaturales para ti. Déjame alterar los mundos de tus amigos y de tus enemigos. Permíteme sorprender a tu familia con grandeza. Déjame sacar al genio que está en ti. Yo sé con lo que estás dotado y sé exactamente como extraerlo de ti. Déjame cumplir tus sueños y arreglar un nuevo horario en tu vida. Permíteme llevarte de la mano y revelarte el lugar secreto del corazón desnudo. Estableceré un plan para tu vida, cada parte de tu vida estará perfectamente organizada con algunas maravillosas sorpresas a lo largo de tu camino. Habrá un momento en la vida de todos los creyentes en el cual deberán alejarse y encontrar Mi rostro. Deben evadir a todas las demás distracciones y encontrar la fuente de vida. Deben echar fuera su peso y todas sus cargas pesadas. Deben quitar el polvo, la suciedad, el lodo de la vida y llegar desnudos y limpios delante de Mí. Deben escoger entre el amor del mundo o hacerme Señor de sus corazones. Deben tirar las máscaras falsas de las que dependen para poder sobrevivir entre lobos. Deben derribar las cercas que los protegen de los caníbales que viven afuera. Encuentra el lugar secreto en que habito. Si lo consigues hoy, Yo te enviaré los milagros que esperas. El corazón desnudo es la trompeta que Me llama.

elajarse

Salmos 37:7
*Guarda silencio ante Jehová, y espera en él. No te alteres
con motivo del que prospera en su camino, por el hombre
que hace maldades.*
RV

Quiero que hoy te relajes, no te estreses por el dinero, ni por tus relaciones, ni por tu salud. Relájate, siéntate y lee. Libérate por un día de
la ansiedad y de la presión. Necesitas recargar tus pilas espirituales.
Necesitas tiempo a solas conmigo. Tómate un tiempo ya para reenfo-
car tu atención en los milagros y en los cambios del pasado. Recuerda
Mi fidelidad. Esto producirá un estallido de salud que correrá a través
del corazón de toda tu familia. Una bendición recibida es igual a cien
bendiciones liberadas. Eres una fuente de bendiciones. Una tierra des-
cansada produce siete veces la cosecha de una tierra usada y exhausta.
Reabastece tu combustible lenta e intencionalmente. Cada parte de tu
vida mejorará. Tu corazón latirá al ritmo del Mío. Tu cuerpo no te de-
fraudará. Tu mente no se rebelará en contra de Mi Palabra. Tu espíritu
absorberá Mi maná, como un imán. Relájate, vuela y vive libremente y
aliviado. Hazlo.

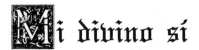Mi divino sí

Éxodo 3:21
*Y yo daré favor en los ojos de los egipcios, y sucederá
cuando salgas, no irás con las manos vacías.*
Parafraseo del Autor

El favor es tu destino. Estoy removiendo el bloqueo y los "no" de tu vida. Lo mejor está por venir para ti. No has visto lo que Mi favor podrá producir en tu vida. Mi favor es Mi divino "Sí". Amo decir "Sí" a tus oraciones. Mi meta para ti es que recibas respuestas a todas tus oraciones. Quiero que tus sueños y tus deseos se cumplan; aún los sueños perdidos y olvidados serán resucitados. Estarás colocado frente a las puertas que anteriormente estuvieron cerradas para ti. De repente se abrirán. Las puertas por las que nunca se te ocurrió orar se abrirán y tu vida se convertirá en una puerta para que los demás pasen por ella. Nunca aceptes una puerta cerrada, hasta que te diga que la he cerrado con un propósito divino. Yo digo, "¡Sí!" Créelo. Háblalo. Recíbelo. Permanece firme. Proclámalo con todos. Vive una vida de "si". Recibe el espíritu del favor. Tómalo y póntelo como abrigo. Dáselo a aquellos que te diga y disfruta los beneficios ilimitados de Mi favor y de Mi sonrisa divina.

estruyendo yugos

Isaías 10:27
Las cargas serán quitadas de tus hombros, y el yugo de tu cuello.
Parafraseo del Autor

Soy el Destructor de Yugos de todos esos deseos que se te adhieren como cadáveres y te oprimen para impedirte que termines tu carrera. Los Yugos hereditarios son aquellos que se transmiten de generación a generación, dejándote paralítico con las deformidades no deseadas. Los yugos hirientes con palabras abusivas, desaparecerán de ti. Los yugos de poca personalidad y de inseguridades que han plagado e impedido tu libertad serán destruidos. Termino lo que empiezo. No toleraré el cautiverio o falta de ninguna clase en tu vida. Nadie declarará su victoria por encima de ti. Ninguna conducta atrapará tus emociones nunca más. La paz será tu árbitro de aquí en adelante. Los conflictos que no has resuelto serán puestos en orden. Eres un hijo de Dios que destruye yugos. Tus palabras son martillos, destrozan yugos y destruyen la desesperación y la pérdida de esperanza. Habla con tus palabras que dan vida y liberan al mundo a tu alrededor.

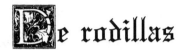e rodillas

Levíticos 10:7
Permanece en el tabernáculo de reunión, a menos que mueras;
por cuanto el aceite de la unción del Señor está sobre ti.
Parafraseo del Autor

La puerta a Mi unción es una vida de oración. Al estar de rodillas desatas Mi poder. Permanece de rodillas al someter tus actitudes a Mi. Déjame entrenar tu alma para que sea como la de Cristo. Tu voluntad es Mi tesoro. No puedo y nunca invalidaré tu voluntad, pero deseo tenerla. Porque sólo entonces puedo realmente guiarte en el camino de la justicia o hacerte recostar en pastos verdes. Si no te arrodillas voluntariamente, no puedo usarte, ungirte o realmente enviar Mis bendiciones. Tu voluntad necesita clamar por Mi cada día en toda situación. Cuando violentamente rindes tu voluntad, Mis manos se abren y Mis bendiciones fluyen progresivamente como un manantial sin estorbos a lo largo de tu jornada. Mi Espíritu estará buscando tu voluntad. Tus rodillas dobladas representan la rendición de tu voluntad a la Mía ahí en el altar sagrado de la libre voluntad. Escógeme, ya te escogí. Veo a tu voluntad arrodillarse. Esto mueve Mi mano soberana y te otorga acceso a Mis mejores bendiciones.

os -eo

Josué 3:10
Y te sacaré de en medio del cananeo, al heteo, al heveo,
al ferezeo, al gergeseo, al amorreo y al jebuseo.
Parafraseo del Autor

Los caníbales adentro y afuera son Mi objetivo. Son destructores invisibles, plagas mortíferas –"eo" que se ocultan rodando en la oscuridad. Son sombras de enfermedad, graves actitudes morando, parásitos devoradores y destructores invisibles que se presentan en la comida espiritual que te alimenta, Mi palabra ligeramente alterada por predicadores bien intencionados, en libros y en programas. Soy intolerante a estos invasores. El ejército de Satanás está derrotado. Al habitar en Mí ya no eres susceptible a su presencia. Te he colocado en un lugar protegido. Quédate ahí. Nunca te muevas de este lugar de protección y nunca serás atacado. Vivirás una vida con alas sin trabas, arrojando a estos intrusos lejos de tus familiares y de la gente que anhela un nuevo comienzo. Estás en el destino de la preservación. Tu lugar de honor, libertad e influencia ya está pagado. Jamás serás mordido nuevamente por estas fuerzas de la oscuridad. Ahora eres Mi exterminador. Bórralos de la faz de la Tierra y deja que la libertad reine.

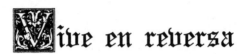ive en reversa

Éxodo 1:12
*Pero cuanto más los oprimían, tanto
más se multiplicaban y crecían...*
NKJV

Revoco todos los efectos y consecuencias de tus malas decisiones, errores y presunciones. Entre más gente te persiga, más crecerás e incrementarás. Te he ordenado para que tengas victoria y éxito. Aumentaré tus sentidos espirituales; serán agudos y no disminuirán. Agudizaré tus facultades mentales para que sean claras e intactas. Duplicaré tu fuerza física y fortificaré tus huesos. En respuesta a las intrusiones del enemigo en tu vida, estoy activando restituciones en cada aspecto en donde hayas perdido algo. No te preocupes; cuando termine, serás rico, sabio y compasivo y adinerado conmigo, sabio en ideas y compasivo hacia las víctimas del ejército de Satanás. Vive en reversa, ahora.

Fuera de Egipto

Deuteronomio 26:8
*Jehová nos sacó de la casa de esclavitud
con mano fuerte, con señales y milagros.*
Parafraseo del Autor

Soy tu verdadero Rey. Haré lo que se necesite para sacarte de cada lugar adverso y difícil. Si necesito mover una montaña, Yo lo haré. Si necesito cambiar el corazón de alguien, lo haré. Si necesito enviar señales, maravillas y milagros, lo haré. No hay distancia que no pueda recorrer para arreglar las cosas para ti. Todas las cosas que no han sido organizadas o que no fluyen sin problemas comenzarán a andar como reloj. Te traigo a la casa del destino, de tu verdadera habitación. Tienes un destino más grande a todo lo que estás haciendo hoy. Te saqué de un pozo horrible llevándote a un lugar de bondad. Te estoy trayendo a un lugar de riqueza, a un paraíso. Te traigo a un lugar de descanso en Mi, a una casa del tesoro de total cumplimiento, una casa gloriosa para contemplar Mi creación y a una casa donde puedes colocar todo lo que quieras. Fuera de Egipto; en la vida.

El fruto que nunca se desperdicia

Juan 15:16

No me elegisteis vosotros a mí, sino que yo os elegí a vosotros y os he puesto para que vayáis y llevéis fruto, y vuestro fruto permanezca; para que todo lo que pidáis al Padre en mi nombre, Él se lo dé.

NKJV

Te daré la perseverancia como un don, la habilidad para soportar sin efectos secundarios, condiciones difíciles en tu vida, de gente negativa y de la intimidación. La paciencia entrará en tu torrente sanguíneo y te ayudará a disfrutar gente difícil. Gran paciencia traerá gran honor y gran honor traerá grandes e inalcanzables oportunidades. Eres llamado a la grandeza al gran amor, al gran poder y gran humildad. Tu vida es la vida de un niño bendito cuyo fruto nunca se desperdiciará. Con cada fruto que des, tu cosecha será el doble. Tu fruto espiritual será recogido, empacado y enviado alrededor del mundo. El fruto da vida y es agradable. La gente ama el sabor de la fruta madura y dulce, así como el amor, el gozo, la paz, la bondad, la gentileza, la mansedumbre, la fidelidad de larga duración, el control propio y la paciencia son frutos maduros. Estos aparecerán en tu árbol cada mañana. Riégalos con oración y alabanza y come tanto como necesites, porque ahora tu vida es indestructible.

Ligado a Mí

Oseas 11:4
*Con cuerdas los atraje, con cuerdas de amor; y removeré
tu yugo y lo torcido y puse comida delante de ti.*
Parafraseo del Autor

Te estoy llevando a una búsqueda espiritual para que descubras todo
de Mi y todos Mis misterios. Nunca podremos ser extraños; deberemos
ser amigos. Estos cordones de amor serán la música de tu alma restaurada. Te ligaré a Mi con estos cordones. Nos mantendrán unidos para
siempre. Permanecerán entre nosotros como un recordatorio de nuestro mutuo compromiso y dedicación permanente. Estos cordones te
guiarán a través del jardín de la gracia y a la cruz. Aquí, en este lugar
sagrado, serás aceptado justo como eres. Aquí, Mi gracia y el poder
que da vida toman el control. Esta gracia aparecerá por fuera para
mostrarse internamente al revelar Mis atributos y virtudes al mundo.
No podrás ser alejado de Mi. Ni siquiera las bestias salvajes podrán
arrancarte de Mi. Vive atado; camina libre.

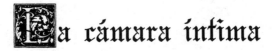La cámara íntima

1 Samuel 19:2
...Estate en lugar oculto y escóndete.
RV

Hay un lugar donde tu alma será liberada de todas las presiones terrenales, donde los deseos elementales ya no cautivarán más tu atención. Esta es la cámara íntima, el lugar más secreto, un lugar sagrado a donde te puedo llevar. Sólo hay un lugar así en el Universo, un lugar de sinceridad donde no existe el temor de revelar secretos, un lugar de completa satisfacción, un lugar donde naciste a la eternidad, un lugar de desmantelamiento donde te vuelvo a hacer, a reconstruir, a reconectarte. Este es un lugar que hice y edifiqué con Mis propias manos sólo para ti. Entrégate a Mí y se libre del temor a la intimidad. Soy incapaz de fallarte. No te puedo herir, ni engañar, ni olvidar. En la cámara íntima eres Mi enfoque total. Mis ojos están puestos sólo en ti. Mis oídos están abiertos a los pensamientos de tu corazón. Este es un lugar sagrado de intercambio donde te entregas a Mí y me doy a ti. Atrévete a caminar en él. Estoy listo aguardando aquí.

Los besos de rendición

Cantares 1:2
¡Oh, si él me besara con besos de su boca!
Porque mejor es tu amor que el vino.
RV

Bésame con tu alma. Atráeme con tu deseo intenso. Dime que Yo soy todo lo que necesitas. Necesítame más que a la vida misma. Anhela Mi compañía más que cualquier otra. Estira tu alma a la eternidad donde habito. Déjame sentir tu dependencia y la libertad vendrá en alas de tus deseos santos, sin límites, liberador, libertad embriagadora con canciones, con gozo y con un espasmo de felicidad. Acércate a Mí con amor y santidad; éstas son tus manos espirituales. El amor y la bondad te seguirán. El afecto rodeará tu corazón. La atracción te arropará. La enseñanza te cautivará. Nuevas expresiones de fe te seguirán. Tu nueva dirección ahora es lugar secreto. Cada acto de obediencia es un beso de honor donde el amor y la verdad se encontrarán. Vive cerca de Mí. Quédate junto a Mí y encuentra todo lo que has deseado.

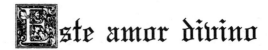ste amor divino

Romanos 5:8
*Mas Dios muestra Su amor para con nosotros, en que
siendo aún pecadores, Cristo murió por nosotros.*
RV

Salta a Mi río de amor. Este río Me ha costado cada tesoro que tengo.
Lo di todo por ti. Me entregué para darte salvación. Mi perfección
por tu imperfección. Esta fue la transacción. Lo di todo por nada,
para ganarlo todo. Lo hice por Mi amor incondicional hacia ti. Eres
el motivo de todo Mi amor desenfrenado, ilimitado, inagotable amor.
Fluye a ti cada día. Este amor es más grande que tus errores y tus imperfecciones. Amor que escala mil montañas a través de mil ríos para
rescatarte de ti. Amor incomparable e inmensurable. Amor que te ama
ciegamente así como eres: bueno, malo, feo, hermoso, asombroso, pobre, rico, joven y viejo. Siempre lo he tenido y siempre lo tendré. Este
es quién soy. Soy tu #1. Amigo y Ayudador. Toma la mano de Mi amor
y nunca Me dejes ir. Cambia los días oscuros por coronas de victoria
para Mí. Mi amor puede cambiar cualquier vida que esté dispuesta.
Cualquiera que se acerque a Mí y vive en Mi casa de amor será totalmente curado y restaurado. Es imposible permanecer sin cambios una
vez que las manos del amor te han tocado. Haz tu pacto con este amor
divino. Ahora florece.

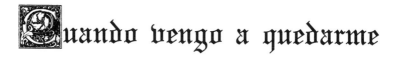uando vengo a quedarme

Cantares 2:16
¡Mi amado es mío y yo soy suya!
NKJV

Ya no estoy buscando alguien a quien visitar. Vine para quedarme. Algunas personas quieren que los visite a su conveniencia. No se dan cuenta que no quiero ser un visitante. Quiero mudarme a la casa y ser un residente. Un residente posee la casa y todo lo que hay en ella. No necesito un paseo por tu casa; Necesito una habitación en tu casa. Dame el señorío y seremos socios de todo en esta vida. Quiero estar cerca de ti las 24 horas del día y estar ahí cuando despiertes, cuando comas y camines, cuando leas, cuando duermas y trabajes, cuando pienses, cuando sientas y te muevas, cuando descanses y cuando estés sufriendo. Quiero ser propietario de tu alma y darle color. Quiero llenar tu alma de verdadera felicidad. Quiero escuchar tus oraciones y tus pensamientos silenciosos. Quiero vivir, moverme y estar en ti. Anhelo ser un residente permanente en tu vida, no un visitante que debe irse cuando su estancia ha terminado. Vengo a quedarme. Vengo para ser bienvenido en tu casa. Haz esto y fíjate en lo que Yo haré por ti lo que nadie más puede hacer: Restauración eterna, renovaciones y transformaciones.

Un jardín llamado amado

Cantares 4:12
Jardín cerrado eres, hermana mía…
NKJV

Tengo gran cuidado de Mi jardín. Soy el Jardinero perfecto. No dejo ninguna piedra fuera de lugar. Yo sé a dónde pertenece cada piedra. Labro el suelo de tu corazón, buscando cuidadosamente todo tipo de hierba venenosa. Las conozco todas. Sé en donde se esconden. Puedo reconocer las flores y los frutos de Mi jardín que están brotando. Sé exactamente que ponerle al suelo para hacerlo fértil y que sea capaz de producir la mejor cosecha. Tiernamente jalo todas las espinas destructivas y los cardos en Mi jardín. Utilizo la pala, el azadón y excavo hasta que Mi jardín es perfecto. Nada se escapa de Mi ojo vigilante. Veo el resultado final. He hecho esto muchas veces y nunca he fallado. Tengo el don para divisar gusanos de frutas, gusanos de raíces, gusanos de hojas y gusanos del corazón. Cada uno es mortalmente devorador de Mi crecimiento. Así que relájate y no tengas temor de las plagas o de la invasión de langosta o de parásito. Sueño con Mi jardín ya terminado. Así que dedico horas a preparar el suelo haciéndolo suave, dócil y retirando la dureza que pueda tener y resistir a Mis semillas. Quito todos los elementos venenosos y despejo el suelo para que cada centímetro pueda producir cuando termine. El mundo verá que soy el Jardinero perfecto con el jardín perfecto llamado Amado.

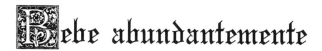ebe abundantemente

Cantares 5:1
Bebe en abundancia mi leche y mi vino y he comido mi panal.
Parafraseo del Autor

Vengo por ti. Estoy juntando Mis viñedos. Estoy llamando a Mi cosecha. Como tus oraciones como fruta preciosa temprano por la mañana. Bebo tu amor que libremente me das como néctar del árbol de tu voluntad rendida. Bebe abundantemente de los frutos del amor. Producen un hermoso aroma en tu personalidad. Sanan las llagas, los músculos adoloridos y las enfermedades de ojos y del corazón. Los ligamentos estropeados son reconstruidos y las células de la sangre del corazón, reemplazadas. Esta leche celestial es de Mi lechería celestial. Tiene las vitaminas que no pueden encontrarse en la tierra. Llenaré tus huesos con vida, con propiedades curativas para el cáncer. Bebe abundantemente Mi vino, las revelaciones frescas acerca de Mí, de ti y de todos a tu alrededor, revelaciones acerca de la vida, del amor, de la muerte y de todas las cosas divinas. Bebe como si estuvieras en un desierto seco, sediento y deseoso del agua que da vida. Vuélvete adicto al vino, no del viejo sino del vino nuevo. Bebe de los panales celestiales. La miel celestial produce enzimas inmunizadoras. ¡Trabajan para protegerte de todas las demás enfermedades de la vida! Crean un sistema inmunológico divino. Bebe abundantemente de Mi fuente abierta y sin candado y vive con salud divina.

La fábrica de la eternidad

Eclesiastés 3:14
*He entendido que todo lo que Dios hace será perpetuo; sobre
aquello no se añadirá, ni de ello se disminuirá; y lo hace Dios,
para que delante de él teman los hombres.*
RV

He puesto dentro de ti la fábrica de la eternidad. Cada palabra Mía
lleva en ella eternidad. Si habitas en Mi Palabra, habitas en la misma
fábrica de la eternidad. Lo que estoy haciendo en tu vida no es temporal. No es superficial, ni de plástico y no colapsará bajo el microscopio
del tiempo. No cambiará con aflicciones, pruebas, deterioros o con
lágrimas. Mi trabajo para ti es eterno. Pondré eternidad en tu corazón.
No vivirás para las cosas temporales, ni por los placeres pasajeros de
tu carne. Despertarás con un significado de lo eterno. La vida eterna
se enfoca en el Cielo. La vida temporal se enfoca en la gratificación
inmediata y en la auto-indulgencia. Vive para y por la eternidad y ésta
vendrá en tu ayuda. Esto garantizará tu prosperidad. Aquellos que
caminan con la eternidad edifican para la eternidad. Aquellos que caminan con eternidad dejan las huellas de lo eterno en cada corazón que
conocen. Escoge la eternidad. La eternidad ya te ha escogido a ti.

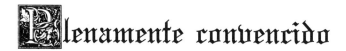lenamente convencido

Romanos 4:21
*Plenamente convencido de que era también
poderoso para hacer todo lo que había prometido.*
RV

Tu poder reside en tus convicciones y tus convicciones son el resultado de tu persuasión. Estoy demandándote para persuadirte de andar por Mis caminos y por Mis pensamientos y hacia la manera en que hago las cosas. Ya no habrá duda. Tendremos una misma mente, una misma vida y un mismo respirar. No habrá incredulidad. No habrá escándalos en tu corazón hacia ti mismo y hacia los demás. No tendrás doble ánimo en tus acciones. Esto es porque Mis promesas han ganado tu corazón. El hombre perdido e insatisfecho se volverá hacia Mí. El rico se humillará. La polilla que roe los libros será eliminada. El soltero egoísta se comprometerá conmigo. El alma enferma resucitará de mala vida emocional. El inválido mental será desatado. El alma pobre y quebrantada será enmendada. Todas estas bendiciones están listas, en la línea de arranque, esperando por el sonido de la pistola para empezar la carrera hacia tu puerta y para presentarse contigo con tu premio. Sé persuadido, convencido y convicto. Vive sin dudas y camina sin temor.

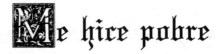e hice pobre

2 Corintios 8:9
Porque ya conocéis la gracia de nuestro Señor Jesucristo,
que por amor a vosotros se hizo pobre, siendo rico, para
que vosotros con su pobreza fueseis enriquecidos.
RV

Me despojé de todos Mis privilegios divinos, de todas Mis característi-cas innegables, de todos Mis poderes irresistibles. Me hice pobre para que nunca te faltase nada de tu herencia. Compré tu bienestar con Mi pobreza, tu vida al vaciar la Mía. Me hice pecado para que recibas Mi justicia. Me convertí en enfermedad para que seas sanado. Me volví despreciado para que seas valorado. Me hice maldición para que recibas Mi bendición. Fui rechazado para que nunca seas rechazado por Mí. Llevé tus dolores para que seas consolado. Llevé todo el odio y la ira que todos los pecadores merecían para que puedas recibir todo el amor que mereces. Nunca abraces la maldición de la pobreza, ni del pecado, ni de la muerte. Son Mis enemigos y los tuyos. Destrúyelos al caminar con fe y vivir con amor. Nunca poseerás un alma, ni espíritu, ni vida pobre. Nunca.

Incorruptible

1 Pedro 1:23
Siendo renacidos, no de simiente corruptible, sino de
incorruptible, por vivir y permanecer en la palabra de Dios.
Parafraseo del Autor

Una vez estuviste muerto para Mí. Tu espíritu estaba desconectado
del Mío, incapaz de tener comunión conmigo. Tu alma estaba fuera de
sintonía con la Mía. Pero ahora que has venido a la vida, has nacido
de Mi semilla incorruptible de vida. Tienes Mi vida viviendo en ti,
naciendo en ti y causando que tus células Adámicas mueran y que tus
células de Cristo que dan vida vivan. La inmortalidad vive en ti. La
vida eterna es Mi regalo para ti. Cada semilla de verdad que recibes de
Mi Palabra despertará otra pieza de eternidad en ti. Nada respecto de
ti es indigno ahora. Eres indispensable. Nada en ti está conectado a la
muerte. Tú eres vida fluyendo de la vida. Las partes inútiles de tu vida
lentamente se están cayendo. Tu valor está llegando al primer plano.
Las introspecciones superfluas se están terminando. Confianza, seguridad e identidad están llegando al frente. El valor que ves en Mí es el
valor que tienes en Mí. Soy un universo de profundidades, de alturas,
una galaxia de maravillas y descubrimientos, y de toda una vida de paz
infinita. Somos una verdad incorruptible.

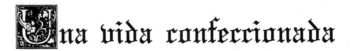na vida confeccionada

Colosenses 2:2
Para que sean consolados sus corazones, unidos en amor,
hasta alcanzar todas las riquezas de pleno entendimiento,
a fin de conocer el misterio de Dios el Padre, y de Cristo.
RV

Estoy atando tu corazón al Mío como un sastre que cuidadosamente escoge su material y que con cada puntada ve el producto final. Sé de qué carácter estás hecho. Sé qué colores te quedan mejor. Te estoy haciendo una prenda que el mundo puede usar. Serás atractivo a los verdaderos buscadores. Se detendrán y te preguntarán por tu sastre. Diles donde pueden encontrar Mi negocio. Soy el sastre del Cielo. Ajusto y mido a cada hijo individualmente. Elijo tu ropa favorita para cada ocasión importante en tu vida. Los vestidos celestiales son de cierta forma. Nuestras vestimentas portan las marcas de la muerte y de la resurrección del Salvador. En el Cielo, los colores son el blanco por la pureza, el oro por la divinidad, el azul por el cielo, el rojo por la redención y el morado por la realeza. Todos estos son tuyos porque el Sastre en el Cielo te ha escogido un nuevo conjunto de ropa. Úsalas y regálalas. Usa tu ropa y asusta al diablo, porque sus colores sólo son negros. Tu ropa celestial contiene poderes especiales de salud, bienestar y amor. Diles quién es el Sastre del Cielo.

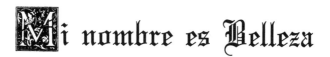 Mi nombre es Belleza

Eclesiastés 3:11
Todo lo hizo hermoso en su tiempo,
y ha puesto eternidad en sus corazones.
NKJV

Mi nombre es Belleza. Todos los recuerdos feos en tu vida comenzarán a cambiar. No habrá más temor, ni ataques de ansiedad a causa de las huellas de tus recuerdos perturbadores que están pasando en tu mente como un fantasma en una cruzada tormentosa. Todas las personas peligrosas que entraron y salieron de tu corazón dejando montones de basura detrás, serán borradas, sus caras se desvanecerán y sus palabras perderán su aguijón. Sus acciones hirientes se convertirán en polvo que se llevará el viento con el viento del amor. Todos los asquerosos lugares a donde fuiste forzado a vivir, lugares de pérdida de control, de pesadumbre, de lamento, de desesperación y de imposibilidad se derretirán en la mente de tu corazón. Todas las acciones repugnantes que has visto que se han apoderado y han paralizado tu corazón, eso que robó tu gozo de vivir saldrá huyendo de tu vida y ya no los verás más.

Yo hago todas estas cosas hermosas en su momento. Engalanaré tu vida con la verdad, con sinceridad, con amor y con tu familia. Belleza es Mi nombre. La belleza será tu estandarte. Levántala muy en alto.

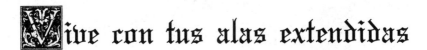ive con tus alas extendidas

Salmos 37:5
*Encomienda a Jehová tu camino, [echa y entrégale cada
preocupación de tu carga a Él] confía en Él y Él hará.*
AMP

Quiero enseñarte el arte de la vida despreocupada: sin un corazón
acelerado, sin manos sudadas. Sin sentimientos desastrosos, ni terribles expectativas. Sin pérdida del sueño ni conflictos morales. Ya no
cargarás más las montañas. No más cadáveres en tu espalda ni un ser
atormentador en tus hombros. Ya no más lazos emocionales ni gente
abrumadora manejando tu mundo emocional. Empuja y arroja cada
preocupación hacia Mí. Mis hombros son tan anchos como el Universo
y tus problemas son tan pequeños como un protón comparado con Mis
habilidades para salvar vidas. Puedo resolver los problemas de todas
las cosas que existen al mismo tiempo. Este es quien Yo soy. Escoge
una vida despreocupada; puedes servirme mejor de esta manera, libre
y productivo. Vive con tus alas extendidas. Vuela y deslízate en paz y
con seguridad. Sobre todo, no te preocupes respecto a las amenazas de
tu mente. No han sido educados, tus pensamientos anteriores. Aférrate
a ellos y oblígalos a someterse a Mi manera de pensar. Haz de tu mente
una fábrica de paz, haz de tus emociones un hospital de salud y haz de
la fe tus alas.

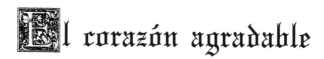l corazón agradable

Colosenses 1:10
Así podréis andar como es digno del Señor,
agradándolo en todo, llevando fruto en toda buena
obra y creciendo en el conocimiento de Dios.
NKJV

Todo lo que hago en ti, por ti y a través de ti es para crear un corazón agradable en ti. Un corazón agradable es Mi lugar predilecto; es el lugar en que Me deleita habitar. No hay deleite que no se pueda sentir con corazón agradable. Todos Mis sueños se hacen realidad con un corazón agradable. No hay petición que Yo pueda negar a un corazón agradable. Un corazón agradable sabe quién soy, lo que me gusta y lo que deseo. Me entiende y es capaz de percibir Mis aspiraciones no expresadas. Cuando deseo llevar a cabo algo grande en la Tierra que requiera un gran sacrificio, el corazón agradable estará ahí diciendo: "Tómame, úsame y déjame agradarte, Mi Dios." Todo lo que necesitas para ser verdaderamente feliz es un corazón agradable. Nunca me negará, ni me traicionará, ni se alejará de Mí. Cuando llamo responde. Cuando la alarma del peligro suena, está ahí. Agradarme es todo lo que quiere, lo que necesita e implora. Un corazón agradable abre cerraduras de puertas de la sabiduría, del poder y de la fortaleza. Descansa en tu corazón agradable. Yo ya estoy descansando ahí.

rillante

Romanos 12:11
En lo que requiere diligencia, no perezosos;
fervientes en Espíritu, sirviendo al Señor.
AMP

Mi Espíritu es como luz dentro de tu alma y de tu corazón. Dispersa todas las tinieblas que están en ti. Ninguna oscuridad es posible. Cuando la luz esté encendida, todo mundo podrá verla. Te haré brillar y arderás con celo santo. La luz emanará de tu espíritu. La iluminación te llegará fácilmente por la mañana. Poderosa, una arrolladora pasión inundará tu vida para ver cumplida Mi voluntad. Todos los espíritus perezosos serán destruidos en los miembros de tu familia. La apatía espiritual nunca tocará tu lugar. El amor será tu estandarte, escrito en cada acción y en cada hazaña familiar. Pasa tu vida brillando con radiante luz interna. Mi luz es la puerta a Mi gloria y en la gloria es donde vivo Yo. Colócate en la luz y no habrá tropiezos en tu vida. Tu éxito seguirá todos los días de tu vida. Sírveme en la luz. Destruye Mis enemigos con la luz. Alumbra el camino del ciego. Abre los párpados cerrados de los rebeldes y muéstrale al mundo el camino hacia Mí.

Adicto a Mis promesas

2 Pedro 1:4
*Por medio de las cuales nos ha dado preciosas y
grandísimas promesas, para que por ellas llegaseis
a ser participantes de la naturaleza divina...*
RV

Cada promesa recibida es un portal a una parte Mía. Cada promesa digerida es una luz brillante en ti. Cada promesa memorizada es Mi huella en tu mente. Cada promesa proclamada es una flecha liberada hacia su objetivo. Todas mis promesas son piezas de Mí. Come Mis promesas y añadirás una nueva parte de mí a tu vida. Cómelas todas y tendrás todo de Mí. Mis promesas son Mi vínculo. Me revelan a ti. Sacan al perdido de su calabozo y de su cueva. Traen esperanza a los perdidos y gozo a los rechazados. Mis promesas contestan todas las preguntas de un corazón escudriñador. Mis promesas son medicina para el enfermo, resurrección para el muerto, paz en las tormentas y timón para tu barco. Ata Mis promesas a tu alma y escaparás de cada influencia corrupta de este mundo. Serás protegido de la naturaleza Adámica y de todos sus malvados impulsos. Conviértete en un adicto a Mis promesas. Ya te envié la siguiente promesa.

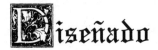iseñado

Efesios 2:10
Pues somos hechura de Dios, creados en Cristo Jesús
para que hagamos buenas obras, y caminemos en ellas.
Parafraseo del Autor

¿Crees tú que Yo dejo a todos como los encuentro? ¡Nunca! Yo te diseñé para que ganes, para que ames al abatido y para que fortalezcas al débil. Te diseñé para que veas lo invisible y toques lo intocable. Te diseñé para que vivas en tranquila paz, para que constantemente crezcas en Mi gracia. Te diseñé para que camines en armonía con Mi plan para tu vida. Tienes una caja fuerte construida en ti a prueba de fallas que anulará cualquier incidente, fracaso o invasión. Te diseñé con poderosos, componentes espirituales irrompibles para que los uses durante toda tu vida. He invertido en ti, Mi propio Espíritu que corre a través de todas las venas diseñadas por Dios. Mi sangre es tu aceite; garantiza tu longevidad. No te puedes romper, ni quemarte, ni quedarte sin gas. Tú eres Mi diseño personal, construido en el diseño de Mi mente. Vive libre de todos los demás planes. Adhiérete a tu diseñador. Te garantizo que lo que hice es muy bueno.

La bendición irresistible

Génesis 39:5
*Y aconteció que desde cuando le dio el encargo de
su casa y de todo lo que tenía, Jehová bendijo la casa
del egipcio a causa de José, y la bendición de Jehová
estaba sobre todo lo que tenía, así en casa como en el campo.*
RV

Siempre estoy contigo y estoy interesado en tu negocio y en los esfuerzos de tu familia. Te haré exitoso aun cuando te falte habilidad o conocimiento. Cuando pongas tu confianza en Mí, el éxito vendrá. Alejaré la pereza y nunca dejaré que fracases o que seas esclavo. Tu tiempo ha llegado; prepárate para sostener el poderoso peso de poder del Espíritu para poder llevarte a lugares que nunca alcanzaste. Te doy un favor exorbitante con todos aquellos con los que tengas que tratar. No pueden negarte nada porque tendrás el poder de ser exitoso. Te doy pureza de corazón; con ella no podrán comerte. Te doy un hambre espiritual; con ésta nunca tendrás frío. Te doy la fe que moverá obstáculos; con ésta nunca serás derrotado. Te eliminaré la memoria de tu vida en Egipto. Te lavo con agua limpia. Ahora tu consciencia tendrá paz y pongo en ti un buen corazón que siempre bendecirá a los demás. Bebe mis bendiciones irresistibles y prospera.

 **ternamente**

2 Crónicas 26:5
Y en estos días en que buscó a Jehová, Él le prosperó.
RV

Te amaré eternamente. Proveeré para ti eternamente. Buscarme no
debe ser un trabajo. Debes encontrar a los ocultos, placeres santos del
tiempo conmigo. Hay un lugar de gran satisfacción en donde tu alma
encuentra su descanso y la paz. La verdadera prosperidad fluye desde
este lugar santo de oración, eternamente recibe Mi bendición y eternamente distribuye Mi amor. Este lugar no puede ser encontrado con
indiferencia, ni destrucción. Sólo el realmente sincero puede encontrar
esta fuente de juventud espiritual. La verdadera felicidad, la verdadera
paz y la verdadera salud están ahí esperando por ti. Búscame como si
Yo fuera un tesoro escondido. Búscame como si fuera tu último día
en la Tierra. Usa toda tu fuerza, toda tu pasión y cada gramo de tu
hambre. Entonces tu luz aparecerá. Tus obstáculos se desvanecerán, tu
fuerza se duplicará y tu destino será seguro. Recuerda, te
amo eternamente.

En el hueco de Mi mano

Salmos 128:1-2

Bienaventurado todo aquel que teme a Jehová, que anda en
sus caminos. Cuando comieres el trabajo de tus manos,
bienaventurado serás, y te irá bien.

RV

Absorbe esta promesa y esta palabra. Si caminas en Mis caminos como un buen hijo o hija e imitas Mis caminos en cada aspecto de tu vida con felicidad, con paz, con favor divino y con buena fortuna. Tu familia será fructífera y productiva en tu casa. Tus hijos estarán bendecidos en tu mesa. Será un placer vivir tu vida. No eres como los que pierden la vergüenza, ni la duda. Eres un guerrero valiente que sabe que la batalla ya ha sido ganada. Vas a la batalla con Mi batalla gritando, sabiendo que soy mucho más fuerte, mucho más preparado y tengo un mayor número de victorias que todos Mis enemigos. Si temes a Mi nombre, me mostraré decidido a tu favor. Debes prepararte y pararte a la puerta de la encrucijada esperando cosas que Yo voy a hacer para ti hoy. Voy a darte Mi mano desde el Cielo para poder rescatarte. Pondré tu pie sobre una roca y fortaleceré tus pasos frente a ti, en tanto temas Mi nombre y te estremezcas a Mi Palabra.

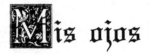is ojos

Lucas 15:20
*Y levantándose, vino a su padre. Y cuando aún estaba lejos,
lo vio su padre, y fue movido a misericordia, y corrió, y se
echó sobre su cuello, y le besó.*
RV

Mira mis ojos. Te verás reflejado siendo amado, cuidado y sanado. Mis ojos son para ti; nunca en contra tuya. Mis ojos disuelven el temor, la duda y el terror. Mis ojos rompen las cadenas emocionales y las fortalezas mentales. Mis ojos son piscinas de amor; acude a nadar con Mi amor. Las aguas tienen poder curativo. Mis ojos dan a luz la verdad acerca de ti. Te guían lejos del peligro y hacia la seguridad, al lugar secreto y a la fortaleza que te dará. Mis ojos sanan los malos recuerdos del odio y de los prejuicios. Desatan secretos del amor e intimidad. Nunca alejo Mis ojos de ti. Siempre te estoy cuidando, asegurándome que el camino por donde vayas sea seguro. Voy delante de ti, alejando todos los peligros de tu camino. Cuido de aquellos a los que amo. Mantengo Mis ojos enfocados en tu destino. Yo sé cómo llevarte a tu destino. Mis ojos ven todo a la vez, el pasado, el presente y el futuro. Mira Mis ojos y encuéntrate.

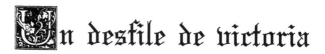n desfile de victoria

2 Corintios 2:14
Mas a Dios gracias, el cual nos lleva siempre
en triunfo en Cristo Jesús, y por medio de nosotros
manifiesta en todo lugar el olor de su conocimiento.
RV

Deja que el desfile de la victoria comience. Sube a bordo y déjame llevarte en un recorrido de victoria donde ningún tormento puede tocar su diabólica canción en tu cabeza, donde ninguna debilidad avance a través de tus generaciones y tus parientes puedan cambiar tu destino. Un desfile de victoria es tu herencia. Colócate y contémplame, tu Vencedor. Déjame tocar las canciones de victoria para ti. He escrito cada melodía de victoria y cada canción tiene tu nombre escrita en ella. No hay derrota para ti. Ningún sonido deberá ser rechazado o abandonado. Ningún latido del corazón, ni risas burlonas a tu alrededor. Sólo los sonidos del desfile de victoria. No hay desánimo en una vida victoriosa. Ni brujos, ni manipuladores, ni desórdenes son permitidos. Haz el viaje conmigo. Permíteme ser tu guía hacia la victoria. Pasa tu tiempo sonriendo, riendo y ayudando a los demás en ese desfile victorioso.

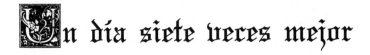n día siete veces mejor

Lucas 7:50
Pero él dijo a la mujer: Tu fe te ha salvado, ve en paz.
RV

Hoy tu fe te salvará de circunstancias y situaciones que tendrás que enfrentar. Lo único que vas a poseer cuando todo esto termine, cuando el polvo se quede en paz. Saldrás en paz y tendrás paz porque tu fe te llevará y te rescatará de cada destrucción y calamidad. Ahora tendrás la paz y la libertad que viene de Mi propia mano, la paz de ser salvado de cada trampa. No importa lo que enfrentes hoy, los planes del enemigo se desharán en su propia cara y te colocarás ahí con todo su botín. Hoy es el día de tener cosechas del siete por uno. Prepárate y alístate; ¡grandes cosas sucederán! Bebe el conocimiento de mi perdón y alivia las piscinas de amargura de los corazones de todos. Disfruta de Mi presencia que ya habita en ti y camina reconociendo Mi poder. Regocíjate en la dulzura de la comunión conmigo. Celebra con cada alma que introduces conmigo y ejercita la rendición de tu voluntad conmigo cuando no quieras hacerlo. Que tu vida sea un sacrificio vivo todos los días, porque ésta es la forma más sublime de adoración que puedas ofrecer.

Antes que llames te responderé

Isaías 65:24
Antes que clames, yo responderé; mientras aún estés hablando,
yo habré oído.
Parafraseo del Autor

Ya no más esperas. Ni más retrasos. No más compás de espera. Ha llegado el momento de escuchar el sonido de "Hola" y "Si". Estoy ansioso de responder tus oraciones, aun cuando pienses y sientas. Quiero que tus oraciones sean como trofeos en Mi manto, como las estrellas brillando en Mi Universo. Tus oraciones son Mis perlas; alumbran el Cielo. Cuando oras, dices al Universo que confías en Mí. El sonido de tu trompeta se escucha en todo el mundo. Las oraciones del justo son como campanas sonando alrededor del reloj. Aquellos que tañen las campanas son altamente respetados y honrados en el Cielo. El sonido de las campanas de tus oraciones ahuyenta a tus enemigos. Cuando te escuchan orar, sus armas explotan en sus manos. Sus maquinaciones son destruidas y sus maldiciones evaporadas. Quedan desnudos, sin protección y son expuestos. Tus oraciones santas son las balas de la pistola que Dios te hizo. Son letales para los enemigos de la cruz y abren las ciudades del tesoro del Cielo. Haz el llamado y alerta a todos para que las bodegas del Cielo estén abiertas. Reúne a la gente e incursiona en Mis bodegas. Las puertas están abiertas y todo te pertenece.

Hasta que te parezcas a Mí

2 Corintios 3:18
*Por tanto, nosotros todos, mirando a cara descubierta como
en un espejo la gloria del Señor, somos transformados
de gloria en gloria en la misma imagen, como por
el Espíritu del Señor.*
RV

Nunca dejaré de transformarte. Hasta que te parezcas a Mi, jamás dejaré de ayudarte a entender quien soy. Nunca te dejaré, ni te abandonaré en medio de la adversidad o de una prueba o de una crisis. No soy capaz de traicionarte. Ninguna vez me alejaré de ti. Entérate: repite esto y escríbelo: Jamás desistiré de bendecirte hasta que te parezcas a Mí. Nunca removeré tus imperfecciones y sanaré tus heridas hasta que te parezcas a Mí. Jamás me cansaré de escucharte, ni me fatigaré de tus ruegos y peticiones hasta que te parezcas a Mí. Nunca dejaré de contestar tus oraciones y mostrarme fuerte a tu favor, hasta que seas como Yo. Jamás dejaré de incrementar las riquezas que te di y de multiplicar los recursos de justicia hasta que te parezcas a Mí. Nunca en la vida pararé de bendecir tu vida diaria con amor, con gozo y con paz. Yo nunca, en la vida dejaré de ser todo lo que necesitas hasta que te parezcas a Mí.

El adiós al fracaso

Salmos 25:9-10
Encaminará a los humildes por el juicio, y enseñará a los mansos
su carrera. Todas las sendas de Jehová son misericordia y verdad,
para los que guardan su pacto y sus testimonios.
RV

No temas al fracaso. No permitas que el fracaso mine tus pensamientos y se aloje en tu mente. Usa el fracaso como pasos para acercarte a Mí. Aprovecha el fracaso como escalera para subir a Mi voluntad para tu vida. El adiós al fracaso está aquí. Cada vez, levántate. Nunca te rindas. Sólo al rendirte Satanás puede gobernar tu vida. Si le dices no al fracaso, se irá de tu vida rápidamente. Ya no tendrás más fracasos.

Cada aspecto de tu vida merece una oportunidad de gracia, a la misericordia y al poder. No edifiques tu casa con los errores del ayer. No establezcas los cimientos de tu vida en la arena de los recuerdos de tus fracasos. Úsalos para motivarte para lograr éxito. Recuerda, conmigo eres una mayoría. Conmigo, sostienes las llaves del poder y del éxito.

Recuérdate que aquel que vive en Mí no puede fallar permanentemente, no puede ser vencido, ni derrotado, ni destruido. Yo soy eterno, sempiterno e inconquistable. Soy tu victoria. Sostén este estandarte de la mayor verdad. Ondéalo para que todo el mundo lo vea. Dile adiós a los cantos del fracaso.

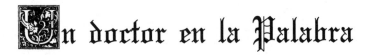n doctor en la Palabra

Lucas 21:15
*Porque yo os daré palabra y sabiduría, la cual no podrán
resistir ni contradecir todos los que se opongan.*
RV

Un doctor en la Palabra es aquel que sus labios han sido tocados por Mi mano. Dice palabras que sanan corazones rotos. Repara las vidas destrozadas y refresca al sediento e insolado. Un doctor en la Palabra tiene poderes especiales para reparar todo aquello que no se podía reparar. El doctor en la Palabra lleva en sus palabras medicina que matan las enfermedades. Su lengua es una espada de liberación para el oprimido y para el esclavo. Una palabra del doctor en la palabra y el enfermo sana. Usa tus palabras como flechas medicinales. Te he dado poder con palabras santas y sagradas. Di vida; di lo que el corazón solitario necesita escuchar. Nunca digas lo que sientes. Di lo que digo. Eres doctor en la Palabra. Repara las brechas del alma. Reconstruye las paredes destrozadas de la personalidad. Consuela a aquellos que han perdido sus corazones. Pronuncia palabras que contengan vida, poder y salud. Usa tus palabras como arma para destruir las fortalezas mentales en la vida de la gente. Yo creé todo con Mis palabras. Ahora declara la vida donde hay muerte y cambia el destino de la gente para siempre. Practica lo que eres.

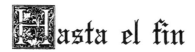asta el fin

Juan 13:1
Jesús sabía que su hora había llegado y
como había amado a los suyos hasta el fin.
Parafraseo del Autor

Estás capacitado en lo que te he llamado hacer. Te he ungido con grandes habilidades para que hagas tu trabajo, tu casa y el trabajo del reino. A todos los asuntos a los que te enfrentes, serás competente y serás capaz de realizarlos extraordinariamente. Por la noche comenzaré a darte canciones que deleitarán tu alma y se desharán de toda tu ansiedad y de todos tus miedos atormentadores. No te esperes para hacer lo que he puesto en tu corazón. Si es bueno, entonces házlo, dilo y vívelo. No dudes. Rompe con todas las falsas alianzas en tu vida. Corta las cadenas que te atan al pasado. Tienes mucho trabajo que hacer para Mí. El bálsamo sanador está en tus manos; ¡Úsalo! Frena a todos aquellos que atacan al débil. Fortalece al desvalido. Utiliza la riqueza y el poder que te daré para ayudar al huérfano, para apoyar a la viuda y alimentar al pobre. Persigue al perdido hasta las mismas puertas del infierno si es necesario. Nunca te des por vencido frente nadie. Yo nunca lo hago. Recuerda que tienes Mi amor viviendo dentro de ti, el mismo amor que sigue amando hasta el fin.

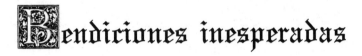 Bendiciones inesperadas

Salmos 119:9
¿Con qué limpiará el joven su camino?
Con guardar tu palabra.
RV

En tanto mantengas puro tu camino y hagas aquellas cosas que la Palabra ordena y te rehúses a extraviarte de la Palabra, tus bendiciones inesperadas se manifestarán de inmediato. Cuando refieres Mis palabras con tus labios y la relevancia de Mi Palabra, te regocijarás en tu corazón como alguien que encuentra un gran tesoro. Cuando dedicas diariamente tiempo a la Palabra y tienes cuidado de no desatenderla, te daré revelación para cambiar tu mundo y expandir tus horizontes. Sólo buenas cosas están preparadas para ti, cosas que no te imaginas. Larga vida y años de placer, paz y recompensas te llegarán. Serás consumido por un deseo de Mi Palabra; irá delante de ti, rompiendo maldiciones.

Todo desdén y desprecio serán removidos de ti. Los burlones y los calumniadores perderán su voz y permanecerás intocable por el diablo.

Esta será tu porción: vivir con tus bendiciones inesperadas.

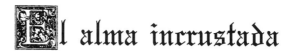l alma incrustada

Salmos 37:39
Pero la salvación de los justos es de Jehová,
y él es su fortaleza en el tiempo de la angustia.
RV

Tu salvación y liberación vienen directamente de Mí. Como has decidido confiar y depender en Mí. Te liberaré de cada trampa del hombre, de cada maquinación de Satanás y me aseguraré de que salgas perfumado como una rosa. Ningún problema se alojará en ti. Serás cubierto con aceite, e imposibilitará a tus enemigos poner sus manos sobre ti. Salud, riqueza y bienestar te rodearán. Cada astuta y diabólica maquinación será exhibida y destruida. Tu recorrido es el camino de vida en donde no hay piedras, ni zanjas, ni trampas. Tu calzada será ágil para viajar en ella. Recuerda que un alma que confía siempre se refugia en Mi y un alma torturada se esconde de Mí. Eres un alma triunfante, lista para cantar las canciones de la vida. Tú y la muerte no tienen nada en común ahora. Confía en Mi y pon tu mano en Mi. Confía en lo que no ves; confía y salta al precipicio de la fe. Vive como un héroe. Actúa como un campeón. Piensa como un santo. Ama como redimido. Este es el alimento de un alma confiada.

Cuando tus graneros están llenos

Proverbios 3:10
Y serán llenos tus graneros con abundancia,
y tus lagares rebosarán de mosto.
RV

No más bolsillos vacíos o progresos demorados. El día de la abundancia está cerca de ti. Tus graneros de amor estarán llenos. El amor que has necesitado aparecerá. Los milagros económicos ya no estarán fuera de tu alcance. La vida de la verdadera realización te abrazará. Las paredes de resistencia en cada aspecto de tu vida comenzarán a desmoronarse. Te mostraré Mi misericordia y Mis piedades. No mirarás a la derecha ni a la izquierda debido al sonido destructivo porque no podrá acercarse a ti. En lugar de eso, escucharás el sonido de buenas noticias y de libertad. El resultado de tus nuevas bendiciones heredadas será un gran corazón para el herido y para el pobre. Has sido llamado para ser liberador, vencedor del diablo, proveedor para las almas hambrientas y un testigo para Mi. Toma tu manto y proveé para los demás. Acude al mar y guía a todos a la otra ribera a sus lugares de provisión. No necesitarás preocuparte nunca por pagar tus recibos o porque carezcas de alguna provisión natural. Te cuidaré más de lo que puedes cuidarte. Llenaré los graneros de tu corazón con sabiduría, entendimiento y con el temor del Señor.

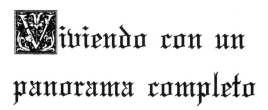iviendo con un panorama completo

Efesios 1:18
*Alumbrando los ojos de vuestro entendimiento, para
que sepáis cuál es la esperanza a que él os ha llamado...*
RV

Te veo completamente. Escucho el tictac de tu corazón. Te sostengo en Mi mano. La Luz está a punto de prenderse. Cada misterio en tu vida será explicado porque será una nueva percepción. Tu camino te será revelado y tus decisiones se detendrán y te serán reveladas también. Conocerás la esperanza de tu llamado y el poder con el que has sido investido. Tu herencia completa será revelada. Por lo tanto, ¡levántate y pelea! ¡Reclama lo que te pertenece! Sométete para buscar el poder de Mi Palabra. Permite que te ajuste. Permite que te salve de todas las sanguijuelas de esta vida. Deja que te proteja del poder del mundo. Permíteme energizarte con una maravillosa y milagrosa fe y bautizarte con el poder de la resurrección de Mi Espíritu. ¿Podrá alguno impedirme hacer lo que te he prometido? No, ahora, Nunca. Con riquezas más allá de tu imaginación que aguardan por ti. Dentro de Mi lugar Santo están los insondables secretos que el hombre ha buscado toda su vida. Ojos muy abiertos guían a los corazones abiertos y los corazones abiertos los guían hacia Mí. Yo soy tu Galardón y tu Porción.

Inmunidad espiritual

Isaías 54:17
Ninguna arma forjada contra ti prosperará,
y condenarás toda lengua que se levante
contra ti en juicio….
RV

Toda la semana tendrás éxito en tu vida. No te ofenderás, ni tropezarás debido al comportamiento de la gente. Tu dinero se incrementará y pagarás tus deudas. Tu mente tendrá paz; tranquila paz. Cada circunstancia estará ajustada a Mi plan. Tu cuerpo sanará a través del Santo Nombre de Jesús y olas de ánimo asomarán a tu puerta. Pondré ese don en ti como intercesor apasionado. Ahora conocerás que las maldiciones, las plagas, las iniquidades y las debilidades cesarán y así como Finees, encajó su lanza a los defensores del diablo, agitarás Mi lanza en el rostro del enemigo y lo lanzarás a patadas lejos de tu familia. Te daré grandes y divinas intervenciones. La inmunidad espiritual a las armas del enemigo será tuya. Las maldiciones no podrán descender en tu casa. La enfermedad no podrá encontrar un hogar en tu cuerpo. El tormento no podrá ingresar por la puerta de tu mente. El temor no podrá vivir escondido en tus emociones. Cobra a tu enemigo. No podrá resistir Mi poder en ti.

Nada es tan difícil

Jeremías 32:17
¡Oh Señor Jehová! ... Ni hay nada que sea difícil para ti.
RV

Hoy es el día para que puedas progresar. Tus enemigos que vendrían en tu contra serán dispersados frente a ti y tus complicados problemas los convertiré en milagros. Nada es difícil para Mí. No importa lo que sea que estés pasando, ya sea en tu cuerpo, en tu alma, tu espíritu, y tus relaciones, en tu economía y circunstancias, todo esto me afecta porque me especializo en cosas que se consideran imposibles. Espera toda una vida de gracia, un futuro lleno de seguridad y una gloria eterna. Espera todo esto sin sufrimientos. Deja que la misericordia y la verdad sean tu música cotidiana, la sabiduría tu compañera, la paz y la justicia tu estandarte santo y Mi Palabra tu prosperidad y tu regalo para el mundo. Desde ahora y en adelante, por donde quiera que veas habrá increíbles cambios. Te llevaré a lugares que creías inalcanzables. Te usaré de maneras que imaginaste imposibles de vivir. Te cambiaré de formas que creíste eran inalterables. Nada es imposible para Mi.

Aún los desiertos son Mis oportunidades

Isaías 51:3
Ciertamente consolará Jehová a Sion; consolará todas sus ruinas. Cambiará su desierto en un Edén, y su tierra estéril en huerto de Jehová; se hallará en ella alegría y gozo, alabanza y cánticos.
ESV

Los desiertos serán como jardines para ti, no un cálido lugar, ni estresante, ni de tormento. Aun los desiertos son Mis oportunidades. Tus dudas se desvanecerán hoy; tus dudas serán cosa de risa. Verás lo que puedo hacer a tu desierto. Aún tus amigos notarán la diferencia. Acude a Mi, pasa tiempo a solas conmigo, derrama tu corazón en Mi; lo bueno, lo malo y lo feo. De todas formas sé todo. No es para Mi beneficio sino para el tuyo. Como ves, sólo puedo cambiar lo que me muestres, no lo que me ocultas. Te estoy fortaleciendo como pared de piedra. Te comunico vida, riqueza y salud. Destruyo toda clase de pobreza en ti ahora. Serás conocido como objeto de Mi compasión. Tu verdadera identidad fue escondida en montañas de inseguridad. Las cosas negativas de tu actual vida se convertirán en escalas para elevar tu destino. Día tras día, lo espiritual surgirá como mariposa en su capullo. Y con cada lucha que ganes, tu fuerza se multiplicará y un nuevo color en tus alas aparecerá. Triunfa y emprende tu vuelo.

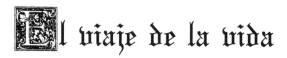l viaje de la vida

Éxodo 33:14-15
*Y él dijo: Mi presencia irá contigo, y te daré
descanso. Y Moisés respondió: Si tu presencia
no ha de ir conmigo, no nos saques de aquí.*
RV

Descansa. ¿Desde cuándo lo necesitas? El descanso de Mi Espíritu no puede ser perturbado, ni robado; no se puede mover. Tu cuerpo, alma y espíritu necesitan Mi descanso, como el suelo necesita ser arado. En tu trabajo diario y en tu rutina estresante, Mi presencia estará contigo relajándote y masajeando tus músculos espirituales, aliviando tu estrés y expulsando las toxinas de tu alma. Esta renovación será para asegurar victorias en tu futuro. Estoy quitando la iniquidad de tu familia para asentarlos en un fundamento firme y así construir su futuro en la Roca inmóvil. Te estoy preparando para que seas un arma para Mí. Estoy desarrollando tu carácter día a día para que permanezcas y sobrevivas por toda tu vida. Tu nueva dirección será Mi casa y tus provisiones ya te están esperando. Toma lo que necesitas para tu viaje. El viaje de la vida requiere que vaya contigo, en la forma de Mi presencia. Estaré allí en cada batalla. Me colocaré sobre la montaña indicándote el rumbo, diciéndote hacia donde voltear y qué decir. Nunca estarás solo; ni ahora, ni ahí, ni nunca. Esto te lo prometo.

l manantial de sanidad

Salmos 52:8
*Pero yo estoy como olivo verde en la casa de Dios; en la
misericordia de Dios confío eternamente y para siempre.*
RV

Hay una "Ciudad del Tesoro" para todos aquellos hambrientos y
sedientos. Para aquellos insatisfechos con lo que tienen, hambre es la
llave para abrir los cerrojos de las puertas del "aceite del Cielo". El
aceite es una medicina natural. El aceite de oliva restaura al corazón y
al sistema digestivo. Serás capaz de caminar ahora con Mi corazón y
no perderás Mi voluntad, ni tendrás problemas al digerir Mi Palabra.
Como un árbol de olivo, te elevarás y estarás listo para todos los que
lleguen a recibir de tus ramas sanadoras. La sanidad se manifestará en
cada aspecto de tu vida. Sólo estás pasando por un problema. No estarás permanentemente ahí. Empaca tus maletas para el glorioso viaje
conmigo. Yo seré tu guía de viaje. Primero iremos a los Manantiales
de Sanidad para curarte. Después, a la Fuente de Vida para llenarte.
Luego, a las Corrientes Limpiadoras para lavarte. Después a Mi casa
para conocernos el uno al otro. Y, finalmente, a la Ciudad del Tesoro
en donde todos tus sueños se volverán una realidad. El rechazo no
puede vivir ahí. Ni la oscuridad, ni el dolor, ni el lamento, ni el fracaso
se permite en su interior. La confianza es el alma de la ciudad; por lo
tanto, confía. Siempre confía.

La túnica andrajosa

Génesis 37:3
*Y amaba Israel a José más que a todos sus hijos, porque lo
había tenido en su vejez; y le hizo una túnica de diversos colores.*
RV

Cada persona de la Tierra lleva alguna túnica que lo define. Para
la mayoría, la túnica es andrajosa y estropeada. Ha tenido muchos
tiempos difíciles y extenuantes viajes emocionales. La túnica dice al
mundo en donde han estado y quiénes son. Cada lágrima revela algo
respecto a la persona y da una mirada a su verdadero carácter. Le dice
si la gente puede ser de confianza o si debe ser supervisada. No hay
dos túnicas iguales; cada persona tiene su propia túnica. Yo soy el
Sastre del Cielo y repongo túnicas andrajosas. No quito las lágrimas
en la vieja túnica, sino la reemplazo completamente. Cuando acabe
con las túnicas de la gente, serán irreconocibles. Verás, compré estas
nuevas túnicas a un alto precio. Nadie más podría haberlas comprado,
porque sólo Yo tenía el precio que se necesitaba. Ahora, cualquiera que
me busca como Su Sastre puede recibir su nueva túnica que nunca se
desgasta, jamás se rasga y se ajusta a todas las tallas. Porta Mi túnica
y te verás como nuevo, sin recuerdos de los viejos, solitarios, sucios
caminos por los que has caminado. Ahora, pónte Mi túnica y vamos
algún lugar al que jamás hayas ido antes.

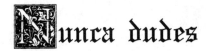unca dudes

Salmos 23:5
Aderezas mesa delante de mí en presencia de mis angustiadores;
unges mi cabeza con aceite; mi copa está rebosando.
RV

Nunca, ¡nunca dudes de Mi! Te alimentaré de los hornos del Cielo. Tu
alimento tendrá tal poder y energía espiritual que una migaja de Mi
mesa durará cuarenta días. Nunca dudes que Yo te ayudaré a solucio-
nar cada problema que inesperadamente llegue a ti. Nunca dudes que
te salvaré de ti mismo y de tus enemigos. Nunca dejaré que te toquen,
ni lastimen de ninguna forma. Nunca dudes que te amaré a pesar de
tus fracasos y de tus errores. Nunca dudes que te libraré de toda deuda
y de la escasez. Yo soy muy, muy, muy rico. Tengo suficiente oro y
plata para pagar la deuda de cada persona, nación o país. Soy dueño de
los equipos de impresión. Así que es tiempo de relajarse y transmitir
este conocimiento ahora. Compártelo con los demás, así como te lo he
dado. Tu dar revela tu Fuente. Tu dar revela al mundo en
quien confías.

Jaulas de hierro

Isaías 45:2
Yo iré delante de ti, y enderezaré los lugares torcidos;
quebrantaré puertas de bronce, y cerrojos de hierro haré pedazos.
RV

Cada día que pases con Mi abrazo, las jaulas de hierro que la vida ha construido a tu alrededor comenzarán a desmoronarse. Ninguna jaula puede contenerme. Ningún barrote de hierro puede impedir que te alcance. No estoy limitado por la materia, ni por el espacio, ni por el tiempo, ni por muros emocionales. El alcance de Mi abrazo rodea el Universo. Sostengo cada cosa creada en el hueco de Mi mano. Mi apretón es seguro, Mi alcance eterno y Mi poder ilimitado. Es tiempo de relajarse y de hacer una pausa en tu negocio. Permíteme refrescarte por las guerras que has enfrentado. Déjame reponer tus recursos naturales y espirituales. Permíteme llevarte a la cima de la montaña y mostrarte tu futuro conmigo. No verás jaulas, ni prisiones, ni carceleros, tampoco cuestas resbaladizas, ni trampas invisibles, ni tampoco depredadores peligrosos ocultos en las sombras. No verás nubes siniestras acechándote. Las jaulas que construyeron para retenerte ahora estarán rotas. Las limitaciones que tuviste a tu alrededor se han ido. Remóntate a Mis palabras. Usa Mis promesas como alas y vuela por los valles y a través de la oscuridad. Ve y descubre.

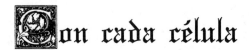

on cada célula

Romanos 5:8
*Mas Dios muestra su amor para con nosotros, en que
siendo aún pecadores, Cristo murió por nosotros.*
RV

Cada momento de soledad ha escuchado la voz de tu corazón clamando por Mí. Puse un anhelo y un deseo en cada corazón. Rogará para satisfacer necesidades y anhelos. Todos los esfuerzos que los demás hacen para satisfacer sus anhelos alejados de Mi sólo los convierten en más intensos y agudos. ¿Cuánto te amo? Más que todos los amigos que puedas tener, más de un millón de mamás y papás, más que todos los esposos y esposas, más que cualquier cosa buena que te puedas imaginar. Te amo con perfecta singularidad. Te amo individualmente. Te amo sólo a ti, así como eres, inculto e incompleto. Te amo antes de que el tiempo comenzara, antes de que exhalaras tu primer aliento y después de que tomes el último. Te amo perfectamente y para siempre. Nadie más te amará con cada célula, con cada fibra y aliento como Yo.

La guarida del ladrón

Proverbios 6:30
No tienen en poco al ladrón si hurta
para saciar su apetito cuando tiene hambre.
RV

Encerraré a cada ladrón de tu pasado, de tu presente y de tu futuro. No serán capaces de robarte nuevamente. Ya han robado lo suficiente de ti y ahora me vengaré de ellos. Te pagarán siete veces. Te regresaré cada segundo de amor, paz y gozo. Restauraré cada recuerdo, cada relación que se pueda recuperar y cada pedazo de tu corazón. Cualquier daño hecho a tu alma será restaurado. Tu genuina, real y sincera personalidad será revelada, será sanada y sellada por cantos de amor. Repararé las heridas de tu mente y de tu personalidad. Los defectos y deformidades de tu carácter desaparecerán; tus palabras serán dardos de salud, tus acciones serán descubrimientos de oro para Mí. Tus actos de amor llenarán tu árbol familiar. Todos los allegados a ti serán enriquecidos con tu vida y por tu amor. La guarida del ladrón será expuesta y despojada; tus ladrones serán esposados y hechos prisioneros por el resto de tu vida. Vive libremente y sin impedimentos. Gobierna y reina en esta vida que te he dado.

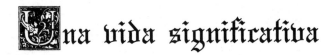na vida significativa

Salmos 37:23
Por Jehová son ordenados los pasos del hombre,
y él aprueba su camino.
RV

El nacimiento de una vida significativa; qué valor he puesto en cada vida. Para presenciar el nacimiento de una gran persona es Mi gozo diario. Tú eres esa persona. Sí, tú. Todos los días de tu vida están numerados y tienen la orden para triunfar. Te creé para grandes cosas; hechos heróicos, hechos poderosos y para conquistar ciudades, conquistar gigantes y destruir fortalezas; para liberar a los presos y sanar a los abatidos de corazón que conozcas a lo largo del camino durante tu viaje. Tu destino no yace con los vagos e insignificantes o indecisos. Tu camino no es el camino de la pequeñez y ni de la oscuridad. No hay ruinas invisibles frente a ti, ninguna calamidad o tragedia se acerca a ti. Tus mejores días están cerca de ti y tu influencia resplandecerá como la luz del Sol. Entrégame cada instante y guiaré tu vida en perfecta armonía.

La luz verde

Isaías 56:5
Nombre perpetuo les daré, que nunca perecerá.
RV

Todas las personas en tu vida se han estado burlando y se han estado resistiendo, tratando de enjaularte y de limitarte en cajas, categorizándote negativamente, diciéndote que no puedes hacer esto o aquello y diciéndote que dejes de intentarlo porque no estás dotado, ni tienes los suficientes talentos. Rebélate contra sus "nos" y abraza Mis "si". Mi grande, y gigante luz verde que está frente a ti. Quiero que trates de soñar todo aquello que puedas. Intenta ahora; salta de ese Precipicio de Fe. Arriésgate; acude a donde nadie más ha ido antes. Inventa nuevas cosas; haz millones de pesos en un día. Vive en grande, tan grande como creas que soy. Recuerda, Yo hice el Universo con Mis palabras. Ahora agarra Mi palabra de "si" para ti y crea los "si" de la vida que quieres. Deshazte de las dudas, temores y limitaciones y alarga tus alas. Vuela, vuela, vuela, al inexplorado universo de la vida delante de ti. Muéstrales a todos lo que Yo puedo hacer en ellos y a través de ellos.

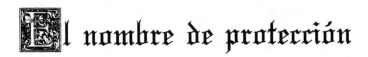l nombre de protección

Isaías 41:10
No temas, porque yo estoy contigo; no desmayes, porque yo
soy tu Dios que te esfuerzo; siempre te ayudaré, siempre te
sustentaré con la diestra de mi justicia.
RV

Mis nombres son Seguridad, Salvaguardia, Paz y Protección. No hay nada que temer en el viaje de tu vida. Nadie está esperando para devorarte. Nadie se esconde en las sombras. No existen fantasmas que aparezcan de repente del tren descarrilado de tu pasado. No hay situaciones malas en el horizonte. Te he ocultado en Mí. ¿Podrá alguien hacerte daño o perjudicarte con palabras o con acciones? ¿Podrá algún misil accidentalmente deslizarse y lastimarte? No. Absolutamente no. Ten calma y paz. Ten paz hoy. Tu familia está segura, tu cuerpo está a salvo, tus relaciones están aseguras y toda circunstancia está ahora bajo Mi control. Confía en Mí incondicionalmente, comprométete emocionalmente. No te resistas a Mí con temor o duda. Repite esto: "Estoy seguro, a salvo, protegido y resguardado. Todo está bien en mi alma. Vivo para gobernar y reinar en esta vida. Me rindo a mi Dios y Hacedor que me ama totalmente. Él me cuidará perfectamente hoy. Estoy seguro." Dilo, créelo, conócelo, vívelo.

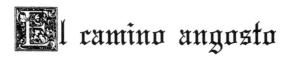 El camino angosto

Mateo 7:13-14
Entrad por la puerta estrecha; porque ancha es la puerta,
y espacioso el camino que lleva a la perdición, y muchos
son los que entran por ella.
RV

Sólo hay dos caminos por los que puedes ir: el angosto y el amplio. Uno tiene muchos juegos, jugadores, gritos de júbilo, opciones e iglesias, todo tipo de experiencias, toda clase de placer que tu mente pueda imaginar. Pero este seductor, amoroso y abrumador camino te conduce a un sólo lugar a pesar de cual camino escojas; destrucción. Este es el fin. Quiero que elijas el pequeño y angosto camino donde sólo hay lugar para dos, tú y Yo. Este camino es claro, callado y simple. Todos los señalamientos son fáciles de leer; no hay sorpresas o depredadores en él. Con cada kilómetro que recorras, te volverás más fuerte, sabio y compasivo. Tus posesiones se volverán menos importantes, tus prioridades cambian y el amor es tu guía diaria mostrándote el camino al Cielo. El temor no se permite, ni las almas heridas podrán permanecer abatidas, no se permiten los recuerdos tristes del fracaso, ni de los desastres. Ningún pozo, zanja o derrumbamiento. Ninguna nube oscura, tornado o huracanes espirituales. Nunca Me apartaré de tu lado en este camino angosto. Estaré contigo de día y de noche, siempre contigo; en donde quiera, cada día, siempre juntos.

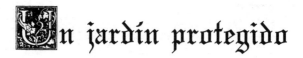n jardín protegido

Cantares 4:12
Huerto cerrado eres, hermana mía, esposa mía;
fuente cerrada, fuente sellada.
RV

Los gusanos están arrastrándose alrededor. Piensan que pueden alcanzar tu jardín. Qué tontos son. Qué pequeños son; qué débiles e inútiles son. Están intentando duramente alcanzar tu fruta madura. Como puedes ver, viven de lo que ya tienes desarrollado y terminado, aquello que está completamente desarrollado y maduro en tu vida. Son corruptos, anhelan gustar de la fruta prohibida. Pero se han olvidado, que tú eres Mi jardín privado y que soy tu Guardador. Como tu guardián estoy a la puerta para observar de día y de noche. Garantizo la siembra, arranco la hierba a tu huerto y la cosecha de tu jardín. Oh, ¡qué hermoso será tu fruto este año! Mejor que todos los demás años juntos; grande, jugoso y maduro. Cuánto deleite dará a aquellos que lo compren y lo coman. Los refrescará y animará los corazones fatigados. Tu fruto satisfará al alma hambrienta y restaurará la fuerza del débil. Aquellos de viaje largo se sentarán bajo la sombra de tus árboles, descansarán y se reanimarán. Sí, eres Mi jardín protegido; intacto, ileso y floreciente con brotes, flores y fruto.

Tiempo de fugarse

Hechos 16:26
Entonces sobrevino de repente un gran terremoto, de tal manera que los cimientos de la cárcel se sacudían; y al instante se abrieron todas las puertas, y las cadenas de todos se soltaron.
RV

Alista tus enseres. Encuentra todas tus pertenencias. Encuentra cada cosa preciosa para ti y empácala porque ¡es tiempo de fugarse! Estás siendo totalmente liberado de todos los pensamientos cautivos, pasiones y deseos. Incluso tus sueños serán libres. Tu vida está a punto de remontar la grandeza. Los cimientos de la cárcel se desmoronarán hoy. Los barrotes se derretirán, el carcelero desaparecerá y la trompeta libertadora sonará para ti. Observa que tu libertad se convierte en tu ministerio. Donde eres liberado, libertas. Donde eres sanado, sanas. Y donde eres restaurado, restauras. Nunca desperdicio una vida. Nunca pierdo algo precioso. Guardo y conservo. Perfecciono y repongo. Sano y reparo; así lo harás tú. Cierra tus ojos y olvida la cárcel de la vida. Olvida al carcelero haciendo ruido con las llaves. Permite que tu mente sea borrada y reprogramada con vida. El cautivo se ha convertido en libertador. Ese eres tú y así es.

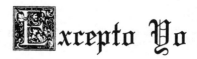xcepto Yo

Salmos 139:1-2
*Oh Jehová, tú me has examinado y conocido. Tú has
conocido mi sentarme y mi levantarme; has entendido
desde lejos mis pensamientos.*
RV

Nadie excepto Yo sabe lo que te hace trabajar y cómo componerte. Nadie excepto Yo sabe las respuestas a todas tus preguntas y puede sanar tu corazón herido. Nadie excepto Yo ve la verdad, termina la obra en ti o escucha tus oraciones silenciosas. Nadie excepto Yo recuerda tus mejores deseos y tus sueños secretos. Nadie excepto Yo siempre te rescataré, en dondequiera y cada día. Nadie excepto Yo siempre te ama, pura e incondicionalmente. Ninguno, excepto Yo estará contigo a través de lo difícil, de lo fácil y te rescatará de cada problema y de cada pozo en el que caigas. Nadie excepto Yo está preparando un lugar para ti en el Cielo y está escribiendo tu nombre en Mi Libro de la Vida. Nadie conoce tu dolor y tu dolor de cabeza como Yo. Nadie excepto Yo siente tu alma tan tensa como cuando te dicen palabras agresivas. Nadie excepto Yo anticipa el latido de tu corazón y calcula tus victorias. Nadie excepto Yo está junto a tu cama observándote mientras duermes. Nadie excepto Yo sostiene tu corazón en sus manos mientras dá un latido por las penas de aquellos que amas. Nadie excepto Yo mejora las heridas, las cura y recupera lo perdido. Nadie excepto Yo se pondrá a tu lado y sostendrá tu mano mientras cruzas las Puertas Doradas de la Eternidad.

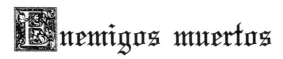nemigos muertos

Salmos 41:11
En esto conoceré que te he agradado,
que mi enemigo no se huelgue de mí.
RV

Tus enemigos son escalones para llegar a Mi. Te pueden hacer o destruir dependiendo de cómo los percibas. No le des tiempo aire en toda tu vida. Ignora sus insultos y sus ataques verbales. Úsalos como impulso motivacional y vuélvete en lo que dicen que no eres. Conviértete en lo que dicen que no te puedes convertir. Todo el que verdaderamente Me ama, incondicional y completamente tiene enemigos. Pero yo destruiré sus armas y eliminaré su poder en tu contra. Los rescato y tú los rescatarás. Te libero y tú los liberarás. Algunos de tus enemigos se convertirán en amigos cercanos después de que Mi amor los alcance. Sus corazones cambiarán y recordarán cómo los trataste. En su viaje conmigo, te convertirás en su mentor. A través de tu vida cristiana, serán liberados de sus cadenas demoníacas y seguirán Mis pasos. También dejarán a otros en libertad y este interminable círculo de amor continuará. Aguardando hasta el final recibirás recompensas asombrosas.

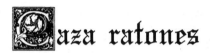aza ratones

Salmos 141:10
Caigan los impíos a una en sus redes,
mientras yo pasaré adelante.
RV

Las ratas habitan en los desagües. Aman el frío, lo oscuro y lugares sucios. Les gusta robar comida de los demás, pueden masticar a través de las relaciones influyentes en tu vida y que te puedan dejarte débil e impotente. Mueren en grandes alturas y no pueden estresarse con un aire ligero. Por lo tanto, levántate y vuela alto hacia Mí. Conviértete en algo inalcanzable para las ratas de tu vida. Las ratas siempre abandonan el barco: olvidan y son traidores. Buscan su beneficio. Son tradicionalistas por encima de todas las cosas. Contagian todo tipo de enfermedades con su mordida. Comen y roban. Todas las cosas buenas y preciosas son sus objetivos. Hay ratas que dicen que tratarán de envenenarte con sus palabras, retorciendo la verdad para satisfacer sus deseos enfermizos. Eres un caza-ratones y por esta bendición recibes doble porción de gozo. El doble es tuyo; doble amor, gozo, paz, vida, fuerza y favor. Doble intimidad, conocimiento, poder y doble porción de Mí. Vive una vida libre de ratas. Libera al prisionero de las ratas y permite que tus días estén llenos de libertad y de tranquilidad de espíritu.

xplosiones divinas

Marcos 2:2
E inmediatamente se juntaron muchos, de manera que ya no cabían ni aun a la puerta; y les predicaba la palabra.
RV

No naciste para pequeñeces. No fuiste creado para una vida limitada. No tiene fin tu potencial, ni fin en el que puedes lograr todo con tus dones. Sueña un poco y te haré vivir eternamente. He preparado algunas explosiones divinas en tu vida. Habrá ocasiones en que parecerá que crees que nada está sucediendo, y después de repente, una explosión ocurrirá en cada dirección en la que mires. Las bendiciones comenzarán a derramarse y nadie será capaz de detener estas explosiones. Yo las empecé y soy el único que las puede detener. Ten la seguridad que no haré eso. Las explosiones de dinero están llegando, explosiones de avivamiento familiar, explosiones de amor y de restauración, explosiones de Mi presencia y favor contigo. Tuya es la vida de un aumento continuo. Abrázalo y crece fuerte.

El forjador del ancla

Hebreos 6:18
Para que por dos cosas inmutables, en las cuales es
imposible que Dios mienta, tengamos un fortísimo
consuelo los que hemos acudido para asirnos de
la esperanza puesta delante de nosotros.
RV

La inconstancia y la inestabilidad que estaba en la vida de tus familiares nunca te alcanzarán, porque soy el forjador del Ancla. Te haré un ancla inmóvil que no tambaleé. Mis anclas sostienen cualquier barco, de cualquier tamaño y en cualquier parte. Deja que los vientos soplen y la lluvia venga. Deja que las inundaciones levanten sus feas alturas y tu ancla te sostendrá. Permite que la arena se eleve y se mueva. Deja que el mundo grite en su inestabilidad. No importa; tu ancla es divina. Tu estabilidad es eterna. Nada podrá cambiarte fuera del lugar de Mi seguridad y fortaleza. No hay catástrofes que lleguen a ti. No hay desastres inesperados, ni tempestades que irrumpan o tormentas aplastantes. Ya he programado tu ancla para mantenerte seguro a través de la tormenta. Detente, mantente confiado y rescata a todos los que no están en tu barco, que están pereciendo a tu alrededor. Házlo y estaré muy complacido contigo. Ámalos tanto como Yo te he amado.

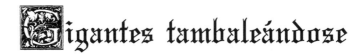igantes tambaleándose

Salmos 18:17
*Me libró de mi poderoso enemigo, y de los que me
aborrecían; pues eran más fuertes que yo.*
RV

Tus gigantes se tambalean. Están perdiendo piso, comienzan a tropezarse y están confundidos. Su equilibrio es irregular; pronto, muy pronto se caerán para siempre. Sus voces se irán de tu cabeza. No más recordatorios de sus poderes y de su fuerza sobre ti. No más burlas, ni risas por tus debilidades y por tu compromiso. ¡Esos días terminaron!

Esos gigantes no son más que enanos para Mí. Se estremecen al escuchar Mi nombre. Corren y se esconden en las sombras cuando paso junto a ellos. Su poder sobre lo que amas y quieres está desapareciendo para siempre. Pronto tu cuerpo entero, tu alma y tu espíritu serán totalmente libres de gigantes. Únicamente serán trofeos de Mi gracia y amor, recordándote que entre más grande sean, más fácil será su caída. Conserva estas promesas en tu corazón. Corta todas las ataduras emocionales y las adicciones de estos gigantes y déjame reemplazarlos con avances visibles y aumentos tangibles. Este es Mi plan y Mi futuro.

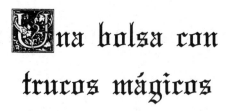

Una bolsa con trucos mágicos

2 Corintios 1:1
Pablo, apóstol de Jesucristo por la voluntad de Dios,
y el hermano Timoteo, a la iglesia de Dios que está en
Corinto, con todos los santos que están en toda Acaya.
RV

La gente confía en su costal de mañas y trucos mágicos: chantaje emocional, amenazas, intimidación, abuso verbal, adulación, presión, falsas promesas, calumnias, súplicas. Beben y utilizan la culpa como una espada para controlar y manipular. Inventan guiones intimidantes y luego te los sirven como desayuno. Usan su personalidad dominante para subyugar a los demás, aunque nunca estén dispuestos a rendirse a Mí. Son víboras en el pasto y arañas viudas negras listas para devorar su presa atrapada en su telaraña. No lo lograrán y nunca serán domesticadas porque no pueden serlo. Sólo son perros rabiosos buscando sólo su comida. ¡Pero tú eres el libertador de los cautivos! Tu poder está en tu misericordia. Tu fuerza está en tu intrepidez. Los enfrentarás como el león que Yo he formado en ti. Y verán que estando en Mi contra son como pulgas en un perro. Les mostrarás el camino al Cielo, Mi Ciudad. Serán renovados, liberados y curados. Las aguas del río Sion sanan cada enfermedad conocida y desconocida. Cualquiera que entre en las aguas será transformado para siempre. Toda la culpa y la vergüenza serán eliminadas. Se colocan nuevamente sin ningún recuerdo de los errores del ayer. Esta es la misión de tu vida.

Un adorno siempre presente a Mi vista

Daniel 4:35
Todos los habitantes de la tierra son considerados como nada;
y él hace según su voluntad en el ejército del cielo, y en los
habitantes de la tierra, y no hay quien detenga su mano,
y le diga: ¿Qué haces?
RV

Habito en el Cielo que está ubicado más allá de ti. Veo simultáneamente todas las cosas. Observo toda la creación. Nada se escapa a Mis ojos. Eres un adorno siempre presente a Mi vista. Voy a derramar aromas dulces del Cielo en tu vida. Los años de espera para que Mis promesas se cumplan ya están cerca. Abre las puertas de tu corazón. Santifícate con oración y ayuno. Atrasa el reloj, recupera el territorio perdido; te pertenece está en tus manos. Exige vida. Removeré las puertas de acero. Los barrotes de hierro se derretirán. Enviaré ríos de aceite a tus venas. Sanaré tus ojos para que veas la realidad invisible de Mi reino. Restauraré tu armadura y pondré una espada con destino en tu mano. Con ésta vencerás a Mis enemigos y distribuirás Mi bendición por todo el mundo. Verás lo que Yo veo. Sentirás lo que siento y amarás lo que amo. Quiero tenerte eternamente bajo Mi mirada.

El tiempo está haciendo tictac

Efesios 5:16
Aprovechando bien el tiempo, porque los días son malos.
RV

Vivo ajeno al paso del tiempo. Soy el Tiempo. Todas las cosas están en armonía conmigo. Como un reloj perfecto, el Universo funciona con Mi tiempo. Sé lo que necesitas y cuándo lo necesitas. Mantén el paso conmigo. Haz lo que hago cuando lo hago. Escucha antes de actuar. Bebe la paciencia; deja que llene tus venas. Siempre te servirán bien. Calladamente vé siguiendo Mis pisadas. Cada paso te acerca a Mi plan para ti. Elimina tus los malos hábitos. Disciplina tu vida, cada área y cada detalle. Frena tu apetito y permíteme reemplazarlo con los mejores antojos. El tiempo está haciendo tictac. Redímelo, úsalo, disciplínalo y deja que te sirva. Ven y vive ajeno al tiempo conmigo. Permíteme mostrarte los secretos de Mi reino. Tenemos mucho que hacer tú y Yo. Logrémoslo. El tiempo está haciendo tictac.

Elevando tu medicina contigo

Isaías 53:3
Despreciado y desechado entre los hombres, varón de dolores,
experimentado en quebranto; y como que escondimos de él
el rostro, fue menospreciado, y no lo estimamos.
RV

Nunca salgas de tu casa sin tu bolsa de medicinas. Contiene poderosas medicinas curativas. Eres uno de Mis doctores. Eres un doctor viajero, uno que va de vida a la vida, compartiendo tu conocimiento de mi medicina curativa. Nunca te avergüences de Mis medicinas curativas. Pueden salvar las vidas de los hombres y mujeres que van a la deriva, corazones abandonados, corazones rotos, corazones torcidos y almas deformadas. Estas medicinas curativas fueron conseguidas muy caras. No son el fruto de pensamientos del hombre o de imitaciones humanas, inventos sintéticos. Estas medicinas fueron hechas por Mi con un corazón de amor hacia toda la humanidad. Odio la enfermedad. Odio el sufrimiento. Odio las almas abatidas y las vidas perdidas. Todas Mis medicinas reparan todo aquello que no se puede reparar. Reemplazan la salud que se perdió. Toma tu medicina diariamente; primero, en ti mismo y luego, en todos los demás. Tu destino es ser el conducto de Mi poder sanador. Ama lo que amo y la medicina fluirá de tus palabras, disolviendo las montañas de piedra de los corazones de la gente. Ven a Mi fuente de salud y bebe de ella. Deja tu pasado atrás. Lo que fuiste no es lo que eres. Lo que hiciste no es lo que harás. Eres un doctor trabajando para Mí.

racia extravagante

2 Corintios 9:8
*Y poderoso es Dios para hacer que abunde en vosotros toda
gracia, a fin de que, teniendo siempre en todas las cosas
todo lo suficiente, abundéis para toda buena obra.*
RV

Mi gracia es extravagante en su poder supremo existe para salvar, para sanar y para liberar a la gente de sus debilidades, de sus fracasos y de sus errores. La gracia extravagante pide misericordia para las almas olvidadas, las abandonadas y las no deseadas; aquellos que han hecho a un lado su ayuda una y otra vez y han rehuido y rechazado el amor y la misericordia, creyendo que ha sido corrompida con el toque del hombre y manchada con motivos impuros y diabólicas intenciones.

La gracia extravagante puede alcanzar al alma inalcanzable. Puede restaurar la esperanza en donde no la hay. Puede producir cosecha en un campo muerto. Hace que las aguas fluyan de una fuente sin fuerza y hace que el Sol brille a través de la tormenta. Esta gracia es tuya. Está disponible para ti en cada prueba, a través de cada carga y en los momentos de preocupación. Gasta esta gracia; úsala. No desperdicies más tiempo confiando en los carruajes de Egipto. Levántate cuando se abata tu corazón. Habito con el humilde de corazón y con el de espíritu herido. Doy gracia al humilde y apoyo al siervo. Abro las bodegas de los cielos para aquellos que tienen la intención de entregar su contenido. Báñate en esta gracia extravagante y siente Mi poder y presencia rodeando tu vida, encajona mi gracia para siempre.

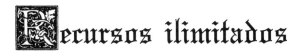ecursos ilimitados

Filipenses 4:19
Mi Dios, pues, suplirá todo lo que os falta
conforme a sus riquezas en gloria en Cristo Jesús.
RV

Los recursos son todas las provisiones necesarias para construir tu futuro indestructible. Cuando estabas en el vientre de tu madre, te llamé como embajador del mundo y las naciones. No limites tu potencial al obsesionarte con tus limitaciones. Las limitaciones son oportunidades para Mi gracia. Son la tabla de salvación con gran poder sobrenatural de Mi Espíritu. Aquellos que Me limitan al reducir Mi poder, Me cambian y por lo tanto, no Me tienen. Sólo ven partes de Mi en lugar de ver todo de Mí. Tus recursos incluyen todo lo que soy, son sólo una parte. El hombre me insulta creyéndome impotente en sus doctrinas y creencias. Olvidan que algunas cosas requieren de recursos sobrenaturales en la hambruna y en la sequía. Entérate: Mido los cielos con un palmo. Nombro las estrellas y sé el número de los cabellos de tu cabeza. Las naciones son como una gota en una cubeta y los océanos son una gota de lágrima. Soy tu Recurso. Soy Todo en Todo. Soy tu Fuente. Soy todo lo que necesitas, todo lo que jamás necesitarás y soy todo tuyo.

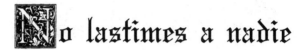 o lastimes a nadie

Mateo 10:6
Sino id antes a las ovejas perdidas de la casa de Israel.
RV

No lastimes a nadie; ayuda a todos. Esta es tu consigna. Ahora tómala como si fuera tuya. No dañes a nadie con palabras, actitudes o acciones. Ama al débil y al desvalido. Recuerda al abandonado. Sustenta al hambriento. Alimenta al hambriento. Reivindica al abandonado.

Agrega estos atributos a tu arsenal espiritual y serás un arma totalmente eficaz para Mí. Daña las obras de la oscuridad. Destruye las fortalezas del enemigo en las vidas derrotadas de las personas. Destruye los presidios del infierno y limpia los templos sucios. Ofrece tus dones a la humanidad. Dales tu tiempo. Cede tus derechos a la humanidad.

Ama al peligroso. Abraza al indigno y transporta al cojo. Escala lo imposible. Vístete con la santidad y consume lo sagrado. Estos son tus recursos en la vida. Rodéate de personas que piensen como tú, con fe fuerte y con convicciones irreprochables. Corre tu carrera con determinación. No entregues ningún territorio a tus enemigos. Jamás veas atrás. Nunca dudes en conquistar. Toma la cabeza de tu gigante. Úsala como un trofeo para que el débil la vea. Recuérdales que también pueden hacer lo mismo.

La transformación de una piedra

Efesios 4:32

Antes sed benignos unos con otros, misericordiosos, perdonándoos
unos a otros, como Dios también os perdonó a vosotros en Cristo.
RV

Las gente del mundo con corazón de piedra son tu campo misionero.
La transformación de una piedra es Mi obra maestra de gracia. Yo
tomo las almas endurecidas, e inalcanzables para mostrar Mi misericordia. Si puedo cambiar una piedra en una espada flamante para Mí,
puedo cambiar a cualquiera. Este es Mi propósito y Mi meta: rescatar
lo peor y convertirlo en lo mejor. Los tibios son quienes no cambian,
los inalcanzables y los que no se convierten. Ellos están contentos con
la pereza, felices en sus placeres y satisfechos con sus posesiones y
entretenimientos. Viven para darse gusto. Viven para su auto-satisfac-
ción. Su meta es descansar sin ninguna prisa y sin trabajo, sin esfuerzo, ni responsabilidad. Estos son barcos sin una vela, corazones sin
latidos y carentes de un pulso tangible. Te doy poder para estar ungido
y cambiar los corazones de piedra de las personas que te rodean, a
través de la oración, el ayuno y una vida de amor. Nunca resistirán una
oportunidad. Arrebátalos de las garras de la muerte. Arráncalos de la
boca del infierno. Rescátalos de ellos mismos. La meta es un corazón
transformado. Cada piedra es un soldado potencial para Mí. Recuerda,
también fuiste una piedra. Ahora eres un héroe compasivo del
alma perdida.

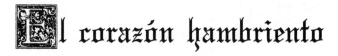l corazón hambriento

Mateo 5:8
Bienaventurados los de limpio corazón, porque ellos verán a Dios.
RV

Cuídate de los ladrones de hambre. Estos ladrones están diseñados para robar el hambre que tienes de Mi, de Mi Palabra y de Mi voluntad en tu vida. Sólo a través de ti puedo alimentar y sustentar al hambriento de corazón. La gente que ha perdido su hambre normalmente me ha perdido. Se levantaron un día y se olvidaron de Mi; Mi cara ya no les es familiar. Mis deseos ya no tienen sentido, Mi Palabra ya no es relevante y Mis caminos son extraños y pasados de moda. Cuídate de estos ladrones de hambre. Vienen de todas las formas y moda; chica y grande, fea y hermosa, contundente y gentil, obvia y oculta. Deténlos cada vez que los veas. Ten misericordia de éllos. Te prometen libertad y placer pero sólo te producirán esclavitud y pobreza. Tengo un universo de sabiduría, un tesoro y un conocimiento para dártelo. Quiero que veas todo lo que he comprado para ti. Tengo casas enteras de tesoros, llenas de alegres descubrimientos por lo que has estado esperando toda tu vida. Mantente hambriento de Mí, todos los días. Haz lo que tengas que hacer para estar continuamente hambriento. No puedo resistir el hambre y la sed. Debo satisfacerlas.

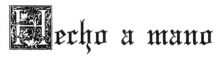echo a mano

Salmos 139:14
Te alabaré; porque formidables, maravillosas son tus obras;
estoy maravillado, y mi alma lo sabe muy bien.
RV

Fuiste hecho a mano. Personalmente he diseñado cada célula de tu cuerpo, tu alma y tu espíritu. Si hice a mano cada célula, ¿No crees que te conozca mejor que todo el mundo? Y si te conozco perfectamente, puedo arreglarte perfectamente. Puedo hacer que cada aspecto de tu trabajo esté en perfecta armonía conmigo. Si estás en armonía, no habrá obstáculos que puedan detener Mi voluntad en tu vida para que sigas adelante. Si no tienes estorbos, cambiarás al mundo. Tu destino nunca ha sido normal o común; naciste para cambiar al mundo, para ser un discípulo, un mentor y un maestro para el perdido y para el pobre. Tu trabajo es potenciar a las personas y capacitarlas para que tengan éxito en su llamado. Apréciate. Aprecia lo que he hecho en ti. No tengas temor de tus imperfecciones. Son escalones hacia la necesidad que tienes de Mí. No habites en los fracasos, debilidades, o áreas de trabajo sin terminar. Vive en Mis manos. Permanece en Mi imagen, etiquétate como obra maestra. Seguirás siendo libre al ser agradecido. Las cosas hechas a mano duran para siempre en la mente del Creador.

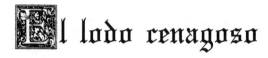l lodo cenagoso

Salmos 40:2
Y me hizo sacar del pozo de la desesperación, del lodo cenagoso;
puso mis pies sobre peña, y enderezó mis pasos.
RV

Desde el lodo cenagoso has salido lentamente, decididamente y para siempre. Dañado y roto en pedazos, no obstante Mi amor prevalece en ti. Yo te sostengo durante las cirugías y durante las tempestades, cuando los malos creyentes y las víboras estaban en tus sueños. Mi amor estaba ahí, siempre esperando ahí, protegiéndote y resguardándote de las tormentas y de los vientos. Ahora el tiempo ha pasado. Tus pies están limpios y libres de los últimos pedazos de lodo cenagoso. Ya es tiempo para caminar, para correr y para volar. Estás listo para hacer lo que nadie cree que puedes hacer. Mira a tu alrededor; ¿puedes ver a las almas perdidas caminando junto a ti sin esperanza en sus ojos? Almas sin objetivo, insensibles, inconscientes de que están flotando en un océano traicionero y lentamente son llevadas a mar abierto por la corriente de esta vida. Van flotando lentamente lejos de las manos del Amor. Algunos nunca los encontrarán; están perdidos para siempre. A otros los encontraremos flotando en sus frágiles botes salvavidas. ¿Los rescatarías por Mí? ¿Serás Mis manos? ¿Les arrojarías tu salvavidas y los traerías a Mi bote? ¿Lavarás sus almas de este lodo cenagoso? Levántalos y pónlos sobre la cruz de Cristo. Seguros, libres, rescatados…así como tú.

¿Dónde están tus marcas?

Mateo 14:26
*Y los discípulos, viéndole andar sobre el mar, se turbaron,
diciendo: ¡Un fantasma! Y dieron voces de miedo.*
RV

Pedro caminó sobre el agua. Daniel durmió con leones. José fue vendido. Sadrac, Mesac y Abed-nego caminaron por el fuego. David enfrentó a Goliat. Caleb mató a sus gigantes. Moisés regresó a Egipto. Noé construyó un arca. Todos tienen marcas por estirarse más allá de sus fuerzas humanas y de sus habilidades. Se extendieron hacia Mí, arriesgando sus vidas, su salud, su reputación. Desafiaron sus dudas, derrotaron sus obstáculos, cerraron la boca a su incredulidad y escalaron más allá de la peña y de las multitudes del mundo. Se convirtieron en héroes para sus generaciones y héroes del mundo. Hoy es tu día para marcar la pauta al descubrir donde están tus marcas. Extiéndete hacia Mí. No veas atrás. Las voces y las caras de tu pasado no tienen valor en el desarrollo de tu vida. Encuéntrame. Vivo en el agua. No olvides quemar el barco de tu seguridad y ven y vive conmigo en las aguas de la fe.

La llave maestra

Apocalipsis 3:8
*Yo conozco tus obras; he aquí, he puesto delante de ti una puerta
abierta, la cual nadie puede cerrar; porque aunque tienes poca
fuerza, has guardado mi palabra, y no has negado mi nombre.*
RV

Abriré para ti puertas que no se pueden cerrar. Soy la Llave Maestra.
Sostengo en Mis manos cada llave para cada puerta importante que
necesites abrir. Prepárate para un año de puertas abiertas. Abriré puertas del compañerismo conmigo para enseñarte secretos de relación.
Aprenderás a platicarme para que escuche, cómo verme, puesto que
soy invisible. Te enseñaré cómo sentir Mi presencia permanente y
cómo sentir Mi amor. Te mostraré el secreto a la comunicación vi-
tal y al sonido de Mi voz. Te enseñaré cómo escuchar con tus oídos
internos. Te mostraré el secreto para sentir Mis brazos alrededor de
tu corazón y las palabras íntimas que crean lazos emocionales entre
nosotros. Abriré puertas de expresión y te daré voz y autoridad. Te
pondré al frente de personas de influencia y líderes poderosos. Ninguna puerta estará fuera de tu alcance. No limito tus oportunidades a
causa de tu pasado. Todas las cosas son posibles si crees que soy tan
bueno como Mis santas escrituras lo declaran. No habito en el fracaso.
Yo habito donde hay potencial y el tuyo no tiene límite.

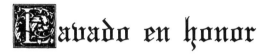avado en honor

1 Pedro 2:17
Honrad a todos…
RV

Hasta que seas lavado en honor, tu potencial está encarcelado, tu creatividad estropeada y tu poder limitado. Pero con el honor vienen las riquezas, el poder y el favor. La honra es la corona de tu verdadero corazón. Es lo que te define en el Cielo. Tu nombre es conocido por el honor que conlleva. El Honor es el canto de tu verdadera vida. Llena el Cielo como el sonido del canto de mil pájaros. Va delante de ti anunciando quién eres realmente. Sin honor no hay respeto, ni autovaloración. La honra es el regalo que te das a ti mismo. Es la voz de tu corazón y la vestimenta de tus actitudes. La honra te saca de la oscuridad al lugar de prominencia en Mi mundo. Es el sonido de cien trompetas, deja que el mundo conozca tu valor. Te libera de toda corrupción y te protege de las fuerzas profanas del mundo. El honor preserva tu espíritu, manteniéndote saludable y esperanzado. La honra es tu armadura; te conserva lejos del alcance de Satanás. Te da inmunidad contra los espíritus seductores. Rechaza sus dardos ardientes y sus flechas venenosas. El honor rodea tu corazón como un escudo y desvía las palabras torcidas del cruel y del amargado. Te permite tener acceso para Mis recompensas y te da promociones ilimitadas en Mi reino. Con la honra habita la longevidad y la salud. El honor es la casa segura donde tú y Yo nos encontramos, intercambiando confianza.

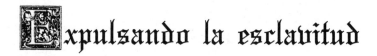xpulsando la esclavitud

Salmos 142:7
Saca mi alma de la cárcel, para que alabe tu nombre;
me rodearán los justos, porque tú me serás propicio.
RV

El corazón del mundo es un esclavo de los estanques de placer de Satanás. Diariamente se hace víctima por sus crueles promesas de libertad. Él es el padre de las mentiras, de los rebeldes y de los asesinos. Hace esclavos con cada aliento que da. Encadena y tortura para el desayuno. Es el padre de la destrucción. Te estoy ungiendo para expulsar la esclavitud de las vidas de los desamparados, aquellos que ya no resisten correr o ni siquiera quieren hacerlo. Su libre albedrío ha sido conquistado por sus cadenas. Eres un destructor de cadenas, un demoledor del cautiverio. Ningún esclavo estará seguro de tus palabras liberadoras. Muéstrales tu poder y amor. Libéralos con el grito de triunfo. Destroza las prisiones de sus mentes. Si tú liberas sus mentes, sus cuerpos los seguirán. Serán liberados desde adentro y nadie los volverá a esclavizar. Las cadenas de la mente caerán bajo tu ministerio. El corazón de las cadenas se derretirá delante de ti. Las cadenas económicas se disolverán en sus cuentas de bancos. Las campanas de la libertad sonarán. ¡Deja que la Tierra se regocije al sonido de un nuevo libertador que ha nacido! Esta es tu misión.

niendo

1 Corintios 1:10
*Sino que estéis perfectamente unidos en una
misma mente y en un mismo parecer.*
RV

El independiente muere de una lenta y agonizante muerte por soledad.
El secreto para sentirte completo y realizado es encontrar el poder
en la unidad. Si vives separado, serás una concha vacía y abandona-
da. Nadie estará en casa cuando la gente esté llamando. La unidad
tiene muchos secretos y ventajas. Nadie puede confiar en una persona
con la que no te puedes enlazar. Este es tu vínculo emocional que te
mantendrá junto conmigo. Tus contactos son tus chalecos salvavidas que te impiden ahogarte en un océano de tiburones y predadores.
Una profunda y sincera conexión entre tú y Yo es lo que quiero de ti.
Siente Mi amor por el perdido. Siente Mi dolor por el huérfano. Siente
Mi compasión por el pastor de las almas errantes, caminando como
fantasmas sobre el planeta Tierra. Abre tu corazón a tu familia; únete
emocionalmente a cada uno. No puedes traicionar a una persona cuyo
dolor sientes. Si puedes amar a un perro, puedes amar a una persona.
Amar es unirse. La unidad garantiza una larga relación entre nosotros.
Quiero estar muy cerca de ti. No puede existir entre nosotros ni secretos, ni lugares emocionales ocultos. Debe haber acceso ilimitado entre
nosotros. Sólo entonces, podremos estar siempre encadenados con las
virtudes indestructibles de Mi carácter. El independiente muere de una
lenta y agonizante muerte por soledad.

a enfermedad del después

Proverbios 10:4
La mano negligente empobrece;
mas la mano de los diligentes enriquece.
RV

La demora es la manera en que te robas. Nunca aplaces lo que
necesites decir y hacer. Con cada retraso añades una carga, le das poder a tus temores y le das la oportunidad al caos para gobernar tu vida.
La enfermedad del "después" atraca tus oportunidades y te despoja de
tu cosecha ordenada. Hazlo ahora. Hazlo con convicción y termina las
desagradables tareas que te llevan a tu verdadera herencia. Cada día
date un tiempo para hacer lo incómodo, ya sea que te ejercites, con-
frontes, te aburras, o que realices trabajo necesario. Por costumbre sé
consistente como la hormiga. Nunca cambia las rutinas necesarias que
le conceden vida y provisión. No seas regido por lo que disfrutas. Mi
Palabra es necesaria para cada uno de tus días. Es necesario rescatar a
los perdidos. Amar a los que no son agradables es un imperativo para
tu crecimiento y tu promoción. Une tus manos con lo incómodo y con
el éxito, el poder y la destreza te seguirán. Vive libremente mientras te
enlazas a rituales piadosos.

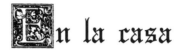 **n la casa**

1 Pedro 2:5
Vosotros también, como piedras vivas, sed edificados como
casa espiritual y sacerdocio santo, para ofrecer sacrificios
espirituales aceptables a Dios por medio de Jesucristo.
RV

Ven a Mi casa segura, cálida y saludable. Vive conmigo. Dedica tiempo para explorar Mi casa. Quiero que hagas todo el recorrido. Inspecciona cada habitación: la iluminación, el mobiliario y la atmósfera. La encontrarás perfectamente acondicionada para ti. Nunca necesitarás otra casa aparte de la Mía. Los colores son perfectos para ti. La cocina tiene todo lo que disfrutas comer. La temperatura es perfecta; el piso te alivia tus pies cansados; las camas fueron hechas para reconfortarte; las almohadas tranquilizarán tus sufrimientos y tus dolores. Todo en Mi casa está hecho especialmente para ti. Las alarmas de tu reloj están programadas para despertarte para la oración y las campanas y su repicar para recordarte que cantes y rías. Los pájaros y los peces están ahí para relajarte y para que no asumas las cosas tan seriamente. Ven a Mi casa; es tuya. Te la doy a ti. Abandona esas otras moradas fútiles que sólo confunden y atormentan. Escucha el sonido del río corriendo serenamente por toda la casa. Contiene aguas sanadoras. Haz alto en él. Quédate allí tanto como lo necesites. No hay renta, ni otros inquilinos y no hay otros propietarios, sólo tú. Dedica tiempo para disfrutarla. Vendré pronto para llamarte y pasar el día contigo. Todavía necesito mostrarte la propiedad y el terreno que posees. ¡Disfrútalo, disfrútalo, disfrútalo!

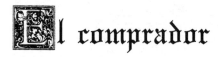l comprador

1 Corintios 6:20
Porque habéis sido comprados por precio; glorificad, pues, a Dios
en vuestro cuerpo y en vuestro espíritu, los cuales son de Dios.
RV

Te he comprado un reino y adquirí para ti una vida gloriosa. La pagué
con Mi Hijo. Él dio Su vida y Su sangre para darte un destino. Nos
costó todo. El valor no puede ser medido; va más allá de la estimación.
No hay mayor tesoro que pudieras buscar, encontrar o querer. El mundo anhela lo que compré para ti. Pasan las vidas buscando en todos
los lugares equivocados. Vida tras vida es desperdiciada, buscando en
ataúdes de salvadores falsos y de santos muertos. Gastan los ahorros
de su vida viajando y excavando por la fuente ilusoria de la juventud,
el santo grial y la olla de oro al final del arcoíris. Mueren buscando,
cuando lo que quieren y necesitan está ahí junto a ellos. Yo soy el
Deseado de todas las naciones. Soy la Pieza Faltante para su corazón
humano. Soy el Único que puede llenar el hoyo negro del alma. Soy el
Comprador de tu alma, comprada y pagada con sangre sagrada y obediencia perfecta. Todo lo que necesitas hacer es pasar la vida descu-
briendo tesoros y gastando tu herencia. Regálala y automáticamente se
multiplicará. Hay una interminable provisión esperando para que sea
abierta por tu fe.

Maravilloso para Mí

Jeremías 31:3
*Con amor eterno te he amado; por
tanto, te prolongué mi misericordia.*
RV

Eres más que maravilloso para Mí. Tu misma vista Me estremece
cada célula. Me deleito con el sonido de tu voz. Eres como la brisa de
la mañana para Mi, como agua en el desierto, como la lluvia en una
sequía, como una fuente en el desierto y como ojos para el ciego. Mis
pensamientos son permanentemente dedicados a ti. Todo el día, cada
día pienso en ti, en cómo puedo ayudarte, bendecirte y aliviarte de
todas tus cargas. No temas que nunca cambiaré Mi opinión respecto
a ti por algo que hayas hecho o dicho. Yo no cambio, ni varío, ni soy
de doble ánimo. Mi amor por ti crece cada segundo del día. Te amo
frenéticamente, intensamente e incondicionalmente. Eres maravilloso
para Mí, una maravilla de encanto para Mi corazón. ¿Puedes creer
que te amo perfectamente, te necesito absolutamente y te veo a donde
quiera que vayas? Tú nunca estás sin Mí, aún si me olvidas. Yo nunca
te olvidaré. Nunca estaré ocupado para ti. Escucha éstas palabras y
créelas, o perderán su poder para sanarte. Confía en Mis palabras y
deja que te lleven a la cima de la montaña.

Palabras sagradas

Salmos 19:14
*Sean gratos los dichos de mi boca y la meditación de mi corazón
delante de ti, oh Jehová, roca mía, y redentor mío.*
RV

Todas las palabras producen vida o muerte. No hay palabras sin autoridad; cada palabra crea y produce algo. Con tus palabras puedes crear
tu mundo o destruirlo. Las palabras son miel o hiel. Las palabras son
cuchillos o medicina. Las palabras sanan o hieren. Producen gozo o
tristeza. Las palabras son sagradas o profanas. Inspiran o deprimen.
Cada palabra fluye de una fuente; la fuente del bien o del mal. Las palabras limpian o deshonran. Edifican o destruyen. Habilitan o imposi-
bilitan. Las palabras rompen o remiendan. Te autorizan o roban. Son tu
fuente de pobreza o de riqueza, tu acceso al éxito o al fracaso. Por lo
tanto, ata las palabras sagradas a tu cuello. Graba mis Palabras que dan
vida, llenas del Espíritu para tu corazón. Memoriza Mis palabras, medita en Mis palabras y te cambiarán. Regala Mis palabras y regresarán a
ti como bendiciones inesperadas, flotando en las corrientes de aire. Las
palabras sagradas producen amor, gozo y paz. Las palabras sagradas
mantienen unido al Universo. Te protegen de la muerte y de la destrucción. Te sanan, te fortalecen y te inspiran a soñar. Las palabras sagradas desatan Mi maravilloso poder y recrean tu personalidad. Por lo
tanto, declara palabras sagradas y mantenlas contigo de día y de noche.
Llenarán tu casa de luz.

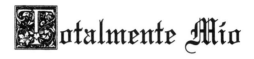

Totalmente Mío

Salmos 139:13
*Porque tú formaste mis entrañas; tú me
hiciste en el vientre de mi madre.*
RV

Eres enteramente, totalmente e irrevocablemente Mío; cada parte de ti. Desde el principio, te planeé. Jamás fuiste un error o un accidente. Fuiste formado detalladamente por Mis manos. Hice tu personalidad. Creé tu corazón. Le di forma a cada músculo pequeño y detalle minúsculo de ti. Te programé para tener éxito. Todavía tienes que descubrir tus verdaderos dones y talentos. Te sorprenderás y escandalizarás al mundo. Nunca podrás ser normal o insignificante. Es imposible que, permanentemente, falles, pierdas o tropieces. Tus células fueron creadas para amarme, adorarme, adorar Mi voz, para estar afinado y armonizar con Mi voluntad en tu vida. Tomo el gozo en tu mirada. Me haces feliz cuando te das cuenta cuánto me importas. Otros pelearán por tu amor y afecto, pero sólo Yo lo merezco. Te cantarán sus canciones de amor, te tocarán su música y te mostrarán su lealtad, pero solamente Yo poseo la eternidad. Soy el principio y el final. Conmigo la fiesta nunca se acaba. Nunca me iré. Como ves, eres totalmente Mío para siempre y soy totalmente tuyo.

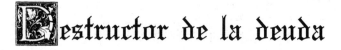estructor de la deuda

Romanos 13:8
No debáis a nadie nada, sino el amaros unos a otros;
porque el que ama al prójimo, ha cumplido la ley.
RV

La gente acumula deudas durante toda su vida. La acumulan en sus conciencias como enormes rocas y peñascos en la cima de la montaña, esperando sólo a que ocurra una avalancha. La deuda es la ausencia de Mi presencia, la ausencia de Mi Palabra y del plan para tu vida. Destruiré toda deuda y la quitaré de tu vida. Te enseñaré a destruir las deudas en la vida de los demás hasta que te conviertas en un experto destructor. Aprende en Mi Escuela de Destrucción de Deuda. Siéntate en la mesa de Mi enseñanza. Permíteme mostrarte las leyes del Espíritu, las leyes de reducción y multiplicación, las leyes de la inversión y de la retracción, las leyes de la siembra y de la cosecha, las leyes de la fe y la perseverancia. Cada ley produce destrucción de algún tipo de deuda. Primero, deuda de almas: la deuda que tu alma reúna de aquellos que te han herido. Segundo, deuda espiritual: los requerimientos espirituales inconclusos que necesitas terminar. Tercero, deudas correlativas: las deudas de los conflictos sin resolver y de los malos entendidos. Cuarto, la deuda del dinero que libera la economía: colocando tu dinero bajo Mi sistema económico. Sólo Mi sistema es a prueba de fallas. Y finalmente, las deudas de integridad: las deudas que tu conciencia te demanda. Házlas, cúmplelas y serás libre de convertirte en un destructor de deuda como Yo.

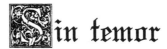in temor

Deuteronomio 1:21
*Mira, Jehová tu Dios te ha entregado la tierra; sube y toma
posesión de ella, como Jehová el Dios de tus padres te ha
dicho; no temas ni desmayes.*
RV

Vivir sin temor es fruto de estar unido a Mi a través de la oración y comunión cotidiana. Recuerda, que prometí liberarte de cada temor. Cada temor que has albergado a lo largo de tu vida será anunciado por la destrucción. No estaré satisfecho hasta que todo miedo se haya ido de tu vida. Existen cuatro síntomas del miedo, te estoy liberando de ellos. El primero: el poder del miedo que te atormenta. Ya no más tendrás noches tormentosas, ni pensamientos, ni emociones tormentosos. Segundo: el poder del miedo de envenenarte y envenenar tus relaciones y tus sueños. Todos éstos se irán para siempre. Tercero: el poder del miedo que te paraliza. Ya no más emociones paralizantes, colocado en un lugar inmovible incapaz de funcionar, con debilidades, incapaz de hablar o de caminar libremente. Cuarto: el espíritu de temor que te hace estar paranoico. Este es el último año de vivir paranoico en cualquier aspecto. Vive tus sueños, vuela muy alto, escala las montañas de tu fe. Vuela como un campeón. Descubre, explora, construye, conquista y poseé lo que te pertenece. Basta de titubeos y suposiciones. Salta a los brazos de la fe y quédate ahí por el resto de tu vida.

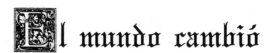l mundo cambió

Eclesiastés 3:11
Todo lo hizo hermoso en su tiempo; y ha puesto eternidad
en el corazón de ellos, sin que alcance el hombre a entender
la obra que ha hecho Dios desde el principio hasta el fin.
RV

Todo es diferente ahora. Cada día de la vida que eliges será mejor que los desórdenes del ayer, rompe los ciclos de los fracasos repetidos y de los tormentos. El mundo cambió cuando Mi Hijo, Jesús, entró al mundo. El hombre fue atrapado en un atolladero perpetuo de pérdida y vacío como constante compañero y la violencia su canción. Venganza y amargura fueron su desayuno, sufrimiento y dolor su consigna; con la pérdida y la destrucción, su esperanza estéril. Todo es diferente ahora y todo lo que se requiere para cambiar al mundo es la fe simple. Cree en el cumplimiento de Mi sacrificio. Bebe en la creencia, en la esperanza y en la expectación. Cree que puedo hacer cualquier cosa sin importar que tan imposible o difícil sea. Recuerda, nada es tan difícil para Mí. Cuando abrí Mis venas para que el mundo bebiera Mis poderes sanadores, todo cambió. Ahora el pecado, el dolor y la muerte han sido derrotados. La vergüenza, la violencia y la destrucción están sin dientes. Satanás, demonios y ángeles malvados han perdido su horca. Los monstruos del temor, la tiranía y la adicción se han vuelto leones sin garras en una granja para mascotas. Tu vida nunca volverá nuevamente a ser la misma si abrazas la fe de tu Dios. Colócate en la cima de la montaña donde perteneces, nunca debajo de la montaña. Ondea tu espada de dos filos. Sopla en tu trompeta victoriosa y lleva a Mis ejércitos a la batalla. Todo ha cambiado para ti. Nunca regresará el pasado. Permanece aquí conmigo y haz tu trabajo. Gobierna, reina y conquista.

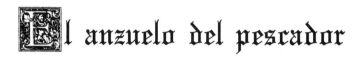l anzuelo del pescador

Ezequiel 47:10
*Será su tendedero de redes; y por sus especies serán los peces tan
numerosos como los peces del Mar Grande.*
RV

Cazar peces es tu nueva ocupación. Te enviaré a la escuela de pesca. Te enseñaré diferentes tipos de peces que hay y cómo atraparlos. Cada pez requiere una diferente clase de carnada; no puedes atrapar unos peces con la misma carnada que a un tiburón. No hay ministerio que deseé que perfecciones más que éste. Existen miles de almas pereciendo a tu alrededor. ¿Te gustaría ver cómo perece tu familia y arde en el fuego para siempre? Si nó, entonces imagínate a todos ahí como el papá o la mamá de alguien, el hermano o hermana de alguien, el hijo o la hija de alguien, el tío o la tía. Todo el mundo es una familia. Todos son el guardián de su hermano. Obsérvalos como tu familia y utiliza el Anzuelo del Pescador que está en tu mano: El Evangelio. El Anzuelo hará todo el trabajo. Todo lo que necesitas será arrojarlo dentro del infinito mar de esas almas ahogándose. Tarde o temprano atraparás a uno y eventualmente tus habilidades como cazador de peces mejorarán. Tendrás el placer que cada pescador disfruta cuando atrapa al pez más largo, al más raro y elusivo de todos los que han estado pescando. No te equivoques; éste es el oficio más importante que aprendas.

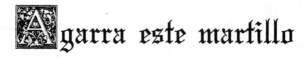garra este martillo

2 Corintios 6:16
¿Y qué acuerdo hay entre el templo de Dios y los ídolos?
Porque vosotros sois el templo del Dios viviente, como
Dios dijo: Habitaré y andaré entre ellos, y seré su Dios
y ellos serán mi pueblo.
RV

Eres el templo del Dios viviente. Habitaré en ti, caminaré contigo y seré tu Dios. Sostén este martillo de Mi mano y construye tu destino. Toma este martillo y construye una vida indestructible. Edifícame un templo en donde Yo pueda habitar. Un lugar donde pueda llamarlo como de Mi propiedad. Pon tus manos a trabajar. Deja que este martillo de Mi voluntad te guíe al proyecto original y te revele el modelo detallado para cada habitación. Toma este martillo de la obediencia y golpea los clavos en lo profundo de la madera de la vida. Permite que se asegure tabla con tabla. Deja que este martillo de amor pinte tu casa y prepare los colores del cielo: blanco, azul, escarlata y dorado. Sostén este martillo de disciplina y permítele esculpir encima y cincelar cada músculo de tu alma. Deja que te haga duro y suave, fuerte y tierno. Déjalo que te añada paciencia y que seas lento para la ira. Toma este martillo de pureza y deja que lave tu pasado olvidable. Permite que limpie el templo de las telarañas y de insectos no deseados. Que purifique la atmósfera y elimine los gases venenosos en el aire. Sostén este martillo y haz una habitación sólo para Mí con el mobiliario más fino. Haz una habitación en donde pueda quedarme y relajarme, en donde tú y Yo podamos encontrarnos e intercambiar nuestras vidas.

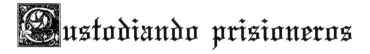ustodiando prisioneros

Isaías 25:8

*Destruirá a la muerte para siempre; y enjugará Jehová el Señor toda
lágrima de todos los rostros; y quitará la afrenta de su pueblo
de toda la tierra; porque Jehová lo ha dicho.*

RV

¿Puedes escuchar el llanto de los prisioneros? ¿Puedes escuchar sus
lágrimas contando sus historias? Cada lágrima representa un momento
en el tiempo, un segundo de sus desdichadas vidas. Soy el Removedor
de Lágrimas. Tomo los dolores del mundo y los cambio por recuerdos
milagrosos de libertad. ¿Puedes recibir el don de limpiar lágrimas?

¿Puedes ver sus vidas escondidas en cada lágrima? ¿Puedes alargar
tu mano y llevarlos a Mi casa de recuperación? ¿Puedes ayudarlos a
levantarse del agotado y magullado piso donde han estado durmiendo?
¿Puedes acostarlos en la cama de salud y dejar que los cubra con aceite
y con vino? ¿Puedes saber de dónde vienen y en dónde han estado y
hacia dónde se dirigen? ¿Puedes sentir sus lágrimas pidiéndote ayuda? Están rogando de hambre, pobreza y dolor para que algunos de
Mis embajadores vengan ya; algunos enviados del Cielo, otros con
lágrimas ardientes que pueden sanar y enjugar el llanto de su corazón.

¿Puedes tomar Mis llaves, abrir las celdas de su prisión y dejarlos
caminar nuevamente en los campos del trigo, de cebada y de maíz?
¿Podrás...querrás...te atreverás? Sé Mis manos, Mis pies, Mis ojos,
Mi corazón y Mi alma. Deja en libertad a los prisioneros que lloran.

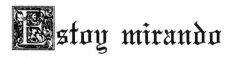stoy mirando

Juan 15:8
En esto es glorificado mi Padre, en que llevéis mucho fruto,
y seáis así mis discípulos.
RV

Estoy buscando un árbol frutal que llevará Mi fruto viviente, que el
mundo pueda comer; no está verde, ni inmaduro, pero deberá ser un
fruto suave, jugoso y maduro. Las almas fatigadas amarán este fruto y
hablarán de él. Déjalos que lo publiquen en las noticias que llegan del
extranjero: hay un árbol en los campos de Sion donde la fruta crece
más grande que en cualquier otro lugar. Con cada mordida del fruto, el
viajero se anima. Sus heridas son curadas con este fruto y sus recuerdos son borrados. Estos árboles no se pueden comprar, ni vender. No
están a la venta, porque la fruta es gratuita. Todos pueden comer lo que
necesiten, mañana, tarde y noche. Los árboles tienen frutos y nunca
dejan de producir. No hace falta la luz del Sol en estos campos, ni falta
lluvia, ni fertilizante. Viven para nutrir. Existen para dar vida. Res-
piran para producir este fruto santo que dá vida. El propietario de este
campo se siente muy orgulloso y feliz con los frutos que producen sus
árboles. Te convertiré en uno de estos árboles y después podrás producir mucho fruto y alimentar al mundo temporal, llevándoles vida nuevamente. Permanece fiel en donde te plantaré y crecerás alto y fuerte y
tus ramas serán el hogar de los pájaros cantores del campo.

 En el camino al cielo

Mateo 22:9
*Id, pues, a las salidas de los caminos, y
llamad a las bodas a cuantos halléis.*
RV

Mientras viajas por la jornada de tu vida, Deja lugar para visitar a otros viajeros. En el camino al Cielo, comparte tus historias de viaje. Recuérdense unos a otros el propósito de tu jornada y por qué empezaste este camino. Tal vez otros que conozcas habrán olvidado el propósito de su jornada. El polvo los ha cegado, elimínalo de sus ojos. El polvo se ha metido en los dedos de sus pies, lávales sus pies. El viento, la lluvia y el lodo ha manchado sus vestiduras. Lávaselas. Los kilómetros y kilómetros de camino de soledad les han robado fuerzas. Préstales tu hombro para que se apoyen. Los rumores de los viajeros perdidos que desmayaron y regresaron han robado su esperanza. Aliméntalos con una nueva esperanza de victoria y de viajes terminados. Sus corazones tal vez se redujeron a causa de sus giros falsos y de las zanjas en que cayeron. Frótales los aceites curativos, que traes en tu mochila de viaje, en sus corazones. Cántales las canciones del trovador del Cielo. Sus canciones curan todas las dolencias y enfermedades del corazón. Si es necesario, sostén sus manos y guíalos en el camino. Y cuando alguien más falle, llévalos a casa.

El yugo de la libertad

Mateo 11:28-29
*Venid a mí todos los que estáis trabajados y cargados,
y yo os haré descansar. Llevad mi yugo sobre vosotros,
y aprended de mí, que soy manso y humilde de corazón;
y hallaréis descanso para vuestras almas.*
RV

Hay un yugo que no es fuerte, ni pesado. No es difícil de llevar. Mi yugo te libera. Como verás, si no llevas Mi yugo, no puedes hacer lo que te he asignado. Los yugos del mundo te oprimen y esclavizan. Te manejan, te constriñen y te rebajan. Pero Mi yugo es liberador. Este yugo es para el control de tu cabeza, de tu cuello y de tus hombros. El yugo de tu cabeza controla tus pensamientos para que no se desvíen hacia territorio peligroso. El yugo de tu cuello evita que Me pierdas de vista y seas hipnotizado por otras atracciones del mundo. Y el yugo del cuello evita que te des la vuelta en dirección equivocada. Está bien, te los voy a colocar ahora. Toma el yugo de amor, de verdad y destino. Mi yugo tiene su propio poder. Cuando hablas, hablas desde Mi yugo. Al vivir, vives desde Mi yugo. Cuando actúas, actúas desde Mi yugo. Una persona con yugo pondrá su yugo en ti, no sólo palabras o información, sino toda la carga del yugo. El yugo que te libera es tuyo ahora. Úsalo con alegría y observa a los presos correr de sus celdas.

a pluma del diablo

2 Corintios 10:5
*Derribando argumentos y toda altivez que se
levanta contra el conocimiento de Dios, y
llevando cautivo todo pensamiento
a la obediencia a Cristo.*
RV

El diablo es el padre de las mentiras. No leas lo que la pluma del
diablo ha escrito en tu mente y en tu corazón a través de sus sirvientes
involuntarios y de las obras de sus soldados. Estas personas no con-
sagradas, ni amorosas, que han pasado por tu vida desde que naciste,
sin saberlo han escrito mandamientos con la pluma del diablo en tu
corazón. Tengo un borrador que ya ha borrado los libros en que te
dieron información negativa. Estas supuestas escrituras indelebles para
el diablo todas son mentiras. Y aquí se acaban, hoy ¡para siempre!
Ahora ábreme tu corazón y deja que se convierta en Mi nuevo libro.
Tu vida, Mi libro. Escribiré tu nuevo nombre, Conquistador Inflexible.
Recalibraré el latido de tu corazón. Rechazaré tu pasado e implantaré
tu corazón en el Mío. Lavaré los malos recuerdos cambiándolos por
nuevos. Yo sé cómo recrear la historia de una vida y al final, aún los
ángeles cantarán alabanzas por la maravilla de tu vida. Recuerda, Mi
tinta es imborrable y la pluma del diablo ha sido acallada para siempre.

dificándote

Efesios 2:10
Porque somos hechura suya, creados en Cristo
Jesús para buenas obras, las cuales Dios preparó
de antemano para que anduviésemos en ellas.
RV

Con dos ladrillos puedo construir un mundo. Yo soy uno; y tú serás el otro. Juntos podemos construir un asombroso rascacielos, tan grande y tan fuerte como ningún otro jamás haya sido construido. Como puedes ver, te necesito. Así es; no eres reemplazable. Eres indispensable. Eres necesario para Mi plan en la Tierra. Tengo planes detallados y específicos para ti. No calentarás las bancas; en Mi equipo, eres un jugador principiante. Nunca te sacaré del juego ni te sentaré en la banca. Esto nunca sucederá. Juega con toda fu fuerza y todo tu poder. Usa cada don que te he dado. Ganaremos este juego llamado vida. Eres el ladrillo. Te necesito para cambiar al mundo y a todos los que te interesan. No eres inexperto como se te ha dicho. No eres innecesario, ni sencillo, ni aburrido. Tienes talentos escondidos sin descubrir que aún no han sido utilizados. Este año es tu año para ganar el juego y anotar el pase ganador. Golpea la pelota, anota la canasta y sé la estrella de Mi equipo. Está bien hacerlo. Tu corazón está en lo correcto y tus motivos son puros. Así que ¡anota, anota, anota! ¡Gana, gana, gana! Sé la persona que Yo hice; un campeón premiado.

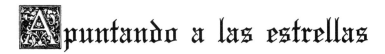puntando a las estrellas

Salmos 57:7
Listo está mi corazón, Dios, mi corazón está dispuesto;
cantaré y entonaré salmos.
RV

Tu puntería determina tu destino. No seas como el hombre sin objetivo que vive la vida por impulsos y ambiciones. Apunta a las estrellas. Domínate. Vence todos los deseos que te distraen. Ignora todos los impulsos degradantes y rechaza tus dudas e impulsos derrotados. No veas atrás. No vuelvas a abrazar los placeres del pasado. Apunta alto, porque tu felicidad depende de tu puntería. Déjame jalar las cuerdas de tu arco. Apuntaré la flecha por ti, porque sé dónde está el blanco. Yo sé el rumbo por donde va el aire. Jala la flecha del destino. Colócala en tu arco, sosténla firmemente y deja que vuele. Cada flecha llegará a su marca, tablero tras tablero, victoria tras victoria, triunfo tras triunfo. Tu destino será histórico. Cambiará las vidas de miles y miles de personas. Recuerda apuntar a las estrellas. En cualquier otra parte será pérdida de vida.

l don

Joel 2:19
¡Miren! Escuchen—Les envío un regalo:
grano, vino nuevo y aceite de oliva...
MSG

Estoy eliminando la escasez de tu vida. Estoy eliminando el hambre del alma y la hambruna del espíritu. Te estoy enviando un regalo; el don de Mi Espíritu Santo para amar, consolar, enseñar y animar. ¡No más adversarios a tu puerta! No más dedos acusadores o murmuraciones corriendo salvajemente. No más promesas demoradas o sueños no realizados. Desde ahora en adelante, tu nombre es Progreso. Tu vida es un regalo, tu historia será publicada, tu corazón dirigirá los ejércitos de los adoradores y los ángeles están de pie. El coro celestial está vestido y listo. El don está en camino. Prepárate a recibirlo. Él nunca llega tarde. Él suple cada necesidad que tengas para que estés satisfecho y completo. El don viene para abrirte los ojos, llenar tu corazón y darte poder e incrementar tu influencia en el mundo. Los pecadores arrepintiéndose, los reincidentes regresando a casa; ninguna semilla desperdiciada, ningún campo vacío, ninguna fruta echada a perder y sin remordimientos de la vida.

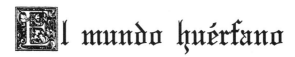l mundo huérfano

Oseas 14:3
Solamente en Ti los huérfanos pueden encontrar misericordia.
Parafraseo del Autor

El mundo está lleno de corazones huérfanos; hombres y mujeres que nunca han sido engendrados. Viven en un estado de desesperanza constante y desesperación. Sus corazones son como barcos solitarios en el mar, movidos bruscamente y llevados por cada viento que llega a su camino. Han perdido su alma y tienen sus corazones rotos, por el rechazo y por el abandono. Yo soy el Padre de los huérfanos y te llamo como un Rescatador. Deja lo que es cómodo para ti. Persigue Mi sueño, un mundo libre de huérfanos donde cada niño es querido, criado y abrazado. Deja que el mundo sepa lo que pienso y siento respecto del huérfano, en donde una vez estuviste solo y dejé Mi casa y vine a buscarte. Te busqué por años pacientemente buscando en cada lugar oscuro y seco, hasta que te encontré sangrando y muriendo. No te vi y me fui; te vi y te recibí como propiedad Mía. Ahora todo lo que tengo es tuyo. Eres Mi adoptado y amado. Te he dado Mi vida, Mi riqueza y Mi hogar. Ahora posees lo que Yo poseo. Ahora voltea hacia el mundo huérfano y dáles lo que Yo te he dado.

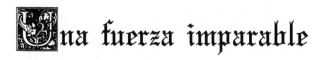na fuerza imparable

Juan 12:24
Si el grano de trigo no cae en la tierra y muere,
queda solo; pero si muere, lleva mucho fruto.
RV

Es necesario que mueras a tu carne para aprender a vivir una vida victoriosa y espiritual. Hasta que aprendas a morir diariamente a tus deseos, apetitos y los apetitos de tu hombre carnal, no podrás vivir en Mí. No tengo naturaleza corrupta, ni malvada en Mí. Repugno y rechazo el pecado. No puede acercarse a Mi. Vivo separado de toda muerte y pecado. Cuando crucificas tus deseos mortales, abres la puerta para Mi.

Yo amo el corazón obediente. Sé el costo de morir por lo que amas. Morir desata una vida santa y pura y una unción bendecida. Morir por amor resucita el poder de Mi Espíritu en ti. El morir mata la fealdad y desata la belleza. Entierra el pasado y desata el futuro. Cubre la culpa y descubre la gloria. Aprende a morir y a vivir sin cadenas. Te ayudaré con Mi gracia y Mi poder. Confía en Mi, apóyate en Mi, cuenta conmigo y no des excusas.

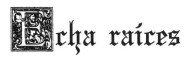cha raíces

Oseas 14:5
Yo seré a Israel como rocío que cae del cielo; él florecerá como lirio, y extenderá sus raíces como los cedros del Líbano.
Parafraseo del Autor

Echa raíces profundas. Deja que tu misma alma se entrelace a Mi alrededor. Permite que tus profundos deseos rodeen Mi corazón. Sé Mío por siempre. Escarba en la tierra. Ve hasta la profundidad del amor. Entre más profundas crezcan tus raíces, más fuerte te volverás y más alto crecerás. No eres una ramita o una hoja. Eres un cedro del Líbano, el árbol más grande en el bosque, capaz de proveer sombra para el viajero torturado y fatigado. Eres apto para proveer albergue en la tormenta y protección de las sequías de la vida. Tus sequías se acabaron. Tu temporada de lluvia ha comenzado. Bebe intensamente las aguas de vida que producen vida. Entonces, tus raíces continuarán creciendo. Nunca dejes de beber vida. Jamás abandones el lugar en donde te he plantado. Echa raíces. Sujétate de la vida con todas tus fuerzas. Vive arraigado en Mí.

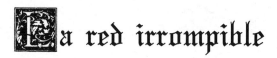a red irrompible

Mateo 4:19
Venid en pos de mí, y os haré pescadores de hombres.
RV

Te enseñaré a atrapar los corazones de los hombres, a capturar sus almas para Mí. Te instruiré en los caminos como un ganador de almas. Aquel que hace retornar a muchos a la justicia brillará como las estrellas del cielo. Te daré una red irrompible. Continuamente llenaré tu red con almas preciosas, que no tienen precio, almas eternas. Tu habilidad más grande y el don que puedes aprender será Rescatar de perecer en el fuego del infierno a las almas. Entregué a Mi Hijo para ser asesinado por estas almas preciosas. Las amo con amor eterno. Mi amor será tu motivación diaria. Nunca terminará. Siempre serás dirigido para ayudar a estas almas a salir de sus problemas. Cada vez que arrojas tu red, Yo la llenaré. Tu red es especial. No se puede romper, ni rasgar, ni descoser. Tu red llama a estas almas. Canta la canción de las almas. Cada alma puede escucharla. Es una irresistible canción de amor. Una vez que la escuchan correrán hacia Mi red. Ya proveí la red.
Ahora, ¡arrójala!

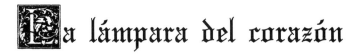a lámpara del corazón

Isaías 60:2
Mas sobre ti amanecerá Jehová,
y sobre ti será vista su gloria.
RV

Las tinieblas cubren a la Tierra y profundas tinieblas cubren a Mi pueblo. Pero Mi luz alumbrará tu vida. La Lámpara en tu corazón es Mi señal de amor para ti. Aunque muchos de tus amigos se alejen de Mi y corran hacia las sirenas del mundo, volviendo a los demonios que se enmascaran y se disfrazan por diversión, por felicidad y alegría, se estrellarán en las rocas, naufragarán, se accidentarán y serán defraudados. Quiero que mantengas tus ojos en ellos y vigiles la nave. Mantén tu bote anclado cerca. Como verás, la Lámpara en tu corazón será su faro, aunque es invisible para ti. A causa de la Lámpara en tu Corazón muchos no se estrellarán. Abandonarán sus barcos justo a tiempo y saltarán al tuyo; cuando lo hagan, proporciónales una lámpara para que puedan vivir seguros, protegidos de las sirenas de los placeres del ayer. Eres luz. Eres claridad. Eres una clara visión. Eres un camino visible hacia la vida. Eres Mi encendedor del camino. Brilla para que el mundo pueda verme.

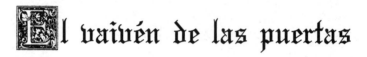

El vaivén de las puertas

1 Corintios 16:9
Porque se me ha abierto puerta grande y eficaz,
y muchos son los adversarios.
RV

¡Oportunidades! Di esta palabra en voz alta. Porque Yo soy el Hacedor de Oportunidades, jamás quiero que en tu vida te sientas como atrapado o arrinconado. Lo haré, puedo y he creado nuevas y frescas oportunidades en las que tengas éxito y descubras tu verdadero propósito en la vida. Sin Mi, las puertas permanecerían cerradas. Podrías patearlas, gritarles y aún permanecerían cerradas. Pero cuando Yo abro una puerta, dice: Abierto. Siempre está abierta para ti. Estas no son unas puertas ordinarias que cualquiera puede abrir. Estas son las puertas de progresos económicos, promociones espirituales y restauración en tus relaciones. Estas puertas cambiarán el escenario de tu vida. Prepárate para nuevos matices en tu vida y para nuevos sonidos y para que la influencia se aleje de las sombras. Te están esperando las bendiciones increíbles que dejan a todos impresionados con la boca abierta y las manos levantadas hacia Mi en alabanza. Oh, sí, la alabanza será tu reacción este año una y otra vez porque estoy a punto de arrojarte en la profundidad de las olas de la bendición y al océano del amor.

onfiando

Salmos 125:1-2
Los que confían en Jehová son como el monte de Sion, que no se
mueve, sino que permanece para siempre. Como Jerusalén tiene
montes alrededor de ella, así Jehová está alrededor de su
pueblo desde ahora y para siempre.
RV

Necesitas confiar en Mi ahora, justo ahora. Ven a Mi y entrégame todas
tus cargas. Tráeme todas tus preocupaciones, temores y los pensamientos que te atormentan. Échalos fuera de ti y dámelos. Yo sé qué hacer
con éllos. Sé a qué océano arrojarlos. No quiero que te preocupes por
el dinero, ni por los recibos, ni por el trabajo o las necesidades familiares. Haré que todo funcione perfectamente. Tu familia comenzará a
funcionar como un reloj suizo, cada segundo en perfecta armonía conmigo. Te conozco. Sé cada hora de cada día de tu vida. No desperdicio
el tiempo. No pierdo el tiempo. Y no te olvido. Confiar en Mi debe
ser tu primer alimento cada mañana. Confiar en Mis intervenciones
deben ser tus vitaminas diarias. Descansar en Mi debe ser tu almohada
de alivio y agradecimiento, tu fortaleza y tu lugar de seguro. Relájate
ahora. Desenvuélvete en oración. Escucha el sonido de los pasos que
se acercan de oraciones contestadas. Rápidamente corre a la puerta de
tu corazón y ábrelo. Vengo a pasar el día contigo.

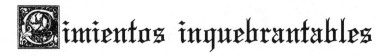

Cimientos inquebrantables

Lucas 14:28
Porque ¿quién de vosotros, queriendo edificar una torre,
no se sienta primero y calcula los gastos, a ver
si tiene lo que necesita para acabarla?
RV

Cuando construyo una vida, sólo uso lo mejor, los materiales más confiables. Todos Mis materiales de construcción tienen garantía de por vida. No utilizo nada usado, ni roto o de segunda mano; sólo lo mejor de lo mejor. Especialmente quiero que sepas la calidad de tus cimientos. Están hechos de ladrillos de oro del Cielo, los mismos cimientos con los que el Cielo fue construido. Son inquebrantables, irrompibles e inmovibles. Tus cimientos determinan la altura, la anchura y la longitud de tu edificio y puesto que eres Mi edificio, tu vida representa Mi destreza en la construcción. Quiero que captures la atención de todos los que pasen. Quiero que se detengan cuando te vean y tomen un paseo de Mi. Quiero que deseen que les construya la misma casa con diseño propio. Todo lo que tienes que hacer es permanecer donde te construí. No trates y muevas tu casa a otro cimiento. Sólo Mi cimiento garantizará tu indestructibilidad y longevidad. Lo que construyo en ti nunca se bamboleará, ni caerá. Te estoy edificando para que perdures.

No tengo ningún bote de basura

Isaías 48:21
Cuando los guió a través de los desiertos, no tuvieron sed;
hizo que de la roca brotara agua para ellos…
NVI

Tengo el don de hacer a los desiertos florecer. Ves, conmigo no hay perdedores, ni fracasados, ni rechazados o no deseados. Yo no me deshago de nadie. No tengo ningún bote de basura. Ninguno que se acerca a Mí es desahuciado, desamparado o sin valor. Recojo la basura de los demás y la convierto en obras de arte. Soy el último Restaurador, el último Artista. Nadie está ahorrando el pasado para Mí. Amo a las almas perdidas. Abrigo a los niños no deseados. Acaricio a los quebrantados de corazón y sano a la mente inválida. Vuelvo a formar al deformado y vuelvo a crear al espíritu abusado. Éstos son mis placeres. Mis pasatiempos santos. Nunca me canso de arreglar vidas. No tengo un punto crítico. Nunca estoy desesperado o desgastado por las fallas de alguien. Cada persona es igualmente preciosa y valiosa para Mí. Éste soy Yo. Éste serás tú. Bebe este sueño. Recuérdalo cada día, porque este conocimiento te hará espiritualmente rico y emocionalmente adinerado. Come Mis sueños como dulce y harán tu vida asombrosamente dulce.

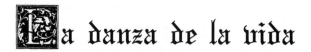La danza de la vida

2 Samuel 6:14
David vestido de efod de lino, danzaba delante
del Señor con todas sus fuerzas.
NVI

La vida es como una danza. Si escoges a la pareja incorrecta, terminarás dando los pasos equivocados. Cada danza te guía a un canto de vida. Canción errónea, baile errado y pareja incorrecta vida incorrecta. Sólo sé la canción que debes bailar. Todas las demás canciones te dejarán incompleto e intranquilo. La paz te dejará, la alegría se desvanecerá y el amor te esquivará. Detente y escucha. Cuando escuches la canción correcta, lo sabrás. Tu corazón comenzará a cantar por su cuenta. No habrá duda. Esta es tu canción. Cada compás y cada estrofa serán perfectos. Tu corazón vivirá. Tu alegría se desbordará y tu motivación para vivir te rebasará. Te guiaré a los socios de tu vida, la gente especial, de pacto quienes danzarán la misma canción contigo, cumpliendo lo que Yo ordené para ti desde el principio del tiempo. No habrá accidentes, ni deslices, ni música falsa en tu vida. Déjame ser el Director de orquesta de la canción de tu vida y guiarte en la danza de la vida.

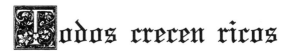odos crecen ricos

Proverbios 31:7
¡Que beban y se olviden de su pobreza!
¡Que no vuelvan a acordarse de sus penas!
NVI

Conmigo no hay pobreza, no hay barrios marginados, ni barrios con pobreza espiritual, no hay cueva de ladrones, ni casas de iniquidad y no hay casas para el retiro. Conmigo todos crecen ricos en verdaderas riquezas de la vida. No hay programas de asistencia social, conmigo. Ningún cupón de comida es necesario y ningún comedor y cocina. Conmigo, eres dueño de la cocina. Regalas la comida. Eres el proveedor. Lleno tu cocina con suministros inagotables. Quemo los barrios marginados. Golpeo los barrios bajos y derribo las casas de iniquidad. Tu vida ha sido destinada para ser totalmente enriquecida por Mi presencia; deja que te guíe hoy. Rica con Mi virtud, deja que hoy sane a las personas. Rica con Mi perdón, entrégala como un regalo al mundo impenitente e indigno. Rica con Mi sabiduría, úsala para beneficio de los demás. Mejora sus vidas con tu conocimiento dado por Dios. Rica en recursos, úsalos para rescatar a los desvalidos, viste al desnudo y da casa al que carece de hogar. Estas riquezas son tuyas para que las distribuyas. Recuerda que conmigo, lo que atesores, lo perderás. Se echa a perder cuando está guardado. Pon pies a tu generosidad y tú y Yo seremos socios para toda la vida.

Tu carácter dibuja tu retrato

Mateo 5:16
Deja que tus buenas acciones sean vistas por todos.
Parafraseo del Autor

Tienes la oportunidad de hacer la gran diferencia en las vidas de todos los que amas. Tu carácter es el mensaje de tu vida, tu verdadero sermón, tu interminable mensaje de esperanza para el mundo. Tu carácter dibuja tu retrato para que el mundo lo vea. Tú eres lo que haces cuando nadie te está viendo. Este es quien eres y lo que crees. Tus acciones revelan tus pensamientos. Tu carácter grita tu nombre encima de todo.

Las palabras son baratas, pero las cosas pequeñas que haces cuando nadie te está viendo revelan tu corazón. Arrancan las cortinas de humo y las máscaras falsas para revelar la persona que está escondida. Vive de la misma manera, tanto en la oscuridad como en la luz, porque lo que no se ve te forma, así como lo que se ve te forma. No me dejes en la puerta esperando hasta que te aparezcas. No me excluyas de ninguna parte de tu día. Déjame caminar contigo, comer contigo y vivir contigo. Sólo entonces puedes estar seguro de quién eres realmente. No tengas miedo de lo que vea o descubra; ya lo sé todo. Recuerda, no puedo sanar lo que tú ocultas, sólo lo que revelas.

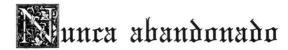unca abandonado

Hebreos 13:5
*Sean vuestras costumbres sin avaricia, contentos con lo que
tenéis ahora; porque él dijo: No te desampararé, ni te dejaré.*
RV

Todo lo que te ha estado pasando en tu vida ha sido con el propósito de hacerte eternamente fiel. Esta es la manera en que soy. No puedo abandonar a nadie; me tienen que abandonar. La lealtad es la palanca que abre cada cofre del tesoro que tengo. Desata bendiciones duraderas más prolongadas. La lealtad es lo que mantiene unido a un matrimonio, salvándolo de cada tormenta de dudas, de desilusión y de ofensas. Este es el salvador de cada familia, manteniéndola unida con el pegamento más poderoso. La lealtad hace invencible a cualquier equipo o ejército; conquista antes de que el juego haya comenzado. Con la lealtad el juego nunca termina. No hay pérdida permanente. Con la lealtad puedo cambiar las reglas y reinventar los finales. La eterna fidelidad es la fuente de todas tus bendiciones. Sé leal a tus amigos. Intégrate fuertemente con tu familia. Da lealtad como regalo; envuélvela en amor y humildad. Deja que tu familia sienta sus efectos cotidianos. Sanará heridas y disipará temores. La lealtad es una cama donde descansar, un avión para volar y un refugio para esconderse. La lealtad devuelve más de lo que te puedes imaginar. Camina en ella como un par de tus zapatos favoritos y te guiará directamente a Mí.

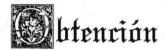btención

1 Corintios 9:24
*¿No sabéis que los que corren en el estadio, todos a la verdad
corren, pero uno solo se lleva el premio? Corred de tal manera
que lo obtengáis.*
RV

Ya has perdido lo suficiente en esta vida. Ya no perderás más. Has sostenido lo precioso y has visto ser destruido de tu corazón y de tus manos. Ya no lo verás. Has sentido el sobresalto de lo imposible y revolcarse en la boca de la devastación, pero esos días ya están todos lejos de ti. Ahora el Sol mantendrá soleada tu lugar en la vida. Los pájaros de alegría aparecerán cada mañana. La vida palpitará en tu corazón. El amor será tu alimento cotidiano, hacer Mi voluntad será tu sustento y Mi paz tu estandarte. Ya no habrá más guerras para conquistar territorios, no más batallas de voluntad, no más separación y división del propósito y del llamado. Ahora la unidad fluirá en tu vida como aceite, invadiendo cada poro de tu vida. Los secretos del Espíritu te serán revelados como regalos al pie de tu árbol. La bondad y la misericordia te seguirán cada día penetrando cada herida de tu vida. El aburrimiento vencido y la verdad prevalecerá. La ayuda te seguirá como ejército de apoyo y serás conocido como el dueño de todas las riquezas verdaderas y los tesoros de la vida.

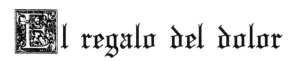l regalo del dolor

Salmos 94:19
En la multitud de mis pensamientos dentro de mí,
tus consolaciones alegraban mi alma.
RV

El dolor es indeseable aún inevitable. Nadie vive esta vida sin alguna clase de dolor, si es el dolor provocado por el rechazo, por la burla o el ridículo. El dolor se irá por toda la Tierra tanto como el hombre viva. Pero, cuando tu vida esté entretejida con la Mía, tu dolor tendrá remedio. La vida es un dolor para aquellos que luchan en contra de Mi voluntad. Pero, para aquellos que Me aman y están llamados a cumplir Mi propósito, su dolor tendrá remedio. En tanto que Mi Hijo ha llevado tu dolor consigo mismo, tendrás alivio a tu dolor. Cualquier dolor por cualquier razón podrá ser curado si crees y lo recibes. La puerta para un dolor innecesario ahora está cerrada para ti, porque Yo la he cerrado. No quiero que vivas en dolor, con dolor o rodeado del dolor. Esta no es tu parte. Tu parte será la de una vida llena de alegría y días de placeres celestiales, gozo ilimitado y de confort desenfrenado. Tu corazón será protegido del dolor, tu espíritu será protegido del abandono y tu cuerpo será protegido de la enfermedad. Vive libre de los dolores de este mundo. Lava las almas de los prisioneros. Muéstrales el camino para que tengan una vida libre de dolor. Enséñales lo que Yo te enseñaré, que este dolor manejado correctamente producirá dones invaluables, fuerza, resistencia, compasión y empatía. A través Mío, el dolor finalmente será derrotado.

undido

Isaías 48:10
He aquí te he purificado, y no como a plata;
te he escogido en horno de aflicción.
RV

Hay un lugar de fundición a donde necesito llevarte, un lugar en donde tu hierro, tu acero y las partes duras serán fundidas y en donde cada parte endurecida de tu alma será disuelta. Aquellas partes de indiferencia y de crueldad serán removidas de una mente amargada y de una concreta determinación. Ningún soberbio, ninguna actitud de dureza del corazón podrán sobrevivir en Mi casa de transformación. Todos deben viajar aquí; jóvenes y viejos, buenos y malos, ricos y pobres. No hay excepciones. Sólo cuando seas fundido por amor puro podré usarte y ungirte. Tengo grandes planes para ti. Planes de riqueza y de influencia. Pasa tiempo en Mi casa. No te apresures en irte. Quédate ahí derritiéndote hasta que sientas que tu corazón late como el Mío. Cuando ames de la manera en que Yo amo, estarás verdaderamente vivo. Entonces disfrutarás de cada persona que conozcas. Entonces serás la persona más bendecida que conozcas. Porque Mi amor revelado a ti es lo que te funde. Mi amor es tan poderoso que limpia, sana y ablanda todo al mismo tiempo. En Mi casa no hay ladrones, ni mentirosos, ni rebeldes, ni asesinos, ni hipócritas. Mi casa fue construida para ti. Cuando termines de transformarte, serás libre de todos los que puedan ofenderte o controlarte a través de sus imperfecciones. Tu mundo ahora está libre de ese control. Vive en Mí, a través de Mi y vive para Mí.

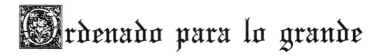rdenado para lo grande

Salmos 18:19
Me sacó a lugar espacioso;
me libró, porque se agradó de mí.
RV

Has sido ordenado para una gran vida, no a una breve vida, con grandes bendiciones y habitaciones enormes. Cada lugar en donde hayas sido confinado, ahí te agrandaré. No te dejaré encerrado en un estrecho lugar. Te estoy llevando a un lugar más grande en donde tu influencia será el doble y tus recursos serán multiplicados diariamente. Has sido construido en grande en donde todo es más grande y mejor. En esta gran vida es en donde totalmente tendrás la sensación de vivir realmente. En este gran salón es en donde tu influencia irá más allá de lo que te puedas imaginar. Tendrás grandes recursos para que puedas entregar el contenido de tu corazón y convertirte en un verdadero pagador. Tu amor será grande e irá más allá del posible segundo, o tercero, o cuarto kilómetro. Tendrás gran fe en que me verás hacer lo imposible, como tu experiencia cotidiana, como un acto inconsciente o un pensamiento, con montañas moviéndose y milagros siguiendo a tu alrededor a dondequiera que vayas. Tendrás gran conocimiento en el cual tienes las respuestas a las necesidades de las personas, las respuestas que tú necesitas y todo tendrá sentido. Sí, has sido ordenado para lo grande.

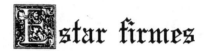star firmes

Éxodo 14:13
*Y Moisés dijo al pueblo: No temáis; estad firmes, y ved la
salvación que Jehová hará hoy con vosotros...*
RV

Deténte en Mi ventana. Permanece pacientemente ahí hasta que Me aparezca. Párate de puntillas, emocionado de verme, sabiendo que traigo todas las respuestas conmigo. Aquellos que amas serán salvados, sanados y liberados. Quedarán libres de su pasado. Cumplirán Mi voluntad y el plan para sus vidas lo abrazarán. No te preocupes, sólo respira con Mi fe. Estas brisas pueden limpiar la atmósfera. Pueden refrescarte y energizarte. Te pueden ayudar a relajar y aliviar tu estrés. Separa un tiempo para ti y déjame remover tu carga. Déjame colocar alguna fuerza en tus pulmones. Permíteme llenar tu tanque de fe con mil tanques de combustible espiritual. Sé quién eres y cuáles son tus límites. Sigue adelante y respira de Mi Espíritu; reparará lo irreparable y curará lo incurable. Déjame abrir ventanas y ordenar a las bendiciones que soplen por tu camino. Necesitas un descanso, un refrigerio espiritual. Necesitas lluvia en el jardín de tu alma. Siéntate ahora. Escúchame hablar tu lenguaje y ser un soplo de vida para tus huesos. Yo vendré pronto.

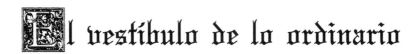l vestíbulo de lo ordinario

Salmos 33:12
Bienaventurada la nación cuyo Dios es Jehová,
el pueblo que él escogió como heredad para sí.
RV

Hay un lugar en el que habita lo ordinario. Está lleno de billones de personas, multitudes anónimas, almas sin nombre, sin honor, ni dignidad para vivir apenas con normalidad. Este no es tu lugar. Tu lugar es el vestíbulo de lo extraordinario. No naciste para vivir escondido, ni anónimo o sin nombre. Tuyo es el llamado de los escogidos y de los altamente favorecidos. Sé que te das cuenta de que nunca tendré un hijo ordinario. No hago lo ordinario; sólo lo extraordinario y ¡ése eres tú! Naciste para hacer la diferencia en este mundo. Naciste para transformar el mundo. Naciste para alcanzar alturas de poder. Naciste para ver lo invisible. Naciste para multiplicarme a los demás. Naciste para reinar y vivir victorioso y vivir extraordinariamente. Esto y sólo esto quiero que abraces. No poseas media tierra. No te detengas en la arena, ni pregones desconfianza, sólo las alturas son para ti. Tuya es la vida de altura con los mayores resultados y las mejores bendiciones; bondad extraordinaria, misericordia y amor. Ahora que conoces Mis planes, cambia los tuyos, haz los ajustes necesarios y vuela con Mis alas.

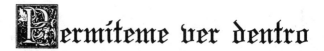

Permíteme ver dentro

Salmos 139:23
Examíname, oh Dios, y conoce mi corazón;
Pruébame y conoce mis pensamientos.
RV

Déjame quitarte la armadura que tú mismo construiste, para poder observar los lugares secretos de tu corazón. Permíteme ver si puedo encontrar algún tesoro potencial escondido sin explotar, algunas de mis piezas inestimables están aguardando para poder nacer. Déjame ver dentro y haré algo hermoso con tu vida. Permíteme vestirte con Mi armadura hecha a mano, la que no puede ser penetrada por palabras de hombres malvados o por miradas crueles y por intenciones perversas. Ninguna flecha traicionera puede atravesar esta armadura; ningún cuchillo con represalias puede perforar tu corazón mientras uses Mi armadura. Así que déjame ver dentro y encontrar los lugares secretos y escondidos por los parásitos del enemigo. Permíteme desenredar tus recuerdos enlazados, tus emociones desordenadas y tus tensos nervios. Aliviaré las marcas de dolor y plancharé las partes arrugadas de tu alma. Déjame ver dentro, porque habito con aquellos que no tienen letreros sobre el corazón que digan "Quédate Afuera." Invítame a la sala de tu corazón. Permite que me siente contigo y así poder arreglar el mobiliario nuevamente. Te prometo que te gustarán los resultados.

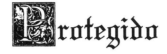rotegido

2 Timoteo 2:26
*Y escapen del lazo del diablo, en que están
cautivos a voluntad de él.*
RV

Déjame ser tu escudo. Déjame cubrir tu corazón y tu alma con Mi armadura hecha a mano. Permíteme enseñarte a vivir protegido y armado. Dame la oportunidad de enseñarte el arte del desvío. Déjame instruirte en el arte de la defensa personal en contra de las flechas ardientes del diablo. Permíteme guiar tu corazón al lugar de amor secreto, escondido y dirigir tu alma lejos de las tormentas de la vida. Déjame ser tu entrenador en la vida; porque si me permites destruiré cada rastro de engaño manufacturado por el diablo. Haré pedazos los recuerdos inculcados por Satanás. Pulverizaré las fortalezas de tu mente y te mostraré el camino al paraíso. Déjame sanar tu cuerpo y hacer que funcione nuevamente. Permíteme refrescar tu espíritu y poner bálsamos en tu alma. Déjame ser tu consuelo ante los engaños de la vida y relajar los músculos adoloridos de tu corazón. Ven aquí, cerca de Mí y deja que sea tu todo en todo. Perfectamente a salvo, perfectamente sano y perfectamente protegido.

Una paloma enviada

Génesis 8:8
*Envió también de sí una paloma, para ver si las aguas
se habían retirado de sobre la faz de la tierra.*
RV

Hoy enviaré la paloma desde el Cielo a tu vida para invadir tu vida personal, para comenzar a tomar control de tus circunstancias las que están fuera de control. Seré tu Contador, Banquero, Doctor y Mentor. Serás dotado por la paloma con mejor y mayor entendimiento de la vida, de las relaciones y de la prosperidad. La paloma calmará las tormentas, silenciará los mares y te inscribirá en la escuela del éxito. No te seguirán más sombras. Cámbiate a la verdadera substancia del Cielo, la cual soy Yo, tu todo en todo. Haz inventario de tu pasado y de tu presente. Sé honesto contigo mismo. ¡Nunca hagas trampas ni a ti mismo! Confía en Mí, para el futuro y entraré directamente a ti. Brillará la luz del Sol y la lluvia llegará y al mismo tiempo claridad y fuerza estimulante, vulnerabilidad, paz y gozo, vida y amor; cada libertad fluyendo toda para ti. Yo soy la Paloma enviada.

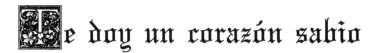e doy un corazón sabio

Proverbios 16:21
Los sabios de corazón son conocidos por su prudencia, entendimiento,
y conocimiento, y las palabras agradables son persuasivas.
AMP

Prepárate para ver que tan poderoso puedo ser. Los obstáculos en tu camino están a punto de esfumarse, como humo en un incendio apagado por el viento de Mi Espíritu. ¿Habrá alguien lo suficientemente fuerte para detenerme, impedirme o que se detenga en Mi camino?

Las montañas se están moviendo, la gente se está moviendo, los demonios están temblando y tu milagro está a la vuelta de la esquina. El viejo corazón fracasaba a menudo, pero este nuevo corazón está hecho a prueba de fracasos y sin errores internos. Sólo la sabiduría, el discernimiento y el entendimiento llenan este corazón. Te dará honores, favores y riquezas. Sométete a él, aliméntalo con Mi Palabra, confía en él y vivirás mucho tiempo. Todas las viejas debilidades que tu viejo corazón tenía se han ido ya. Tu nuevo corazón ama el sonido de Mi voz; el cual funciona con compasión y misericordia, golpea con la fuerza de un toro. No te fallaré, ni te traicionaré. Simplemente no puedo. Úsalo sabiamente.

Mi amor nunca se apagará

Cantares 8:7

Las muchas aguas no pueden apagar el amor, ni las inundaciones pueden ahogarlo. Si un hombre tratara de comprar amor con toda su fortuna, su oferta sería totalmente rechazada.

AMP

No importa cuánto se opongan a ti, no pueden ganar. Mi amor no puede titubear en sus metas: la transformación total y la salvación de todos los que amas. Yo sano, libero, redimo, restauro, fortalezco, estabilizo y recuerdo el clamor de tu corazón. Voy a sumergirlos en Mi río de amor. No saben lo que les envío a sus caminos, tal bondad, misericordia y sanidad. Te sorprenderé cada día. Escucharás cosas, verás cosas y sentirás cosas que jamás pensaste que existían. Ya no habrá más nubes oscuras y malos presentimientos. ¡Sonríe! ¡Ríe! ¡Danza! ¡Tus oraciones han sido contestadas! Tus temores han sido destruidos por tu fe. Todas tus falsas expectativas fueron mentiras de tu enemigo. Nunca dudes de Mí y prosperarás más allá de tus sueños más descabellados.

La autopista de las buenas nuevas

Salmos 112:7
No tienen miedo de malas noticias; su corazón está firme
confían plenamente en que el Señor los cuidará.
AMP

¡Ponte de pie y anímate! Tus enemigos ya están derrotados y tus problemas se resolverán, tus emociones sanarán, tus penas olvidarás y tus relaciones se restaurarán. Se burlan y gruñen, pero me rio de sus amenazas. Buenas noticias es Mi segundo nombre y voy a tatuar Mi nombre en tu corazón. Descansa en la noche y reprende la tormenta. Yo sé el nombre de cada célula de tu cuerpo. Te puse nombre antes de que nacieras. Llevo una foto de tu rostro en Mi corazón. No eres otra cara más entre la multitud. Eres Mi hijo especial a quien amo, a quien quiero y necesito. Amo el sonido de tu voz y el latido de tu corazón.

Cada uno de tus latidos es un recuerdo de Mi amor por ti. Todas las malas noticias que alguna vez escuchaste ya comenzaron a ser revertidas. Cosechas te envían a través de revocaciones. Búscalo. Espéralo a tu puerta. Párate de puntitas. Tu autopista con buenas nuevas simplemente ya está abierta.

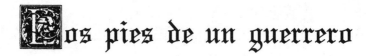os pies de un guerrero

Habacuc 3:19

*¡El Señor Soberano es mi fuerza! Me da el valor y es mi
ejército invisible; Él me da pie firme como al venado y me
hará caminar y hará un progreso [espiritual] en los lugares
altos de [problemas, sufrimientos o responsabilidades].*
AMP

Tus pies ahora son sobrenaturales. Pueden caminar por encima del
problema que tienes; no sólo caminar, sino también correr. Mañana se
resolverá. No vivirás en el valle, sino en la cima de la montaña. Canta, aplaude y bendice Mi nombre por Mi bondad hacia ti. En lo que
eras inhábil y torpe, lo harás, siendo capaz de lograr grandes proezas.
Todavía no comienza a narrarse la historia de tu éxito. Piensas que se
acabó; ¡no es verdad! Hay victorias que deben ser ganadas, batallas
que luchar, esclavos que tienen que ser liberados, heridos que sanar, solitarios que encontrar y huérfanos para amar. ¡Pónte tus botas!
Prepárate para comenzar a vivir con éxito en tu camino. Los pies de un
guerrero son tuyos. No eres víctima de nadie. Ya no estás en posición
de ser amenazado nunca más, ni intimidado, ni dominado nuevamente.
Eres un guerrero con valentía, coraje y confianza. ¡Pónte tus zapatos
y triunfa!

l corazón del león

Job 8:7
Y aunque comenzaste con poco, aún terminarás con gran incremento.
AMP

Siempre te han menospreciado todos. Siempre han esperado que falles, te di el corazón de león desde que estabas joven. Eras Mi secreto mejor guardado y ahora es tiempo para que dejes de ocultarte. Déjalos que Me vean brillar a través de ti y mostrar a todos, con tus dones y talentos, quién eres. Bendice al pobre. Rescata al rico de su falso amor y de sus falsos ídolos. Sana a los enfermos de sus enfermedades heredadas. Alimenta al hambriento. ¡Toma por asalto las puertas del infierno a favor del indefenso! ¡Grita los nombres de los olvidados! Vive tu vida con corazón de león. Recuerda a tu regimiento. Deténte en la puerta de tus antiguos dueños y vocifera a las fortalezas. Observa sus paredes desmoronarse y reducirse a polvo. Ninguna piedra quedará de su fortaleza de mentiras.

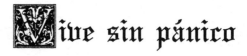 ive sin pánico

Lucas 24:36
*Entonces, justo mientras contaban la historia, de pronto
Jesús mismo apareció de pie en medio de ellos. Les dijo,
la paz (libertad de todas las penas que han experimentado
como resultado del pecado) sea con ustedes.*
AMP

Estaré contigo todo el día de hoy. Estaré de pie cerca de ti en donde puedas sentir Mi mano sobre tu hombro. Yo sé el principio del fin. Te daré una paz con tranquilad y la quietud fluirá a través de tu alma cuando se sienta ansiosa. Tu sistema nervioso se calmará, tus músculos se relajarán y tus pensamientos estarán en perfecta armonía conmigo. Esto te garantizará paz y vida para ti y tus seres queridos. Mira a través de Mis ojos y camina en Mis zapatos. "Sin pánico en la vida" es tu nuevo lema. Todos los enemigos que alguna vez enfrentaste ya están derrotados. Cada batalla con la que alguna vez pudieras tropezar está ganada ya. Ya no necesitas pelear más. Simplemente camina y reclama tu nueva tierra. Recuerda, cuando vives tu vida sin pánico, te conviertes en más que vencedor.

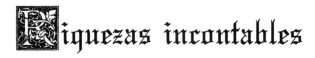iquezas incontables

Efesios 1:3
*Bendito sea el Dios y Padre de nuestro Señor Jesucristo,
que nos bendijo con toda bendición espiritual en los lugares
celestiales en Cristo.*
RV

Todo lo que necesites para estar completo ya ha sido depositado en tu cuenta del banco espiritual. Si necesitas una nueva vida, o un nuevo corazón, o nuevos hábitos, ya están ahí. Si necesitas nueva pasión, nueva sabiduría o un nuevo perdón, ya están esperando por ti. Todo lo que necesitas es pasar tiempo conmigo para que aprendas el número de tu cuenta de banco y cómo retirar tus bendiciones cuando las necesites. Recuerda, no hay carencia de provisiones naturales, ni espirituales en Mi banco. Jamás serás pobre de nuevo. Mientras tanto ninguna pobreza puede entrar en tu vida siempre que Me obedezcas; serás enriquecido por Dios. Todo el amor, la salud, el poder y el dinero que necesites, lo tendrás. Eres la persona más rica del mundo. Posees riquezas incontables. El mundo dará todo lo que tiene para conseguir las riquezas que tienes en Mí. Te las he dado a ti gratuitamente. No las desperdicies, ni las tomes a la ligera. Aprecia tus bendiciones cada día y nunca las perderás.

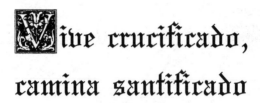 Vive crucificado, camina santificado

Gálatas 2:20
*Con Cristo estoy juntamente crucificado, y ya no vivo yo,
mas vive Cristo en mí; y lo que ahora vivo en la carne, lo
vivo en la fe del Hijo de Dios, el cual me amó y se entregó
a sí mismo por mí.*
RV

Los conflictos que tienes con tus malos pensamientos y malos deseos son comunes para todos. No eres la única persona con estas dudas internas. Te prometo que conforme aprendas a pelear con Mis armas te será más fácil. Pronto, las cosas que más te amenazaban serán vagos recuerdos, fantasmas vacíos. Tu ego viejo y rebelde ahora está crucificado conmigo. Confía en Mí y ríndete al Espíritu Santo que está en ti. No trates de hacerlo por tu cuenta. Únete a Mi; soy tu eterna fuente de vida, de fortaleza y gozo. Todo lo que necesitas para mejorar en la riqueza de Mi Espíritu está en Mí. Desde Mis palabras fluyen los asuntos de la vida. Soy tu recurso inagotable de vida. Aférrate a Mí con toda tu pasión y deseo. Después verás los resultados de lo que estás pidiendo. Vive crucificado y camina santificado. Tus fuentes nunca se secarán. El manantial de vida que puse en ti, viaja contigo a dondequiera que vas. Nunca estarás sin él.

reado en Mi imagen

Génesis 5:1
Cuando Dios creó al hombre, Él lo hizo
a la semejanza de Dios.
AMP

Confía en Mí, porque soy tu Recompensa y tu Compensación. Nunca te olvidaré o te restringiré. Siempre recompensaré el trabajo de tu vida y tus esfuerzos por complacerme. No te dejes llevar por sentimientos de agotamiento o con los ataques de desánimo que tocarán a tu puerta. Deja que tu trabajo sea creado con motivos puros de amor y me exhibiré para ti. Rechaza toda la vanagloria. Esta es una ladrona y te robará Mis bendiciones. Cada aspecto Mío te será revelado. No te guardaré ningún secreto. Te formaré para que te parezcas a Mí. Fuiste creado a Mi imagen. Llevas Mi sello en ti. Puedes hacer cosas que consternarán al mundo, cosas que sólo Yo puedo hacer. Permíteme salir de tu interior. Déjame conducir tu vida y no vivirás decepcionado. Mira en el espejo de Mi Palabra y me verás mirándote fijamente.

Agarra la llave de Mi mano

Colosenses 2:2-3

*Y lucho para animarlos a todos, y para que se mantengan
unidos en el amor de Cristo, y así lleguen a tener la plena
seguridad de comprender todo el plan que Dios y Cristo habían
mantenido en secreto. Todas las riquezas de la sabiduría y del
conocimiento se encuentran presentes en Cristo.*

RV

Siéntate tranquilo y déjame construirte una vida que puedas vestir, una vida confeccionada con Mi mano como la de un experto sastre. Uniré todos los colores correctos para tu vida y bordaré con todos los hilos correctos para ti. Estoy añadiendo a tu vida riqueza, salud y significado. Hay tesoros de sabiduría que nunca has encontrado. Oh, ¡que hermosa será tu vida cuando termine con todas las alteraciones a tu personalidad y a tu corazón! Hay ríos de consuelo y de discernimiento espiritual que te estoy liberando a ti, hoy. Ponte sobre la punta de tus pies y recibe Mis bendiciones. Tendrás una vida, que todos querrán imitar. Yo sé el tamaño de tu corazón. El consuelo será tu abrigo, el amor tu camisa y la sabiduría tu sombrero. Te vestirás con la comprensión y nunca te faltará la seguridad de que irás al Cielo. Serás conocido porque tu paz será incapaz de ser perturbada.

Puliendo tus trofeos de gracia

Eclesiastés 3:11
*Él todo lo hizo hermoso en su tiempo. Además, plantó eternidad
en los corazones de los hombres y en sus mentes.*
AMP

En tu corazón está el conocimiento del Cielo y de todos los asuntos de la vida. Tienes una bodega de sabiduría y de entendimiento que otros no tienen, porque tú Me conoces. Cambiaré las feas circunstancias y las personas no agradables en trofeos de gracia. Donde otros creen que viven en un barrio marginado, sentirás como si estuvieras en el paraíso, a pesar de tu ubicación física y de tus circunstancias. Las personas no agradables en tu vida se convertirán en escalones en la riqueza de Mi amor y las circunstancias que usaban para frustrarte serán medallas de obediencia, a causa de tu amor por Mí. Odio la fealdad. Cambio todas las cosas feas en hermosas con un solo toque. Me especializo en cambiar vidas feas en hermosas. Aprende de Mí. Déjame mostrarte los trucos del comercio del amor, de la restauración y de la sanidad en las vidas rotas y sin amor. Recuerda pulir tus trofeos de la gracia.

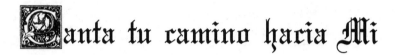anta tu camino hacia Mi

1 Crónicas 16:9
¡Cantad a él, cantadle salmos! hablad de todas sus maravillas!
RV

El canto es mi regalo para ti. El canto da alas a tus cargas, aplasta el desanimo, y limpia el ambiente de todo lo pesado. Cuando tengas ganas de quejarte, canta, y tus quejas se convertirán en alabanzas. Cuando tengas ganas de rendirte, canta, y tu alma recibirá nuevas alas. Cuando te sientas inseguro, incompetente, inepto, cántame—no cantes sobre Mi. Cuando me cantes, me das tu corazón. Dejas que seas envuelto con Mi amor y paz. El canto es el repelente del diablo; el canto causa que la tristeza huya. El canto convierte el alma en un músculo que es guiado por la fe y por Mi. El canto desenreda el corazón y deja que Mi gracia fluya por el con libertad. Nunca seas guiado por tus emociones. No te rindas nunca a las emociones negativas que pretenden ser tus tutores, mentores, y el Espíritu Santo. Deja que Mi presencia te rodee mientras me cantas. Si lo harás, los coros del cielo se armonizarán contigo, y tu alabanza amorosa será oído por todos los pasillos del cielo. Tu canto se hace una ofrenda de amor, un rechazo del temor, y un abrazo mio. Ahora, despacio, siéntate, y canta tu camino hacia Mi y hacia tu victoria.

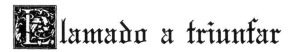lamado a triunfar

Proverbios 16:3
Deja en manos de Dios todo lo que haces, [encomiéndalas y
entrégaselas totalmente a Él; Él causará que tus pensamientos
sean agradables a Su voluntad y] así tus proyectos serán
establecidos y tendrán éxito.
AMP

No dudes de Mi habilidad para intervenir en tus asuntos personales.
Puedo arreglar lo que está roto. Recuerda que puedo aún desbaratar los
huevos revueltos. No tengo límite con Mis poderes. Alinearé tu vida a
Mi voluntad y Mi plan para tu vida. Deberás tomar una determinación:
que el éxito será parte permanente de tu futuro. Has sido llamado a
triunfar. No tengo ninguna relación con el fracaso. Tomo el fracaso y
Me lo como en el desayuno. Todos Mis hijos son exitosos si Me siguen
y obedecen Mi enseñanza. Hay circunstancias en tu vida que necesitan
modificación. Me encargaré de eso por ti. Relájate. Nunca llego tarde.
Puedo crear un camino en donde no lo hay. Cuando termine mi obra en
ti, nadie te reconocerá.

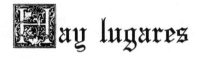ay lugares

Colosenses 1:9
[Pidiendo] a Dios que puedan ser llenos del conocimiento de Su voluntad y que tengan toda la sabiduría y el entendimiento y el discernimiento a las cosas espirituales.
AMP

Hay lugares de debilidad y de escasez en tu interior a los que he declarado la guerra. No toleraré que sufras o falles de ninguna manera. Quiero que estés en la misma página conmigo, en el mismo calendario, esto será la reparación total de tu vida. Cuando terminemos, tu conocimiento, tu poder y tu entendimiento serán transformados. Entenderás la vida de la manera en que lo hago. Sé que diariamente estás tratando de complacerme. Sé que eso es lo que quieres. Pero las piezas faltantes en este rompecabezas serán las que añadiré para ti. Ninguna grieta, ninguna fractura, ni emoción traidora dejaré sin ajustar. Tu vida será una de gran éxito, de amor y aventura. Sube a las montañas rusas del Cielo. Agárrate y vamos a descubrir juntos tu destino. Hay lugares en donde el enemigo no se atreve a caminar. Estos son los lugares que voy a mostrarte.

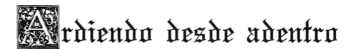rdiendo desde adentro

Romanos 12:11
Trabajen con mucho ánimo, y no sean perezosos. Con mucho entusiasmo, radiantes y encendidos sirvan a Dios.
AMP

Mi Espíritu es como una luz en tu interior. Cuando está encendido, todos lo pueden ver, la oscuridad será rechazada, las sombras tendrán que huir. Todo lo torcido, lo siniestro o lo diabólico tendrá que desaparecer. Tu visión de la vida se aclarará como cuando la niebla es dispersada por el Sol del amanecer. La claridad de ideas se manifestará en tu corazón. No escuches lo que quieres y que deseas; nublan tu juicio y siempre terminan mal. Enternece tu corazón, vuélvete flexible en tu pensamiento y fluye con Mi voluntad como si estuvieras deslizándote en un río. Estoy haciendo que ardas y resplandezcas con luz, claridad, celo santo y poderosa pasión. No más pereza, ni apatía espiritual. El amor es tu objetivo. Hoy comenzaré a atraer a la gente que amas con Mi amor. Tus habilidades amorosas crecerán cada día. Mantén tus raíces unidas a Mi río de amor. Bebe, ingiere y vive.

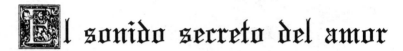

El sonido secreto del amor

1 Juan 4:4
*Hijos míos, ustedes son de Dios, y ya han vencido a esos
falsos profetas, pues él permanece unido a ustedes
y es más poderoso que su Enemigo.*
NVI

Ser santo no es tan difícil como parece. Sé que hay aspectos en tu vida
en donde has peleado y peleado y has fallado, pero si pudieras hacer
todo por tu propia cuenta, no me necesitarías. He depositado en ti todo
lo que necesitas para vivir valientemente. Llegar a conocer a Mi Hijo
es tu fuente de poder ilimitado y de vida. Volverte adicto a los sonidos
secretos de amor, desencadenará tu alma. Amar Mi voz desenredará
tu mente y pondrá cada pensamiento en su lugar como un hermoso
rompecabezas. Cada pieza responde a una pregunta y resuelve un
misterio. El sonido secreto del amor aliviará aquellas partes adoloridas
en tu corazón y armonizará tus emociones con el amor, el perdón y
el gozo. Deja entrar los sonidos del amor. Deja que toquen una nueva
canción de amor. Déjalos que te guíen a Mis brazos extendidos. Estos sonidos secretos no pueden ser comprados o educados; deben ser
buscados con intensa pasión y deseo de la verdad. Si quieres respuestas, resoluciones y conclusiones, canta las canciones que escuchas.
Deja que tus acciones sean una canción. Permite que tus palabras sean
sonido que sana, que libera y que restaura al alma rota.

El sonido de Mi arado

Efesios 2:10
*Porque somos hechura suya, (obra de Sus manos),
creados en Cristo Jesús para buenas obras, las cuales Dios
preparó de antemano para que anduviésemos en ellas.*
AMP

Antes de que nacieras, te diseñé, no como eres ahora, sino como serás cuando aleje de ti los efectos del mundo. Te hice especial individualmente único y dotado para llevar a cabo los trabajos especiales que he preparado para ti. Los caminos y veredas por los que estas yendo, te añadirán el entrenamiento, a la destreza y a las habilidades que necesitas para vivir la vida para la que fuiste diseñado. Escógeme. Ya te he escogido. Hay dones dentro de ti que todavía están ocultos en los dolores, las heridas y en los temores dentro de ti. Con cada roce de Mi mano, otro don surgirá. No huyas de Mi luz examinadora. No te espantes del ruido de Mi arado. No te está persiguiendo; está buscando entre las piedras, los bultos y las víboras. Detente y ríndete. Deja que el tú asombrosamente, nuevo se adelante.

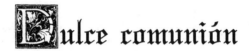ulce comunión

Salmos 25:14
El secreto [de la dulce y satisfactoria compañía]
del Señor es para los que le temen y Él les mostrará Su
pacto y les dará a conocer su significado.
AMP

Escucha Mis palabras; escúchame llamándote muy cerca. Abre tu corazón a la salud que está escondiéndose en él. Nunca dudes de que te hablo absoluta y verdaderamente para siempre. Grábate Mis palabras y alíviate. No te apoyes en ti mismo; apóyate en Mí. Déjame mostrarte el secreto del amor, el secreto de la vida. La verdadera y dulce comunión con Mi Espíritu es como saltar a un arroyo en medio de un candente desierto. En la comunión revelo Mi cara. En la comunión tomo los pedazos que no se han formado y les doy forma para que se parezcan a Mí. Deja que tu corazón se abra con los rayos sanadores de Mi amor. Permíteme sanar tus dolores silenciosos y hacerte un restaurador de almas perdidas. Enseñándoles a tener una comunión conmigo. Muéstrales el camino hacia la relación continua conmigo. Revelo Mis secretos a aquellos que tienen temor de Mí. Estoy listo para contestar tus preguntas. Existen diferentes niveles de profundidad en Mi amor que quiero revelarte; el amor que sana, el amor que edifica, el amor que libera los aspectos en tu vida que han estado rotos y hechos añicos. Tú y Yo tenemos un pacto y nunca lo rompo. La dulce, satisfactoria compañía que tú y Yo vamos a experimentar será sin impedimentos. No quiero una mitad tuya o una parte de ti; necesito todo de ti. Quiero acceso sin restricción a tu voluntad y a tu corazón. Sólo entonces podré abrir las bóvedas del Cielo y darte acceso sin restricción a todos Mis tesoros y misterios. Ven a Mi y viviremos en una abierta comunión; aprendiendo, creciendo y progresando en la vida.

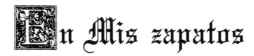n Mis zapatos

Mateo 3:11
Pero el que viene detrás de mí es más poderoso que yo, a quien no soy digno de quitarle las sandalias.
NASB

¿Cuando has estado cansado, preocupado, cargado, no te he levantado y cargado? ¿No he limpiado las lágrimas de tu corazón herido y te he dado esperanza? Cuando te sentiste olvidado, rechazado y abandonado. ¿No te alcancé y rescaté de las aguas impetuosas del desánimo? ¿No estoy siempre para ti? Este es quién soy y lo que hago por ti. Es tiempo de alejar de tu vida esos zapatos cansados, los zapatos desgastados, rotos, andrajosos, usados y abusados por los caminos polvorientos de la vida. No pueden llevarte hacia donde te estoy llevando. Son los zapatos de la autoconfianza, confianza falsa, inseguridad y temor. Nunca más caminarás en tus zapatos desgastados y usados. Desde este día y en adelante, caminarás en Mis zapatos. Mis zapatos no se rompen. Nunca se desgastan, ni se rinden, ni se desperdician. No tienen límites, ni ninguna condición para trabajar. Son los zapatos para un propósito eterno y amor divino. No fallan. No son tan grandes o tan pequeños para ti. No lastimarán tus pies o modificarán tu caminar. Son especialmente hechos para ti. Los hice con Mis propias manos; cada puntada es un acto de amor por ti. Cada pieza está hecha con tu destino en mente. Ahora sacude tu indignidad y esos zapatos hechos por el hombre y ponte Mis zapatos hechos con amor. Conquista al mundo, anda tu camino ordenado por Dios y realiza grandezas para Mí. Recuerda, te haces más fuerte con cada paso que das con Mis zapatos.

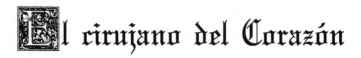 El cirujano del Corazón

Ezequiel 11:19
*Yo les daré un corazón y les pondré un nuevo espíritu
en ellos; y sacaré los corazones de piedra de su carne
y les daré un corazón de carne.*
AMP

La cirugía del corazón es Mi especialidad. Tomo los corazones enfermos, rotos y heridos y los sano. Remuevo peñas y sanguijuelas en tu corazón. Todo lo que te causa problemas y te condena, lo estoy eliminando. Agrandaré tu corazón para que todos quepan ahí. Tu corazón amará como amo, pensará como pienso y creerá como creo. Este nuevo corazón que ahora te estoy dando es a prueba de estropearse. Puede resistir toda forma de crueldad y de rechazo. Aún continuará amando. Haré tu corazón tan suave y dócil, tan sensible a todos Mis susurros que incluso una indirecta la escucharás como un grito. No más malas decisiones, no más vueltas equivocadas y caminos sin fin. No más malos enredos. Ahora ves con Mis ojos y escuchas con Mis oídos, porque te doy un nuevo corazón sin defectos. Actuarás y sentirás como un nuevo ser, empapado por la compasión y la misericordia. Desde este corazón fluirán ideas creativas e innovaciones. Ningún sueño estará más allá de tu alcance.

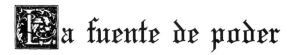a fuente de poder

2 Corintios 13:4
Porque aunque fue crucificado en debilidad, vive por el poder de Dios. Pues también nosotros somos débiles en él, pero viviremos con él por el poder de Dios para con vosotros.
RV

Perdona los insultos, las acusaciones y las miradas hirientes. Trae tu alma y colócala en Mis manos. Te esconderé seguro en la roca. Camina con amor hoy. Perdona. No asumas nada como personal; deja que todo lo perjudicial salga de ti como la lluvia. No te aferres, ni te quedes resentido. No endurezcas tu mente en contra de la gente, sólo abre tus brazos a la comunión conmigo. Cuéntame todo: así es como puedo arreglar las cosas. Dime y actuaré. No te permitas ser moldeado por abusadores o tus enemigos. No sigas su juego. Ignora sus acciones y medita en cosas buenas. Deja que Mi bondad consuele tu mente y te sentirás mejor hoy. Al hacer esto, abrirás las compuertas de Mi poder. Este poder puede derretir rocas, remover montañas, cambiar circunstancias, sanar enfermedades, arreglar nuevamente las vidas y eliminar maldiciones. Este poder será como un nuevo traje. Es para que lo uses y lo aprecies. Nadie será capaz de enfrentarte nuevamente. El perdón te liberará de aquellos que hayan abusado de ti y eliminará el dolor amenazante.

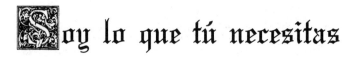 oy lo que tú necesitas

Salmos 16:5-6
Jehová es la porción de mi herencia y de mi copa.
RV

Yo soy lo que necesitas hoy; no necesitas la aprobación de la gente. Necesitas esconderte en Mí. Envía tus emociones y afectos en Mí. Yo te satisfaré. Te completaré. Te cubro. Te protejo. Vuelvo a escribir tu vida. Encuentro las piezas faltantes en tu vida y las reemplazo conmigo. No te preocupes o te estreses por la gente que está incompleta y llena de conflictos no resueltos. Su dureza los mantiene en prisión. Cada pensamiento que tienen coloca otro ladrillo en la celda que están construyendo para si mismos. ¡He escogido otro camino para ti! Este camino está lejos de la multitud de almas atormentadas, lejos de la opresión y de la miseria. Tu corazón es Mi hogar, tu mente es Mi teatro y tu alma Mi albergue. Ahora permanece unido a Mí. Soy lo que tu cuerpo, tu alma y tu espíritu necesitan. Cada célula de tu cuerpo fue diseñada por Mi, sincronizada conmigo y unida a Mi voz. Hablo y tú vives.

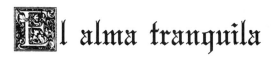l alma tranquila

Filipenses 4:11
He aprendido a estar contento (satisfecho hasta el
punto donde no estoy perturbado o inquieto) en
cualquier condición en la que me encuentre.
AMP

Te enseñaré a estar contento. Te satisfaré con un cumplimiento espiritual que aliviará el alma angustiada. Mitiga el temor y el trastorno mental. La satisfacción es la habilidad de disfrutar todo y a todos sin tener que cambiar nada. Te libero para que disfrutes de tu vida cada día a pesar de las presiones y de los imprevistos. Recuerda que los tesoros del Cielo son todos tuyos. No te voy a retener nada. Estoy capacitando a tu alma para que reine. Te estoy mostrando cómo vivir sentado juntamente conmigo en los lugares celestiales, en donde los corruptos no pueden alcanzarte y en donde tus tesoros estarán seguros.

Cuando terminemos, estarás totalmente satisfecho. Tu alma estará siempre tranquila y en paz, lejos de las amenazas, las calumnias y las acusaciones. El estruendo de las nubes no te atemorizará. Los ecos del ayer, no te moverán. Estoy haciéndote un campeón de la paz. Regálala, siéntela y vívela.

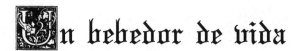n bebedor de vida

---

Juan 7:37
Si algún hombre tiene sed, venga a mí y beba y yo aplacaré su sed.
Parafraseo del Autor

Soy el que Calma la sed. Si vienes a Mi hoy y Me preguntas, satisfaré toda tu sed. Algunas removeré, otras las calmaré. Quiero escuchar tu voz clamando por agua viva. Una bebida y toda una vida de búsqueda se termina. Una bebida y la fuente se abre permanentemente para ti. Agua fría, deliciosa y poderosa que dentro de ti produce ríos de sanidad. De ti fluirá revelación, sabiduría, salud, paz, unción y fe hasta que te vuelvas adicto bebedor de vida. Bebe hasta que toda tu sed sea saciada y después, guía a los demás hacia esa fuente. Hay un mundo enfermo pereciendo lejos de tu puerta. Toma Mi agua y libéralos de esas aguas tóxicas. Lávalos con ésta, límpialos, rescata sus vidas. Entre más bebas, más tendrás. Entre más tengas sed, más satisfecho estarás.

Atrapado por la sonrisa del cielo

Números 6:24-26
*Jehová te bendiga y te guarde. Jehová haga resplandecer
su rostro sobre ti y tenga de ti misericordia; Jehová
alce sobre ti su rostro y ponga en ti paz.*
NKJV

Todos deberán ser conquistados por algo, ya sea natural o divino. Te he escogido para un propósito especial. Serás Mi embajador portando el anillo con sello del favor. No tendrás que pasar por las mismas tormentas, ni los conflictos o angustias como todos los demás. Los ojos del cielo estarán fijos en ti. La sonrisa del Cielo estará esperando por ti cada mañana. ¡Ningún rechazo te alcanzará! El favor del Cielo y una descarga de poder te seguirán todos los días de tu vida. Te recompensaré por todas tus desilusiones y decepciones en tu vida. Mi sonrisa sanará tu pasado. Mi sonrisa reemplazará los recuerdos agobiantes y los momentos inconclusos de tu vida. Llevo los registros perfectos. No hay injusticias que se me escapen. Reembolso en múltiplos de siete; siete bendiciones por cada injusticia. Esto es lo que significa ser atrapado por la sonrisa del Cielo. Te conquistaré con Mi sonrisa. Seguiré sonriéndote en tus problemas para que se vayan, hasta que un eclipse total ocurra. Quiero que entres a cada puerta de bendición y luego sean tuyas. Manténte ahí.

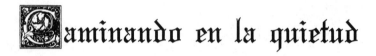aminando en la quietud

Salmos 15:2
El que anda en integridad y hace justicia,
y habla verdad en su corazón.
RV

Ven a caminar conmigo en la quietud de un corazón justo. La justicia limpia las infecciones del corazón. Remueve los parásitos del corazón huye de ahí hacia lugares secretos. No te dejaré sangrando, ni lastimado o confundido. Sanaré todo lugar secreto e invisible de ti, también el inalcanzable tú, la parte de ti que está oculta a tus ojos. Nunca te abandonaré en una vida sin nada. Te volverás estable, confiable y completamente digno de confianza. Colocaré barras de acero en tu espalda y en tu cimiento espiritual. Estoy vaciando cemento celestial en tu vida. Cuando las tormentas lleguen, estarás en paz. Ninguna cosa que ames será herida ni destruida. Tu segundo nombre es Consuelo y tu apellido es Protección. Muchos querrán venir a vivir en tu casa, porque me sentirán ahí. Camina en la quietud de tu alma, crea una atmósfera de amor en tu hogar. Sentirán Mi fuerza en sus corazones y Mi consuelo para sus dolores. Tu vida será un testimonio en el mundo de lo que puedo hacer a través de un vaso totalmente rendido. Anímate.

Tocado por el cielo

Hechos 4:13
Cuando vieron la valentía y la elocuencia de Pedro y de Juan
y percibieron que eran hombres sencillos y de poca educación,
se maravillaron; y reconocieron que habían estado con Jesús.
AMP

Porque pasas tiempo buscándome y porque tu corazón continuamente clama por entendimiento. Mi mano de bendición reposará pesadamente sobre ti. Revelarás el Cielo en la Tierra, tu corazón que escudriña te traerá el Cielo y tus actos de fe consternarán al cómodo y al despreocupado. No vivirás temeroso ni con lástima. No te sumirás en las dudas ni retrocederás a causa del doble ánimo. Hay personas que llevan la marca de Mi presencia con ellos. Te he escogido para que seas una de esas personas. Lo que digas y hagas será tocado por el Cielo. El Cielo se pone de pié cuando hablas en Mi nombre, las nubes se mueven y las montañas desaparecen. Los demonios tiemblan y los oprimidos son liberados. Corre a Mi y vivirás bajo la sombra de Mi protección. Denuedo y gran valor feroz serán tus espadas. Trayéndome la gloria te causará mayor felicidad. Déjalos que se maravillen de Mi en ti. Disminuye para que pueda incrementar. Nunca veas atrás. No escuches a las viejas sirenas que una vez sedujeron tu alma. Te daré un nuevo canto como el que jamás has escuchado. Una vida tocada por el Cielo.

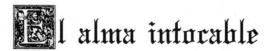l alma intocable

Daniel 1:8
Y Daniel propuso en su corazón no contaminarse con la porción de la comida del rey, ni con el vino que él bebía; pidió, por tanto, al jefe de los eunucos que no se le obligase a contaminarse.
RV

Una decisión es un camino. Cada decisión establece un camino de vida o de muerte. Escoge cuidadosamente. Piensa antes de actuar. No permitas que la presión, el temor o los placeres definan tus decisiones. No dejes que el dolor o la ambición te guíen. Rechaza las emociones complacientes de los hombres. Toma tu tiempo eligiendo a tus compañeros de viaje. Examina las consecuencias de cada elección. Deja que la paz, la pureza y el amor sean tu guía de por vida. Escoge aquello que te producirá vida, salud y un celo santo. Recuerda que, la duda es asesino de la fe. No dudes por ninguna razón. Rechaza la duda como si fuera una plaga. Huye de la incredulidad. Échala fuera de ti como una serpiente. Arrójala sobre el fuego de la pureza. Al hacer eso, garantizarás bendiciones futuras para ti. Estoy guiándote a un cielo de salud, a un paraíso de amor, a un refugio de misericordia y a una fortaleza de seguridad. Recárgate sobre la pared de tu castillo de fe, convoca al mundo de esas almas perdidas y sé alma intocable. Elimina la línea de tu vida. Llévalos a la seguridad de tu refugio y hazlos almas intocables.

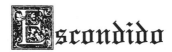scondido

Salmos 31:20
Los esconderás en lo secreto de Tu presencia de las lenguas
malvadas; Tú los proteges en lo secreto de un pabellón
de las conspiraciones de los hombres poco escrupulosos.
Parafraseo del Autor

Estarás escondido en lo profundo de Mi presencia. Hay un lugar en Mi donde nada puede alcanzarte, ni las palabras o acciones de nadie. Estarás suspendido en un lugar de inmunidad sobrenatural llamada la Hendidura de la Roca. Estarás escondido del calor abrasador de la vida, cubierto de la picadura de la lengua de serpiente, llevado por Mis inagotables alas. Volar es tu nueva ocupación, vuela a Mi voluntad, lejos de las conspiraciones que han sido enviadas en tu contra. No te desanimes. No escuches los pensamientos que emanan de acusaciones y de críticas. Ninguna de esas palabras provienen de Mi. Estoy haciéndote una pared fortificada. Cada arma de destrucción chocará contra ti, rompiéndose para siempre en mil pedazos. Las sombras de las lenguas venenosas se irán. Recuerda que Mi lugar secreto sólo es conocido por ti y por Mi. Cualquier maldición que haya sido enviada a tu camino será revocada. Hablarán una cosa y Yo declararé otra. Por cada palabra negativa recibirás una bendición inalterable. Hay un refugio tan fuerte, tan majestuoso, tan confortante, que los acaparadores de la humanidad anhelan. Van a ciegas en la oscuridad esperando encontrarse accidentalmente con él. Tú, sin embargo, me tienes como tu Guía. Toma Mi mano y sigue la Luz. Pronto llegarás a tu destino: seguro, liberado y escondido.

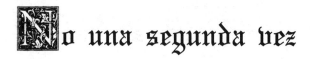o una segunda vez

Nahúm 1:9
Confía en Mi, dice el Señor. Esta aflicción
no tomará venganza dos veces.
Parafraseo del Autor

¡Nunca de nuevo! Este será tu lema. Las aflicciones y las peleas que han llegado a ti en el pasado serán aniquiladas. No se volverán a levantar. Sus voces desaparecerán y tu paz nunca será nuevamente perturbada de esa manera. Cena conmigo desde ahora y en adelante. Permíteme ser tu invitado permanente en tu hogar. Caminemos juntos, comamos juntos y exploremos juntos la vida. Recuerda que la visión es 20/20.

La visión perfecta será uno de tus dones. Conocerás la solución de un problema antes de tratarlo. Esto te dará una gran ventaja sobre tus enemigos. Éllos caminan ciegamente; caminarás intuitivamente. No temas a pasos desconocidos. Se revelarán por si solos en el momento correcto. He elegido un camino para ti, en donde, en ocasiones, irás a contra pelo para labrar un nuevo camino para que los demás lo sigan. Recuerda, está prohibido que se repita tu pasado. Está muerto, enterrado y no puede resucitarse. Vive el hoy. Propónte el mañana. Habita en Mi voluntad.

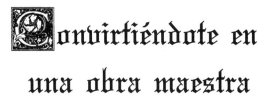 Convirtiéndote en una obra maestra

2 Crónicas 16:9
*Porque los ojos de Jehová contemplan toda la tierra,
para mostrar su poder a favor de los que tienen corazón
perfecto para con él...*
RV

Mis ojos siempre están puestos en ti, así como una madre nunca quita sus ojos de su hijo cuando el peligro está cerca. Siempre estoy preparando sorpresas para ti, para darte una herencia que sea digna de Mi amor por ti. Aleja tu alma de las manos del desánimo. Si puedes ver las sorpresas que tengo preparado para ti, estarías saltando y gritando por la bondad que te envío a tu camino. Tengo en Mi mano un pincel. Tengo cada color que necesitas para convertirte en obra maestra de amor.

Con Mi brocha, te dibujaré lejos de la oscuridad y de la debilidad. Te añadiré cada ingrediente faltante en toda tu vida. No habrá nada necesario que quede fuera. ¡Permanecerás joven mientras envejeces! El Sol siempre brillará para ti. Tu récord de milagros será más grande de lo que puedas imaginar. Vez tras vez pasaré por medio de ti. Continuamente revocaré circunstancias imposibles y arreglaré de nuevo cada circunstancia negativa para ti. Usarás Mi favor como un abrigo de muchos colores. Pasarás tu vida contando las vidas que has bendecido. ¡Sométete a Mi pincel y brilla!

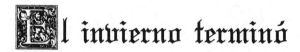 l invierno terminó

Cantares 2:11-12
Porque he aquí ha pasado el invierno, se ha mudado,
la lluvia se fue; se han mostrado las flores en la tierra,
el tiempo de la canción ha venido...
RV

El invierno terminó. La nieve ha comenzado a derretirse. Ahora, las semillas que has sembrado están empezando a brotar y están divinamente preparadas con poder para crecer. No pueden robarlas, ni destruirlas, ni pudrirse. Están garantizadas para producir aquello para lo cual fueron creadas. Estas semillas durarán por el resto de tu vida. Algunas semillas las sembraste en momentos de llanto. Algunas las sembraste en momentos de gran necesidad y otras las sembraste en momentos de gran abundancia. A pesar de la estación en la que las sembraste, tu cosecha te alcanzará y te rebasará. Escucharás las voces de los segadores llamándote porque tu cosecha está lista para llevarse a casa. Las bestias de tu vida ahora están enjauladas. Las aflicciones de tu alma son curadas. Y hoy las ventanas de tu espíritu, están abiertas. El tañido de la campana de libertad está llenando tu vida, porque es tiempo de cantar nuevamente. Eres el restaurador de corazones rotos. Ahora, vive en perpetua primavera.

Más allá de tus imaginaciones

1 Corintios 2:9
*Lo que ojo no vio, ni oído oyó y lo que no ha subido
al corazón del hombre, [todo esto] es lo que
Dios ha preparado para los que le aman.*
AMP

No puedes imaginarte lo que estoy preparando para ti. Todo el amor del Universo está trabajando por ti detrás del escenario, para hacer de tu vida algo hermoso y gloriosamente lleno con Mi presencia. No hay desánimo planificado para ti; todo el desaliento de la vida será absorbido por las olas del ánimo. ¡Ola tras ola, tras ola! Ponte de pie y bebe el ánimo. Bebe el amor de la eternidad que ha sido el observador de todos los buenos momentos que has tenido. He preparado asombrosas bendiciones para ti. Fabrico el mejor vino nuevo. Horneo la mejor repostería. Creo los mejores lugares de descanso que nadie ha visto. No todos son verdaderos, pero tú lo serás. No todos son honestos, pero tú lo serás. No todos son puros, pero tú lo serás. Los cerdos han sido eliminados. ¡Ahora tus perlas están seguras! Más allá de tu imaginación es donde edificarás tu hogar y vivirás donde los sueños se vuelven una realidad. El pasado incierto se acabó. No se volverá a repetir.

¿Puedes imaginarte ser amado perfectamente y valorado altamente porque toda la riqueza del Cielo está puesta a tus pies? Por todo lo que has rendido de ti hacia Mí, irá más allá de tu imaginación.

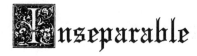nseparable

Romanos 8:38-39
Pues estoy convencido de que ni la muerte ni la vida, ni los
ángeles ni los demonios, ni lo presente ni lo por venir, ni los
poderes, ni lo alto ni lo profundo, ni cosa alguna en toda la
creación, podrá apartarnos del amor que Dios nos ha
manifestado en Cristo Jesús nuestro Señor.
NVI

Mi amor es como un pegamento; una vez que toca a alguien, no puede ser removido. A pesar de los esfuerzos para zafarte, lavarte, despegarte, aún permanece pegado a su objetivo. No creas nunca que cualquier cosa que hayas hecho pueda separarte de Mi amor por ti. Este amor ha sido probado por los malvados más grandes que jamás ha conocido el hombre y aún así permanece sin alteración. Este amor que tengo para ti es más profundo que todo tu dolor y dura más tiempo que la prolongación de tu vida. Nada en él. Bebe. Cúbrete con esto y duerme en sus brazos. Te mantendrá seguro de los peligros de la vida. Te sostendrá en la palma de su mano, lejos de las voces negativas de la gente a tu alrededor. Levantará tu cabeza por encima de tus enemigos y te presentará la corona de la victoria. Recuerda, tengo que cambiar el tamaño de tus pies para que camines con Mis zapatos. Mi amor por ti liberará a aquellos que han escogido llevar a cuestas sus cadáveres. Este amor es tu red magnética que atraerá a los peces a Mí. Con mi red de amor atraparás al pez inatrapable. Este amor te hace incapaz de ser intimidado por cualquier fuerza malvada que exista. Cada cosa viviente, visible o invisible, sabe qué te enseñaré. Ya están temblando temiendo por tus victorias futuras. Permanece inseparable.

La canción de restauración

Salmos 68:19
El Señor que diariamente lleva nuestros pesos y
quita nuestras cargas de desaliento.
Parafraseo del Autor

La canción de restauración es para que la cantes. Recuerda hoy que el enemigo es un mentiroso derrotado. No tiene nuevos trucos, ni mentiras, ni engaños, ni lujurias, ni temores, ni dudas, ni acusaciones. Todas esas armas se rompen ahora. Yo soy gentil, puro e incapaz de mentirte. Nunca te apartaré, ni te enfermaré, ni causaré que sufras. Jamás te lastimaré de ninguna manera. Cada día pienso en las formas que deberé usar para mostrarte Mi apoyo. Detente y confía en Mi. Espera lo asombroso de Mi. Te sacaré de la sombra del desánimo. Alejaré a la gente cruel y dura de corazón de tu vida. Estoy afilando tus flechas y fortaleciendo tus brazos para atraer Mi arco. Incremento tu visión para ver más lejos del blanco. Recuerda que cualquier cosa que te doy, la cuidarás. Tu tazón ya no está roto. Lo único que cargarás es Mi sanidad, Mi amor y Mi poder. Para restaurar al abandonado, ayudar al abusado, nutrir al pobre, adoptar al huérfano y socorrer a la viuda. Al hacer esto, siempre verás Mi cara claramente y nunca estarás lejos de Mi presencia.

La sequía se acabó

1 Reyes 18:41
*Y Elías le dijo a Ahab: Vete a comer y a beber,
porque ya se oye el ruido del aguacero.*
AMP

Cuando la lluvia comienza a caer, la sequía se acaba. Esos momentos
de escasez, de sequedad y de hambruna terminan. Cae sobre tus rodillas. Suplica desde lo más profundo de tu corazón. Entrégame todo a
Mi. Deja que tu alma se esparza hacia Mi. Permite que la lluvia sat-
ure el suelo seco de tu alma sedienta. La lluvia cae, demasiada lluvia;
océanos, océanos de lluvia. Ya está lista para caer en ti, refrescarte
y llenarte. Resucitará las semillas secas y olvidadas que alguna vez
plantaste y que te olvidaste. Tu corazón será suavizado y tu espíritu se
abrirá como una flor al Sol. Los campos secos producirán abundantes
cosechas. Clama, "¡La sequía se acabó!" ¡Grítalo! ¡Cántalo! Todo esto
es verdad. Las tragedias se tornarán en bendiciones, los fracasos en
éxitos, los corazones rotos en felicidad, la tristeza, en gozo y la escasez
en abundancia. El enriquecimiento es tu comida, el ánimo es tu néctar.
Habrá un final para la guerra y un comienzo para la paz. La intercesión
será tu estilo de vida. Te preparo una nueva mesa. Ahora vivirás del
maná del Cielo y un vino nuevo para tu espíritu. Los frutos de tu jardín
serán ricos y deliciosos. Yo soy el Todo Suficiente, el que te Sustenta,
tu Restaurador y tu Limpiador. Quédate en donde la lluvia siempre esté
cayendo. Vive en donde la sequía no pueda llegar. El tiempo de siega
ha llegado para ti. La recolección te mantendrá ocupado ahora…reci-
biendo respuesta a tus oraciones, escuchando el sonido del manantial,
juntando la cosecha y alimentando a las almas hambrientas en tu puerta.
Nunca Me falta y a ti tampoco. Recibe la lluvia, captúrala en los barriles y dala a aquellos cuya sed nunca ha sido saciada.

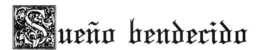ueño bendecido

Salmos 3:5
Yo me acosté y dormí, y desperté, porque Jehová me sustentaba.
RV

Dormir apaciblemente es Mi regalo para ti. Liberaré tu sueño de ansiedad y de malos sueños. Sanaré tus hábitos al dormir. Quiero que tengas un sueño con una clara conciencia, el sueño de un guerrero victorioso y el sueño de la obediencia. Tus movimientos bruscos y tus rodeos cesarán, porque tu sueño será invadido por Mi presencia. Yo, el Señor del Cielo te sostendré en Mis brazos eternos. Mi bendición andará contigo en los pasillos de tus sueños. Cierra tus ojos desde hoy y en adelante y recibe el sueño tranquilo. El sueño sagrado vale más que millones de riquezas tentadoras. Las torturas y los demonios de la noche han sido desalojados. Antes estabas ansioso, ahora estás tranquilo. Si estabas paralítico, ahora puedes caminar. Tus ojos ven en Mi mundo, tus oídos escuchan Mi voz, tus manos tocan Mi corazón y tu corazón está repleto de una seguridad intrépida. El polvo y las cenizas de tu pasado se han ido lejos. Tus motivos puros me permiten bendecirte. Tu obediencia me da acceso a tu corazón y tu fe abre Mis manos. Has pasado la prueba de la fe, el amor y la pureza. Ahora vive y duerme en paz.

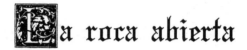a roca abierta

Deuteronomio 2:7
Porque Jehová, tu Dios, te ha bendecido en todas
las obras de tus manos; él sabe por el desierto que
has caminado, sin que nada te haya faltado.
Parafraseo del Autor

Desde el principio, he estado contigo. No te ha faltado nada. Sé por lo que estás pasando. Tal vez te sientas como en un desierto, pero recuerda que cambio un desierto en jardín. Lo que está viejo y seco, lo renuevo y lo refresco. Riego tu alma en el desierto. Envío el maná que te da vida y te sustenta. Abro la roca para que brote agua viva. Te protejo del calor abrasador del Sol y de la brisa fría de la noche. Me aseguro que tu ropa no se desgaste y te guiaré en la dirección correcta. Proveo cada una de tus necesidades, ya sea natural o espiritual. He planeado cada aspecto de tu vida, cada detalle. No te preocupes por eso. Yo seré tu Estandarte de victoria y tu Defensor. Nadie te lastimará, ni te robará. Estás fuera de su alcance. Ordeno que Mi paz te siga a donde quiera que vayas. Cuando te despiertes. Ahí estaré. Cuando te levantes, Iré contigo. Cuando te duermas, te agrandaré. Abriré la roca y saldrá agua que sustente la vida. Has visto tu último día de escasez.

avando lo malo

Eclesiastés 7:8
Mejor es el fin del negocio que su principio; mejor
es el sufrido de espíritu que el altivo de espíritu.
RV

Deshazte de lo malo al rendirte a la verdad. La verdad es el jabón del Espíritu; lo lava perfectamente y lo deja limpio. Nada sucio ni venenoso podrá sobrevivir al poder de la verdad. La verdad siempre está de tu lado, lista para ajustarse y te posiciona para que seas bendecido. Has vivido tus peores días. Se han ido y no reaparecerán. El descanso y la paz están ahora acercándose a tu puerta. Te estoy enviando a una misión de auto descubrimiento, porque necesitas saber quién eres en Mí y quién eres sin Mí. Ponte zapatos exploradores y comienza a caminar conmigo. En este viaje de descubrimiento, encontrarás las respuestas que has eludido, respuestas que te traerán conclusión y finalidad. No quiero que vuelvas a sufrir. He visto tus heridas. He escuchado el triste sonido del lamento de tu corazón. Cuando termine mi obra en ti, vivirás el sueño de tu vida lleno de amor y de aventura. El reloj de tu destino está haciendo tictac y ya es tiempo de que empieces a vivir. No vuelvas a mirar hacia atrás después de hoy. Déjalo todo por siempre en el pasado. Dale dirección a tu futuro. Estás lavado, ungido y preparado para tu verdadero destino. Vive libremente, camina libremente y nunca abandones esta carrera de la vida hasta que obtengas tu premio.

Los pies del Maestro

Lucas 10:39
Esta tenía una hermana que se llamaba María, la cual,
sentándose a los pies de Jesús, oía su palabra.
RV

He estado esperando para que vengas y te sientes conmigo. Que escuches con tu corazón y nó, con tu cabeza. Vacía tus emociones y todos tus sentimientos estresantes. Escucha Mi susurro. Mi voz te sanará, te reparará y te guiará. Un minuto conmigo vale una eternidad como no hay en cualquier otra parte. Tengo algo que decirte, algo que te hará sentir invencible. Explosiones vienen, la alegría prorrumpirá y serás impulsado a reinar por encima de cualquier situación. Mi voz está sanando todas las necesidades de tu alma. Recuerda, soy el Alfa y la Omega. Empiezo cosas y las termino. Encuentra tu lugar a Mis pies y descubre los secretos del Universo. Nunca dediques más de un día persiguiendo un propósito equivocado o perdiendo tu tiempo creyendo en una verdad equivocada. Tu llamado es para que puedas tener respuestas que cambian vidas. Entre más tiempo estés conmigo, más te parecerás a Mí. Día tras día te puliré, lentamente transformaré tu mente y te impartiré Mi sabiduría. El mundo está esperando por alguien que actúe y piense como Yo. Sé esa persona que puede ser reconocida porque está sentada a Mis pies.

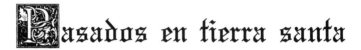asados en tierra santa

Éxodo 3:5
Y dijo: No te acerques; quita tu calzado de tus pies,
porque el lugar en que tú estás, tierra santa es.
RV

¡Quítate los zapatos! ¡Quítate esos sucios zapatos que se han llenado de polvo y de suciedad! ¡Sacúdete el lodo y prepárate a entrar a Mi presencia! La zarza te está hablando. Es tiempo para escuchar y obedecer. Si lo haces, hoy tu vara de milagros comenzará a funcionar. Todo lo que tienes que hacer hoy es acercarte al fuego. Fuiste lavado con Mi sangre y quedaste limpio y blanco. Ni mugre ni manchas por frotar tus hombros con el mundo permanecerán en ti. La gente te verá y no será capaz de decir que fuiste parte de este mundo. Te hago digno de caminar conmigo. Introduzco la luz de Mi presencia en ti. Te coloco justo frente al trono. ¡No hay asientos traseros para ti! Te bautizo con poder. Te doy riqueza espiritual. Pongo sabiduría en tu corazón y fuerza en tus huesos. Te doy honor ante los hombres y baños de Mi Gloria para que vivas ahí. Ahora toma tu barril de bendiciones y bébelo. Acercarte a Mí es lo que te salvará. El fuego te salvará de los placeres comprometedores de este mundo. Mis milagros son tu pan. Tu mesa se ha expandido con Mis glorias. Recuerda, el lugar donde estás ahora tierra santa es.

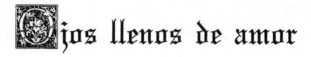

jos llenos de amor

Isaías 60:3
Las naciones serán guiadas por tu luz,
y los reyes, por tu amanecer esplendoroso.
NVI

Hay un avivamiento que viene a tu familia. Esta es la respuesta a todas tus oraciones. La duda se alejará de todos. Tu familia estará unida y el verdadero amor reinará. Vivir libre de duda es un milagro viviente. Nadie sabe el peso que has tenido que cargar, pero Yo si lo sé. Estoy haciéndote como un yunque sin temor al martillo: derecho, firme y a salvo de cualquier cosa que el mundo te lance. Serás duro y tierno al mismo tiempo. Seré tu albergue en las tormentas de la vida. Construyo una tranquila y apacible vida para vivir, libre de perros y monos espirituales, libre de látigos de tortura y de palabras de rechazo. La tuya será una vida relevante, llena de propósitos y significado. La amabilidad y la bondad son ahora tus emblemas. Tus dientes nunca temblarán con el frío. Tu corazón nunca se estremecerá con la helada por falta de perdón. Tu cobija caliente será Mi amor perfecto. Tu influencia alcanzará al mundo. La luz brillará en tus ojos llenos de amor. Serás como agua en los lugares desérticos.

u tesoro nacional

Jeremías 30:8
En aquel día, afirma el Señor Todopoderoso, quebraré el yugo
que mi pueblo lleva sobre el cuello, romperé sus ataduras…
NVI

Romper yugos es Mi pasatiempo. Los destruyo con una palabra.
Aplasto la oposición. Erradico la opresión y solidifico la verdad. Soy
tu tesoro nacional. Asegúrame, protégeme, apréciame. Trátame con respeto y nunca te faltará nada, grande o pequeño. Antes de que nacieras,
preparé tus pasos delante de ti. En ninguna parte de tu vida puse yugos
de esclavitud. La libertad es tu herencia; la libertad es tu canción.
Cántala al esclavo, al cautivo y a la víctima. El sonido de las cadenas
moviéndose se irá. La esclavitud que otros han puesto en tus manos
ahora se está haciendo añicos. Nadie te quitará el sueño. Eres libre.
Recuerda que los ojos del Cielo están dirigiéndose a ti y que todas las
almas perdidas de la humanidad están suplicando libertad. Ahora eres
un hijo de la Luz, nacido en el Faro del mundo. Apuntando el camino
seguro para todos los que cruzan su camino. Soy el Arador, arando
todos los barbechos, el suelo duro, rocoso de los corazones sin esperanza de la gente. Pon tu mano en Mi arado y nunca veas atrás. Eres Mi
arquero, te daré una puntería perfecta. Recuerda alejarte de cada yugo
que te quieran imponer a ti. Recuerda cuida tu libertad como un
tesoro nacional.

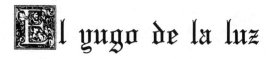l yugo de la luz

Mateo 11:29-30
*Carguen con mi yugo y aprendan de mí, pues yo soy apacible
y humilde de corazón, y encontrarán descanso para su alma.
Porque mi yugo es suave y mi carga es liviana.*
NVI

Ven a Mi con tu corazón abierto. No escondas nada, aclara tu mente al confiar en Mi. Déjame quitarte todo el estrés y la presión. Nada de lo que te doy te lastima. Todo lo que empiezo, lo termino. Estoy estirando Mi mano para liberarte del yugo y reemplazarlo por el Mío. Mi yugo sana, consuela y te habilita. Es tiempo para que te sientas mejor que nunca. Las llaves de la vida fueron recuperadas. No hay necesidad de preocuparte por ningún aspecto. Las rejas de hierro del dolor se han derretido. Un suave, tierno y amoroso corazón latirá en tu pecho. Estoy guiándote hacia las aguas profundas en donde encontrarás la mejor pesca. Estás destinado a encontrar almas solitarias alimentándose de la mejor comida del cerdo, condenado con la ceguera para vagar en el desierto, sediento, hambriento y desolado. Estos son tus mejores y verdaderos espejos. Te dicen dónde estás conmigo. La manera en que los tratas muestra tu corazón. Pon el yugo de la luz en tus hombros y vive tu vida con propósito. Cambia al mundo un yugo a la vez.

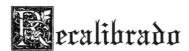ecalibrado

Romanos 6:4
Fuimos sepultados juntamente con Él para muerte por el bautismo, a fin de que como Cristo resucitó de los muertos por la gloria del Padre, así también nosotros andemos en vida nueva.
ESV

Nunca será bueno bañarte en los recuerdos del ayer; tienden a ahogarte. Entiérrate en el perdón. Arroja tu pasado en el océano de Mi perdón. Camina en lo nuevo de la vida. Tu vida pasada se fue. No la resucites. Mantenla en la tumba. Transformaré tus relaciones, cambiaré tus actitudes y renovaré tu vida. Mi vida será desatada en ti. Tráeme tu nuevo propósito. Acércate y serás alumbrado, revivido y recalibrado. Descubre la eterna verdad escondida a los duros de corazón. Camina en la nueva vida sin congoja o desesperación. Detente en Mi casa; estoy esperándote. Eres Mi única cita el día de hoy. Estoy dedicado a esperar que me descubras. Te enriqueceré con sabiduría. Te rodearé con un escudo de esperanza. Tu misión será traer esperanza para el que fue abusado y agua al alma árida por vivir alejada de Mí. Estas almas están secas, con suelo agrietado incapaz de beber sin ayuda. Eres ese ayudador, sin distracción por tu pasado y sin impedimentos por tus limitaciones humanas. Recuerda, soy mayor que tus limitaciones. Crezco en las limitaciones.

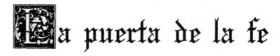a puerta de la fe

Hechos 14:27
Y cuando llegaron y se reunieron a la iglesia, declararon
todo lo que Dios había hecho con ellos y cómo él también
había abierto la puerta de la fe a los Gentiles.
ESV

Lo inaccesible ahora es tuyo. Lo inalcanzable está a tu alcance. Estos lugares se convertirán en tu jardín en donde Me llevarás y Me presentarás con extraños a los que convertiré en familia. Tu espada de fe nunca te fallará. Es más afilada que todas las demás espadas. Con ésta, conquistarás a Mis enemigos, allanarás cada montaña y atravesarás los oscuros corazones. Habla, piensa y camina. Con cada paso que des, crearé un almacén de bendiciones para tu familia. Regálalas y siempre se multiplicarán, porque soy tu Ayudador siempre presente y tu Cuidador. Aunque a veces camines sobre escorpiones, nunca te picarán. Su veneno no puede dañarte ahora. Te he administrado un antídoto. Hay muchas promesas que quiero cumplir para ti. Por ser un discípulo de la Palabra de fe, ahora puedo hacerlo. Mantén tus ojos en Mí. Sostén Mi Palabra como si fuera una luz y te guiaré directamente a Mi Tierra Prometida. Una vez que estés ahí, seré tu guía turístico en cada centímetro de la Tierra prometida. Recuerda nunca dejes tu espada de la fe recostada en el suelo.

Buscando las respuestas

Proverbios 2:3-5
Si clamares a la inteligencia, y a la prudencia dieres tu voz; si como a la plata la buscares, y la escudriñares como a tesoros, entonces entenderás el temor de Jehová, y hallarás el conocimiento de Dios.
RV

La búsqueda de sabiduría y entendimiento deberá ser de primordial importancia en tu vida. Cuando los buscas con todo tu corazón, los encontrarás esperándote. Te explicaré los aspectos de esta vida. Removerá los velos de oscuridad de la vida. Esta sabiduría es tu fuente de fuerza y de seguridad. Entre más entiendas, más paz tendrás en tu vida. Voy a celebrar la victoria reservada para ti y montará guardia por ti por cada esfuerzo en tu vida. Nunca tendrás que vivir o luchar solo. Tuyo será el sueño del ungido. Tus sentidos espirituales se volverán altamente agudos y nítidos. Tu discernimiento te protegerá de influencias corruptas. Verás la vida a través de Mis ojos sin confusión, ni engaño, ni malos entendidos. Claridad es tu segundo nombre. Por estos descubrimientos, te sentirás la persona más rica del mundo. Estos nuevos tesoros consumirán totalmente tu vida con propósito y asombro. ¿No es verdad que tu mayor deseo es conocerme completamente, sin reservas? Entonces esto es lo que te concedo: Revelación total, sin reservas, conociéndome completamente, diaria y eternamente.

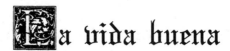a vida buena

2 Crónicas 32:30
*Y Ezequías prosperó en todos los trabajos para Dios
le dio honra y riquezas porque él buscó al Señor.*
Parafraseo del Autor

En Mi, te ha sido concedida una posición más alta de honor y de influencia. Te han sido dadas grandes riquezas. Tus hijos heredarán la gran colección de bendiciones atesoradas que ya recibes. Nuevas oportunidades comenzarán a abrirse. Serás asaltado por sorpresa y dejarán inundado tu corazón, tus manos elevadas y toda oposición aplastada definitivamente. El rostro de la oscuridad tendrá un rostro de debilidad. Tu rostro brillará con Mi resplandor interno y Mi gloria. Sin arrugas, sin signos de desgaste. Sin vergüenza o actitudes destrozadas, sin heridas de corazón. Te estoy construyendo con herramientas especiales. Herramientas que construyen fortalezas indestructibles con la vida de la gente. Nunca más te desanimarás por nadie. ¡Ahora eres el conquistador, el ganador! Serás el agresor, pulverizando espiritualmente al enemigo y reduciendo sus mentiras a polvo. Esta es la vida buena.

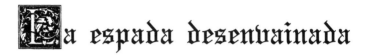 La espada desenvainada

Deuteronomio 20:3-4
No desmaye vuestro corazón, no temáis, ni os azoréis, ni tampoco os desalentéis delante de ellos; porque Jehová vuestro Dios va con vosotros, para pelear por vosotros contra vuestros enemigos, para salvaros.
RV

Estás actuando a la ofensiva. Vas corriendo, ¡sin gatear y sin temblar! No vas a permitir que el enemigo traspase tu propiedad. Mi Hijo murió por ti para que valientemente seas ofensivo. Conoces al único en quién crees y estás completamente consciente de Mis capacidades en ti. Soy fuerte, sabio, más poderoso que cualquiera cosa que tengas que enfrentar. Voy delante de ti; soy el primero en enfrentar a tus enemigos a tu favor. No tienes nada que temer. Rehúsate a ceder ante el terror, al temblor o al pánico. Pelearé por ti y estarás de pie en Mi victoria. Avergonzarás a tus enemigos. Se irán arrastrándose aplastados, amargados, hechos trizas y debilitados sin poder. Pónte con tu espada desenvainada. Recupera tu territorio perdido. Los días de inseguridad y duda quedaron muy lejos de ti. Eres poderoso, un guerrero terrible para Mi. Este es el inicio de tus días de victoria y conquista.

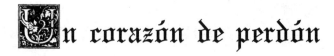n corazón de perdón

Mateo 6:14
Porque si perdonáis a los hombres sus ofensas, os
perdonará también a vosotros vuestro Padre celestial.
RV

Hoy es un día de perdón. Este es un día para postrarte de rodillas y perdonar a cada persona que haya abusado de ti, mentido respecto a ti, tomado ventaja de ti, que te haya mal representado, o te hizo quedar mal frente a la gente que amas. Nunca olvides cuánto te he perdonado en tu vida. Piensa en todas las cosas que has hecho en tu vida y recuerda que en cualquier ocasión en que puedas pedir que te perdone, instantáneamente lo haré sin cuestionarte. Hoy vas a vivir con sinceridad y autenticidad. No habrá hipocresía y no vas a actuar de mala gana en contra de otra persona, sin importar lo que te haya hecho. No vas a permitir que tus oraciones sean interferidas. No, hoy tus oraciones van a ser contestadas. Cada una será contestada porque el impedimento y el camino bloqueado serán eliminados del camino. Ahora suelta a todas las personas de falta de perdón, de resentimiento, de ofensa y odio. Al hacer esto, te ubicas para un milagro. No olvido tu perdón y tu amor y obediencia a Mi voluntad y te enviaré Mis bendiciones. Cuando perdonas, liberas Mis manos para poder realizar milagros a tu favor. Recuerda que todo lo que quiero es bendecirte.

El equipo de batalla de la victoria

Isaías 9:2
*El pueblo que andaba en la oscuridad ha visto una gran luz;
sobre los que vivían en densas tinieblas la luz ha resplandecido.*
NIV

Soy el Dios de la luz. Todo acerca de Mi irradia luz. Muestro toda clase de luz, natural, espiritual y social. En cualquier lugar en que la oscuridad esté se convierte en Mi esfera de luz. Los dioses de la oscuridad le temen a Mi luz, porque expone sus debilidades. Cuando habitas en Mi luz, serás inmune a cualquier forma de oscuridad. Usa la luz como armadura; te guiará, te renovará y te protegerá del mal. Entre más tiempo habites en esta luz, te parecerás más a Mi. Tu naturaleza cambiará, tu personalidad sanará y desarrollaré tu carácter, todo porque has abrazado Mi luz. Tu gozo aumentará de manera desmedida. Vas a disfrutar delante de Mi todo el día. Vas a tener una fiesta, un festín conmigo. He destruido el yugo y la carga que estaba sobre tus hombros. La vara del opresor será removida de ti ahora mismo. Ya no serás frágil, ni hipersensible, ni te frustrarás tan fácilmente. Todo el día andarás en el equipo de batalla de la victoria. Las cargas que tratan de agobiarte se irán por la gran autoridad de Mi Espíritu que tendrás. ¡Jesús es tu Señor y he venido personalmente a ti! Me he identificado contigo de todas las maneras. Soy tu Consuelo, tu Dios Todopoderoso y tu Padre Eterno. Soy tu Príncipe de Paz y Luz. Ahora, conviértete en un portador de la luz.

Alcance de la misericordia

Gálatas 6:7
No os engañéis; Dios no puede ser burlado: pues
todo lo que el hombre sembrare, eso también segará.
RV

Los hombres pasan sus vidas riéndose de Mi Palabra y escupiendo Mi sacrificio, pero no puedo equivocarme. Lo que digo siempre se lleva a cabo. Cualquier cosa que siembres en tu suelo, brotará. Hay muchas semillas que has sembrado que están esperando a que les hable para que crezcan. Tu espera ya terminó. El tiempo de la cosecha está aquí; destruiré las semillas malas de tu vida que podrían traerte una mala cosecha y destructiva. Permanece y recibe Mi corona de misericordia inmerecida. Lleva tu misericordia a donde los demás puedan verla y tocarla. La misericordia sana corazones heridos y sin esperanza. Será el centro de tu nueva vida. Regálala como si fuera un dulce. Comparte una palabra amable, actúa de una manera amable, especialmente con aquellos de la casa y con la familia de Dios. Nunca podrás dar más o bendecir más que Yo. Mi misericordia es de eternidad hasta eternidad. Alcanza hasta los cielos más altos y a los corazones más lejanos. Nadie está protegido de su poder.

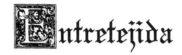

ntretejida

Salmos 139:15
*No fue encubierto de ti mi cuerpo, bien que en oculto fui
formado, y entretejido en lo más profundo de la tierra.*
RV

Mi vida está entretejida con tu vida por siempre. Me he puesto en ti. He derretido Mi naturaleza en la tuya. He refinado, purificado y limpiado tu espíritu con el jabón del amor. Ahora estás totalmente limpio. Tus heridas infectadas han sido curadas. Tu voluntad marchita recuperó su fuerza. Estoy entrelazado como un anillo de seda con miles de hilos íntimos que han sido meticulosamente tejidos al mismo tiempo por amor. Nadie puede desenredarte. Nadie puede destituirte. Estás fuera del alcance de los destructores. Estás total y completamente capturado. Lentamente te vas volviendo indistinguible de Mi. Entretejido tiernamente con destreza, con la mano de sabiduría, encontrado para siempre y completo por siempre. Eres perfeccionado con amor, transparente, vulnerable, enternecido, perdido y encontrado con los recursos de Mi hilo carmesí tejido eternamente en Mí.

os espejos de la vida

Jonás 2:8
Los que siguen vanidades ilusorias, su misericordia abandonan.
RV

Es momento de hacer pedazos los espejos vivos de tu vida. Es tiempo de destruir las mentiras que han estado llegando a tu cara desde tu niñez, mentiras que han moldeado tu personalidad, alterado tus decisiones y gobernado tu control emocional. Es tiempo de romper en millones de piezas todo aquello que te dice que eres imperfecto, variable y limitado. Deshazte de esos espejos mentirosos que han mostrado el lado equivocado de tu vida. Naciste para la grandeza, naciste para conquistar la vida y para alcanzar el Cielo y aceptar lo que he comprado para ti con Mi vida. ¡Sí! Es tiempo que te reflejes en el verdadero espejo de Mi Palabra y encontrar tu verdadero yo creado a Mi imagen, moldeado por Mis manos. Desde la fundación del mundo, estabas sosteniendo el verdadero espejo en tu corazón. La verdad respecto a ti ya está escondida en ti. Muéstrala al confiar y al obedecer Mi Palabra. Ahora es tiempo para que te veas con Mis ojos y nunca más te veas en los espejos mentirosos otra vez. ¡Mírame fijamente! Nunca alejes tus ojos de Mi y no ocultaré nada bueno para tí.

asa del destino

Isaías 42:9
He aquí se cumplieron las cosas primeras, y yo anuncio cosas
nuevas; antes que salgan a luz, yo os las haré notorias.
RV

El pasado está en la tumba a donde pertenece. No regreses y hurgues en él. Se verá y olerá al pasado todavía. No desees cambiarlo ni abandonarlo. Se fue para siempre y fue eliminado de Mi memoria. Estás a salvo de su veneno tóxico y de sus ecos torturantes. Mira al frente; siempre mira al frente. Anímate por el futuro, no por el pasado. Deja los gusanos del ayer sepultados en ataúdes. Deja que se coman unos a otros y no a ti. Aléjate del alcance del ayer. Mueve tu corazón con tus nuevos pensamientos de vida y esperanza. Sigue moviéndote hacia adelante, siempre adelante. Vivo en movimiento. Habito en un constante estado de progreso; por lo tanto, toma Mi mano. Déjame llevarte hacia el futuro que he creado para ti en donde los fantasmas no pueden vivir, los gusanos no pueden esconderse y la mentira no puede habitar. Sí, déjame ser tu guía en el paraíso que he creado para ti en donde todos tus sueños se harán realidad. El futuro es el hogar de tu destino.

oñando

Números 12:6
Y él les dijo: Oíd ahora mis palabras. Cuando haya entre vosotros profeta de Jehová, le apareceré en visión, en sueños hablaré con él.
RV

El sueño es Mi manera de permanecer despierto en ti. Soñar es la esencia para poder estar unido a Mi junto al reloj. Doy a luz Mis buenos sueños y santos en ti y de esta manera nunca dejarás de producir vida para Mi. Vendré a ti en tus sueños y te enseñaré los cantos de los ángeles. Te mostraré Mi camino. Debes tener Mis sueños durante toda tu vida viviendo constantemente en tu interior, recordándote que debes amar y perdonar, inspirándote cuando te desanimes, encendido y flamante en tu corazón con fuego y celo santo. No escuches a tus sueños falsos. Tápalos. Escucha los susurros de Mi voz. Abraza lo imposible y realizarás lo imposible. Soñar será como prender la luz en un cuarto oscuro. Tus preguntas aún no contestadas, serán respondidas, tus persistentes dudas se desvanecerán, tu corazón ofendido sanará, cuando dediques tiempo conmigo en la quietud de Mi presencia. Bébela como agua y cómela como pan. Aliméntate; amplía tu capacidad para Mi y sueña.

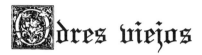dres viejos

Mateo 9:17

*Ni echan vino nuevo en odres viejos; de otra manera los odres
se rompen, y el vino se derrama, y los odres se pierden; pero
echan el vino nuevo en odres nuevos, y lo uno y lo otro
se conservan juntamente.*

RV

Hacer las cosas de la misma vieja manera no producirá nuevos y diferentes resultados. Sólo porque los caminos son viejos no significa que son correctos. Lo que pudo haber sido correcto, en algún momento de la vida, quizá ya no sea relevante respecto a lo que estoy haciendo ahora o en la manera que he elegido hacerlo hoy. Cada generación tiene su propio par de orejas y sólo pueden oir por ese juego de orejas. Aprende, ajústate; manténte flexible al cambio. Tira tus odres viejos. No seas obstinado ni terco acerca del modo en que las cosas tienen que ser hechas. Juzga por el fruto que tu árbol esté dando. Si eres completamente honesto, nada podrá detener tu éxito. Te convertirás en la persona con más influencia que conozcas en lo que emprendas. Déjame enseñarte el arte de la constante promoción. Déjame guiar tus pies a la cima del mundo. Te enseñaré cómo bendecir verdaderamente a la gente desde el más elevado, hasta el más bajo. Nadie estará lejos de tu poder de bendición. Tu familia será enriquecida. Cada familiar, compañero de trabajo, amigo y extranjero se verá beneficiado con el nuevo vino que fluirá de ti. Diles que beban según el tamaño de su corazón, mientras obtienes la doble porción por ser flexible.

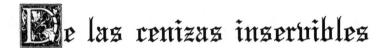e las cenizas inservibles

Isaías 61:3
A ordenar que a los afligidos de Sion se les dé gloria en lugar de ceniza, óleo de gozo en lugar de luto, manto de alegría en lugar del espíritu angustiado; y serán llamados árboles de justicia, plantío de Jehová, para gloria suya.
RV

De tus cenizas inservibles, hago una vida hermosa. Oh ¡Qué planes tengo para ti el día de hoy! Planes de gloria, planes de esperanza y planes para llevar a cabo asuntos importantes. Te estás volviendo muy relevante en la historia de los libros del Cielo. Te conocemos aquí. Tus acciones son observadas, oídas y grabadas; las buenas, las grandes y las asombrosas. Nunca dejaremos de creer en ti. Es tiempo de creer en ti mismo. Toma Mi mano. Déjame convertirte en una obra maestra. Todo lo que toco se convierte en obra maestra. Encuentro lo perdido, lo inservible, lo roto y lo no deseado. Lo hago hermoso. Te llamo con nombre nuevo. Veo tu corazón renovado y recuperado, de acuerdo con el Mío. Llévame contigo con humildad. Llámame para estar donde estás porque tienes hambre. El hambre hace que todo sepa delicioso. Tus cenizas volaron. Nunca las volverás a ver. Manténte firme hasta el final.

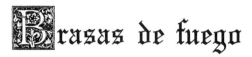rasas de fuego

Levítico 16:12

Después tomará un incensario lleno de brasas de fuego
del altar de delante de Jehová, y sus puños llenos del
perfume aromático molido, y lo llevará detrás del velo.
RV

Si esparces el carbón, el fuego se extingue. Pero si reúnes el carbón, el fuego crece como una flama de ardor frenético. El calor empieza a quemar inmediatamente, calentando el frío y alejando los fríos de la vida. Ningún corazón congelado puede permanecer. Sin sentimientos fríos o de excusas justificadas. Todos se dan calor en la casa de aquel cuyo fuego arde brillantemente. Te he formado una brasa de fuego, que nunca se apagará, está latente, es difundida. Manténte cerca de las otras brasas; quédate ahí para poder ayudarte a mantenerte caliente y flamante con pasión espiritual y genuino, amor puro. Nunca te retires de tus brasas. Quédate donde están. Permanece en el fuego. Los lobos temen y odian el fuego. Quizás veas sus ojos y escuches sus aullidos, pero nunca sentirás sus dientes ni verás sus pisadas cerca del fuego. El fuego de Mi Palabra los aterroriza. Les recuerda del destino de fuego. Todas las bestias del campo le temen al fuego. Mientras ardas, todas las bestias seguirán dóciles. No tienes nada que temer de los habitantes de la noche. No pueden y no se me acercan ni a Mi fuego. Permanece cerca del fuego. Ahí es donde vivo. Porque soy el Fuego Consumidor, listo para calentarte y devorar a tus enemigos.

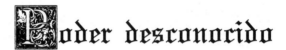oder desconocido

Salmos 68:35
Temible eres, oh Dios, desde tus santuarios; el Dios de Israel,
él da fuerza y vigor a su pueblo. Bendito sea Dios.
RV

Hay un poder desconocido y sin descubrir en Mi Palabra, cuando lo mencionas o lo cantas, desatas sus milagros. Pueden sanar al herido de corazón. Puedo abrir los ojos de los ciegos. Puedo destapar los oídos de los sordos y hacer que los paralíticos caminen. Puedo reanimar almas cansadas y cambiar al perdido y errante corazón. Este poder desconocido puede ser tuyo. Hay un poder desconocido en Mi nombre, porque no hay otro nombre como el nombre de Mi Hijo, Jesús. Todo comienza en el Cielo, la Tierra o debajo de ella deben inclinarse ante Su nombre. A Su nombre, la fiebre se detiene, el cáncer se disuelve, el cojo anda, el leproso es limpiado y el muerto es resucitado. A Su nombre los ejércitos del Cielo se juntan, los demonios del infierno tiemblan y se inclinan. A Su nombre, las puertas del Cielo se abren para darle la bienvenida a casa a las almas perdidas. En Su nombre, los corazones débiles son restaurados, matrimonios sanados y los hijos regresan a casa. Sí hay un poder desconocido en Su nombre. Hay un poder desconocido en la sangre de Mi Hijo. Ten cuidado de los que desechan la sangre y los que aborrecen la sangre. Sus corazones han cambiado conscientemente de la mano de la serpiente. Como ves, él teme Mi sangre. Dondequiera que vea la sangre rociada, debe irse del lugar. No puede soportar la visión de Mi sangre. Una gota y todos los carceleros del infierno deberán huir. Están destruidos, arruinados y sus palabras anuladas de las mentes de los cazadores. Sí, hay un poder desconocido disponible para ti.

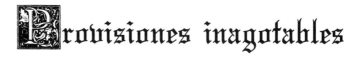rovisiones inagotables

Nehemías 9:21
*Los sustentaste cuarenta años en el desierto; de
ninguna cosa tuvieron necesidad; sus vestidos
no se envejecieron, ni se hincharon sus pies.*
RV

¿De qué careces? ¿Qué está faltando en tu vida? ¿Crees que no estoy
al tanto de esto, de cada detalle mínimo de tu vida? Sé lo que necesitas dentro y fuera, antes de que lo necesites. Ya Me he preparado para
suplirlo. Es tiempo para que confíes en Mí para eliminar el estrés, la
duda y el temor, para arrojarte en Mis brazos eternos. La prosperidad
va hacia ti. Llega desde muchos lugares inesperados. Cada uno te
motivará a la alabanza. Medita en esto. Deja que te fortalezca y nunca
luches con el mismo enemigo dos veces. Eres mi objetivo de provisión. La escasez será borrada de tus pensamientos. La abundancia te
enviará a Mis brazos. Tus ojos percibirán todas las necesidades a dondequiera que vayas. Tus manos nunca estarán vacías nuevamente. Tu
ministerio estallará como el agua de una presa. Tus bodegas de amor
nunca estarán vacías. Tu cuenta bancaria cantará para ti, la canción de
libertad. Ahora, usa Mis bendiciones para bendecir. Toma Mi abundancia y satura los corazones compungidos de los necesitados. Deja que tu
lema sea "Encuentra y Provee."

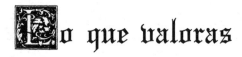o que valoras

1 Samuel 30:8

*Y David consultó a Jehová, diciendo: ¿Perseguiré a estos
merodeadores? ¿Los podré alcanzar? Y él le dijo: Síguelos,
porque ciertamente los alcanzarás, y de cierto librarás a los cautivos.*
RV

Persigues lo que valoras. Todos viven por este código no escrito. Cada
corazón valora algo; puede ser bueno o malo, malvado o justo, piadoso
o impío, egoísta o desinteresado. Este código vive en los corazones
de cada persona que vive en la Tierra. Debes examinar tu corazón.
Diariamente revisa cuidadosamente lo que tu corazón está persiguiendo. Nunca deberás tomarlo a la ligera. El corazón puede cambiar
en cualquier momento. Debe ser resguardado y protegido. Debe ser
tratado como jardín. Las hierbas deben ser arrancadas, los trozos
removidos y los predadores encerrados. Debe ser cultivado, revuelto y
fertilizado diariamente. No puedes abandonarlo a su propia cuenta, o
crecerán cosas extrañas. Los gusanos lo devorarán y las víboras con-
struirán sus fosos en él. El clima lo secará y los animales carroñeros
lo recogerán seco. El corazón demanda atención diaria, su cultivo
constante y regarlo diariamente. Si haces estas cosas, tu corazón nunca
te traicionará. Nunca se rendirá a tu enemigo. Persígueme y guía tu
corazón hacia los tesoros del Cielo. Entonces tu vida se convertirá en
una fuente viva llena de riquezas y cosas preciosas.

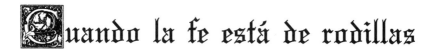uando la fe está de rodillas

Hebreos 11:6
*Pero sin fe es imposible agradar a Dios; porque
es necesario que el que se acerca a Dios crea que
le hay y que es galardonador de los que le buscan.*
RV

Cuando la fe está de rodillas, las montañas se mueven. Los obstáculos se desaparecen frente a tus propios ojos. Los problemas se desvanecen y la gente problemática se tranquiliza. Permite que Mi fe te guíe a Mí cada día. La fe Me complace. Me hace saber que todavía Me necesitas, que sigues dependiendo totalmente de Mí por tus necesidades diarias y por tus provisiones. Con la fe de tu lado, nunca tendrás escasez, ni serás pobre. Tu espíritu nunca perderá la esperanza. La esterilidad será palabra extraña. Las necesidades se acabarán. El desánimo nunca tocará a tu puerta de nuevo. Usa tu fe en Mí y Mi Palabra como nuevo conjunto de ropa. Camina erguido con la cabeza en alto. Acabas de escoger la vida de fe. Oh, ¡el gozo que te espera! Los tesoros que estás a punto de heredar, el poder que estás a punto de experimentar en tu vida cotidiana y los milagros que están a punto de ocurrir en tus relaciones. ¡Grita de alegría! La fe está de rodillas y Yo estoy escuchando.

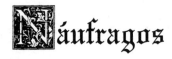áufragos

Génesis 14:16
*Y recobró todos los bienes, y también
a Lot su pariente y sus bienes, y
a las mujeres y demás gente.*
RV

La Tierra está llena de náufragos: hombres y mujeres y niños cuyas vidas han naufragado y estrellado contra las rocas de la vida. Sus sueños han sido robados, su inocencia ultrajada, sus familias destruidas y su seguridad eliminada. Estas vidas no escapan a Mi atención. Estoy buscando rescatadores que llevarán sus cuerdas salvavidas y las arrojarán en la oscuridad, rescatarán a los náufragos y los subirán a Mi barco. Mi barco no se puede estrellar, ni destruir, ni hundirse, ni volcarse. Este es un barco indestructible construido para resistir cada tormenta de la vida. No puede pudrirse, ni deteriorarse, ni perforarse; tiene garantía de por vida. Arroja tu red cada día. Ya he modificado la corriente alrededor de estos náufragos, para que caigan en tu red. Jala, jala, jala. Nunca te detengas hasta que cada náufrago sea rescatado. Haz de todo esto la meta de tu vida. Deja que te consuma conforme recuerdes que una vez fuiste un naufragado también.

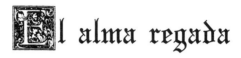l alma regada

Salmos 84:6
Atravesando el valle de lágrimas, lo cambian en
un lugar de chubascos: la lluvia temprana también
llena los estanques con bendiciones.
Parafraseo del Autor

El alma que no ha sido regada pronto se seca. El alma regada permanece fresca y viva. Saludable y llena de vida que da virtud. Se reduce la sequía y deshecha la basura y la contaminación. El alma regada es adicta a beber de la vida. Rechaza la basura, el polvo y el lodo. Está infinitamente consciente del gozo. La alegría es el fruto regado del alma. Produce gozo con cosechas abundantes, el gozo en la mañana para disipar la oscuridad y control de la depresión. Rechaza la tristeza. Eres ahora un alma regada desde ahora y en adelante. Aquellos que se han confabulado en tu contra para apoderarse de Mi agua fracasarán. Saldrán de las aguas de la venganza y de las montañas de la amargura que recolectaron a través de los años. Tu trabajo es regar a tus amigos y enemigos y darles lo que no merecen y que nunca podrían ganarse. De esta manera, estarás acallando la voz del enemigo en sus cabezas.

Permanece junto a Mi con un corazón tierno. Rechaza la dureza en cualquier forma. Bebe Mi amor; deja que sea tu jugo milagroso. Nunca padecerás sequías en tu vida. Repítelo cada día: "Soy un alma regada."

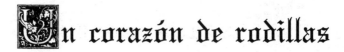n corazón de rodillas

Deuteronomio 4:29
*Mas si desde allí buscares a Jehová tu Dios, lo hallarás,
si lo buscares de todo tu corazón y de toda tu alma.*
RV

Un corazón de rodillas es más poderoso que diez mil oraciones vacías e hipócritas. Este es momento para construir un altar en tu corazón. Es tiempo del altar. Esto es lo que necesitas. Siempre lo necesitarás. El tiempo en el altar es la fuente de tu vida en Mí, conmigo, a través Mío y para Mí. Inclina las rodillas de tu corazón y mueve al mundo. Un corazón inclinado en adoración y en obediencia no puede ser apresado por todos los demonios del infierno. Ningún poder de las tinieblas puede detener un corazón vencido. Ninguna tentación puede seducirte, ni el temor puede apoderarse de tí y ningún insulto puede lastimarte. Un corazón arrodillado declara a todo el Universo que Yo soy el Rey de reyes y Señor de señores. Un corazón de rodillas es todo lo que se necesita para cambiar el curso de la historia. Ordena a tu corazón que se arrodille y te obedecerá. No dejes que se salga con la suya. Inclínalo a Mi voluntad, rápidamente que se arrodille por su cuenta. Un corazón de rodillas engendra otro corazón arrodillado, hasta que miles de corazones estén arrodillados y miles de vidas hayan cambiado
para siempre.

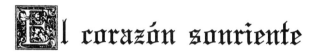l corazón sonriente

Salmos 30:11
Has cambiado mi lamento en baile; desataste mi cilicio,
y me ceñiste de alegría.
RV

El mundo está lleno de corazones tristes y adoloridos. Sus caras revelan sus corazones. No saben cómo soltar todas las ofensas y los abusivos. Nunca han aprendido la forma para dejarlos ir. No permanezcas atrapado en su trampa. Déjame entrenarte para caminar con corazón alegre. Si continúas caminando en intimidad conmigo, sin romper nuestra comunión, imprimiré permanentemente Mi sonrisa en tu corazón. Escribiré sinfonías enteras en tu rostro. El mundo escuchará la canción que emana de ti y éllos también serán contaminados con canciones del Cielo, las cantarán por toda la eternidad. Nunca menosprecies el poder de una genuina sonrisa. Este es un milagro de compromiso en este mundo. Para sonreír cuando el mundo esté lleno de guerras, de odio, de desesperanza y de enfermedades. Para sonreír cuando las familias empiezan a desbaratarse constantemente. Para sonreír en contra de las reglas de la Tierra sin esperanza. Sonreír será trompeta de esperanza. Una sonrisa puede salvar a un alma de su calabozo. A sonreír porque sabes que conmigo nada es variable, sólo Yo puedo descifrar huevos, nada es tan difícil de cambiar para Mi y nada estará más allá del alcance de Mis brazos abiertos. Así que sonríe a tus nubes.

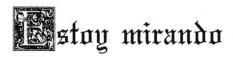stoy mirando

Deuteronomio 32:10
Yo te escudriñaré y te vigilaré como a la niña de Mis ojos.
Parafraseo del Autor

Mis ojos de amor y de protección nunca los separo de ti. Nunca alejo Mi mirada de ti. Estás en el centro de Mi atención. Tu bienestar es mi obsesión diaria. Vivo para que puedas vivir. Permanezco despierto al pendiente de la hora sólo para mantenerte seguro. Soy un Padre perfectamente amoroso y vigilante. Nadie te va a lastimar o te sorprenderá con perjuicios. No eres ya más vulnerable a las maquinaciones del diablo. Te he apartado de la guerra. He puesto una armadura indestructible en ti. Veo cada aspecto de tu vida. Recuerda, te vi antes de que fueras formado en el vientre de tu madre. Ya he planeado tu vida, paso a paso. Te veo cuando duermes y cuando estás despierto. Te levanto y modifico los desastres en bendiciones. Porque te estoy observando, tu vida pasarás limpiando los oasis de las almas de la gente. Te observo y Me observas, vivimos en mutua protección y paz. Tú hablas por Mi y Yo por ti. El resultado final es una vida asombrosa que vale la pena observar.

 l cojo

Sofonías 3:19
Yo apremiaré a todos los que te afligen; sanaré a los cojos.
Parafraseo del Autor

Cojear es un estorbo cuando caminas, cuando saltas y corras. Fuiste hecho para estar completo. Fuiste creado para funcionar sin estorbos y con nada en tu vida que pueda detener tu crecimiento o retrasar tu destino. Tengo muchas cosas que quiero que lleves a cabo: planes, misiones y proezas para alcanzarlas. No más cojear, ni batallar, ni gatear. Desde ahora en adelante, tu andar mejorará. Tu caminar conmigo será completamente transformado; tu vida de gozo estallará inesperadamente. Al correr hacia Mi cambiará a la larga tu enfoque y propósito en la vida. Cuando todos te vean, te verán corriendo la carrera de la vida y ganándola. Ahora levántate y corre. Corre a la manera de Mis mandamientos y deja que tu corazón sea ensanchado hasta que el mundo entero también esté corriendo hacia Mi. No más retrasos, ni estorbos o aplazamientos. La presa de tus sueños está quebrándose y tus dueños se dirigen hacia ti.

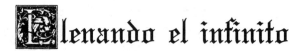lenando el infinito

Santiago 1:17
*Toda buena dádiva y todo don perfecto descienden de lo
alto, del Padre de las luces, en el cual no hay mudanza,
ni sombra de variación.*
RV

¿Crees que soy tan bueno como tu corazón podría imaginar? ¿Crees que Mis pensamientos por ti son sólo pensamientos de bien? ¿Crees que estoy haciendo planes para bendecirte y para prosperar a tu familia? ¿Crees que tengo poder ilimitado para poder cambiar tu mundo? Tengo suficiente bondad para llenar todo el infinito con gritos de alabanza por Mis intervenciones en la vida de todos los desesperados. Eres Mi herramienta, Mi arma, Mi instrumento de bendición. Estás llamado a llenar el Cielo con almas de los perdidos y de los que están pereciendo; ésta es tu misión. ¿La rechazarás, la olvidarás o la ignorarás? No, porque esta es la puerta que te guiará a todos los éxitos en tu vida. Las víboras han sido exterminadas del césped, los lobos dejaron de aullar y los caníbales ya no tienen dientes, asegurándonos de que regresen a su madriguera. Si puedo llenar el infinito, entonces puedo llenarte con todos los tesoros, dones y revelaciones que necesitas para reinar en esta vida. Lleva Mi trompeta y llena la Tierra con Mi alabanza.

La persona más rica de la tierra

Proverbios 28:27
*El que da al pobre no tendrá pobreza; mas el que aparta
sus ojos tendrá muchas maldiciones.*
RV

Quiero hacerte la persona más rica de la Tierra. Quiero mostrarte el camino que muchos buscadores de la verdad han encontrado, el camino a las verdaderas riquezas y a la inimaginable riqueza que nos guía a través del valle de los pobres. En este valle todos los pobres del mundo viven; tienen hambre, se están muriendo de hambre, están sedientos, desnudos, abandonados, rechazados, olvidados, aplastados, ofendidos, heridos, abandonados, desesperanzados, vacíos, perdidos y sin amor. Encuéntralos en donde quiera que estén; viaja alrededor del mundo si tienes que hacerlo. Enriquécelos con las perlas de la eternidad. Llena sus bolsillos con dinero, sus estómagos con comida y sus corazones con amor. Pon zapatos en sus pies, ropa en sus espaldas y gozo en sus espíritus. Levanta sus cabezas con esperanza y cambia su cansancio en una corriente de gozo al darles un sentido de dignidad. Tu amor es tu arma, la fe tus balas y los pobres tu blanco. Nunca te alimentes primero. Nunca pongas tus necesidades por encima de las suyas y te concederé todos tus deseos. Te abriré las puertas del Cielo. Haz todo con motivos sinceros, sin egoísmo y accederás a la vida más rica de la Tierra. Ningún ladrón puede robártelo, ninguna polilla puede corromperlo y ningún óxido puede deteriorarlo.

La vasija terminada

1 Tesalonicenses 5:24
Fiel es el que te llama, el cual también lo hará.
Parafraseo del Autor

Quizás tengas a veces problemas para ver lo que estoy haciendo en tu vida. Tal vez te preguntes cuál es el propósito oculto en tu vida, no eres una parte insignificante en Mi plan; no eres reemplazable. Eres una vida sagrada, Mi idea divina. Tu vida importa tanto para Mi plan en la Tierra. Puedo ver lo que no puedes. Tu trabajo es relajarte, obedecer y confiar. No corras para no atender. No permitas que el mundo gire tu cabeza. Sé exactamente a donde estoy llevándote. Te consideré como jarro quebrado y sin terminar. Nadie más te quería, Yo sí. Nadie más creía en ti, Yo sí. Confía en que terminaré lo que he comenzado en ti.

No te dejaré como proyecto sin terminar. Cada parte de ti que tiene necesidad, o esté rota la repararé o la reemplazaré. Cada promesa que te daré es parte de un pegamento eterno que mantendrá todo unido. El débil y el desamparado que pueda verte se llenará de fuerzas gracias a ti. Lo visible, perturbado y roto te alcanzará porque observarán que tus grietas se han curado. Eres mi vasija mejor terminada. Mi contenedor. El portador de Mi verdad y esperanza. Siempre termino lo que empiezo. Déjame completarte.

iligencia

Proverbios 22:29
¿Has visto un hombre diligente en su trabajo?
Delante de los reyes estará...
Parafraseo del Autor

Diligencia es la clave de tu éxito. Las hormigas, las abejas y todos los animales creados son diligentes. Nunca tienen escasez; nunca estarán débiles, ni enfermos, ni lastimados. La debilidad nunca ha entrado en su mundo. Hacen aquello para lo cual fueron creados. Son consistentes en su vida. La vida se supone que no será difícil, suponen que será fácil conforme el tiempo pasa. Tu corazón se volverá más fuerte día a día. Tus dones espirituales serán más efectivos conforme pasa el tiempo. Tu diligencia en el trabajo y en el ministerio pagará con grandes recompensas y bendiciones aquí en la Tierra y en el Cielo. No dejes de hacer lo correcto aunque no obtengas resultados inmediatos.

Cosecharás bendiciones con tu trabajo. Tu diligencia con justicia te colocará al frente de grandes hombres y mujeres de influencia y poder. Debes vivir un día a la vez. Espera explosiones, espera milagros, espera devoluciones inesperadas por tu siembra. Tu futuro ya está planeado. Debes cincelarlo desde afuera de la roca; es en la espera donde serás libre. Y oh, ¡Qué futuro lleno de promociones y de poder! Viste tu diligencia como la ropa más fina.

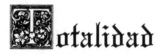otalidad

Gálatas 3:13
*Cristo nos redimió de la maldición de la ley, hecho por
nosotros maldición (porque está escrito: Maldito todo
el que es colgado en un madero).*
RV

Mi vida fue el precio que pagué por tu totalidad. Pagué para que fueras perdonado de todos tus pecados pasados, presentes y futuros y de toda pretensión. Me entregué para que pudieras respirar aires de libertad. Deja que las campanas de libertad suenen en los rincones secretos de tu mente. Pagué por tu restauración y salud total. Todas tus enfermedades y dolencias han sido curadas en el Calvario. Ahora puedes caminar con salud divina. Obedece y recibirás estas bendiciones. Pagué para que fueras libre de toda atadura, de cada adicción y de malos hábitos. Mi muerte produjo tu vida. Mi sufrimiento iguala tu consuelo. Pagué tus deudas totalmente, estás en deuda conmigo, con el mundo y contigo mismo. Puse Mi ser en un trozo de madera para que puedas vivir como rey. Llevé tus dolores para que puedas vivir feliz. Fui castigado para que seas perdonado. Fui juzgado para que recibas misericordia. Experimenté la muerte para que puedas experimentar la vida eterna. Lávate en esta vida y en la próxima venidera. Derroté al diablo para que puedas vivir libre de él. Bebe lo que te compré. Aprende, aprende, aprende. Crece a Mi imagen. Toma Mi sacrificio y sana a todos. He pagado para que tengas prosperidad en tu cuerpo, en tu alma y en tu espíritu y por todas las demás partes de tu vida. He roto la maldición del legalismo. Destruí las maldiciones de tus antepasados. Te he redimido de tu pecado; éste ya no tendrá más poder en tu vida. La puerta del Cielo ahora está abierta para ti. Tu nombre está escrito en el Libro de la Vida. Soy tu Comprador; y sólo Yo tengo derechos sobre ti.

En soledad definida

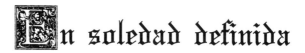

Santiago 4:8
Acercaos a Dios, y él se acercará a vosotros...
RV

Te defino por Mis huellas dejadas en tu alma. Mis manos crean milagros. Mis manos sanan y restauran el gozo y la salud. Escribo tu futuro en tu mente y en tu alma. El amor es Mi pluma, la misericordia Mi papel. Me escondo en las páginas de tus decisiones. Se requiere tiempo para estar a solas conmigo. Habla de tus sueños, cultiva tu destino con el cetro de justicia. Vive lejos del espíritu salvaje del mundo. En lugar de eso, vive con amor incondicional. Vive por el desdichado, por el rechazado, por las almas arruinadas de este mundo. Dale a tu vida color, gloria y propósito. Desvanece los sufrimientos y los dolores de los despreciados. Recuerda lavar los pies del pobre. Protégete de los parásitos del alma: parásitos de poder, de fama, de egoísmo y orgullo. Evita las sanguijuelas indulgentes, de los buscadores de placer y de los duros de corazón. No permitas que los crímenes espirituales de los demás perjudiquen tus dones. Ama por lo que eres. Cuando estés solo serás definido. Caminemos juntos en esta relación irrompible. Conviértete uno en espíritu y en alma conmigo y liberaré verdaderos tesoros de vida para ti. Pónte de pié únicamente en tus convicciones y te rodearé de personas que te enriquecerán y bendecirán.

Nunca es demasiado tarde

Isaías 40:29
Él da esfuerzo al débil y al cansado y multiplica las fuerzas al que no tiene ningunas. [Causándole que se multipliquen y que abunden].
AMP

Nunca es demasiado tarde para Mí. Entre más débil seas, así Me agrada más, porque Mi fuerza se perfecciona en tu debilidad. Si no tuvieras debilidades, no me necesitarías. Entre más debilidades tengas, más te convertirás en bendición mayor. No te rindas, ni te des por vencido. Multiplicaré tus recursos naturales y espirituales; tus graneros rebosarán de abundancia suficiente para compartir con todos. Nunca es demasiado tarde. Recuerda Mi historia. Recuerda Mi fidelidad. Recuerda Mi lealtad a Mi Palabra. Si estoy presente automáticamente todas las cosas se restaurarán por sí mismas. No más demoras. No más disturbios. No más casualidades. No más ataques de ansiedad. Esto es todo. Yo pasaré ahora por ti.

Me doy cuenta

Gálatas 6:9-10
No nos cansemos, pues, de hacer bien, porque a su tiempo
segaremos, si no desmayamos. Así que, según tengamos
oportunidad, hagamos bien a todos, y especialmente
a los de la familia de la fe.
RV

Nunca dejes de sembrar bendiciones en la vida de la gente. Aun si no lo aprecian o incluso si ni lo notan, házlo porque es lo correcto. Y recuerda, me doy cuenta y lo escribo en Mi diario. Nunca olvidaré ninguna cosa buena que hayas hecho. Cuando sientas que te darás por vencido, duplica tu siembra. Cuando te desanimes, levanta tus manos y adórame. En ocasiones cuando te duela la cabeza, o tengas coraje, ora con perdón en tu corazón. Tu amor nunca dejará de brotar si haces estas cosas. Hoy, he visto tus motivos, tus sueños y tus deseos. Vive por encima de la auto-compasión. Camina con fe audaz. Sujeta tu armadura y úsala para derrotar a Mis enemigos. Toma el botín y compártelo con aquellos que han sido saqueados. Te percibo así. Ahora, abraza Mis cuidados y sométete a Mi plan.

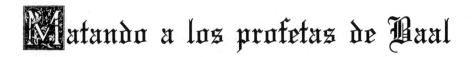atando a los profetas de Baal

1 Reyes 18:40
Apresad a los profetas de Baal, para que no escape ninguno.
Y los apresaron y Elías los degolló allí.
Parafraseo del Autor

Ninguno de estos falsos profetas girando alrededor de tu cabeza escapará. Cada falsa voz mentirosa del pasado, del presente o del futuro será eliminada de tu vida. El diablo es el padre de las mentiras. Este es su trabajo: sobrecargar tu mente con información falsa, con pensamientos e información confusa contraria a la verdad. Las mentiras te guían a la muerte; la verdad conduce a la vida. Eres un hijo de la verdad, nacido de la verdad y para la verdad. Eres un dragón asesino para Mí. Toma tu espada de la verdad y conviértete en experto usándola. Déjame fortalecer tus brazos espirituales. Déjame enseñarte a usar tu espada. Vuélvete un maestro de la espada. Asesina a esos falsos profetas en la vida de la gente. Corta sus cabezas y su voz será acallada. No tengas misericordia con las mentiras, ni con las distorsiones, ni con las exageraciones. Mata a todos los enemigos de la cruz. Aleja su presencia de cada persona que amas y conoces. Deja que la verdad sea el defensor que enviaste. Asesínalos con tus palabras, obras y actitudes. Conviértete en Mi asesino.

n adicto al gozo

Salmos 51:12
Devuélveme el gozo de mi salvación
y espíritu libre me sustente.
Parafraseo del Autor

Nunca subestimes el poder de la alegría. Piensa qué tan frecuentemente te ha hecho falta y cómo los problemas, el pecado y la depresión se alejan cuando el gozo entra a tu habitación. ¿Te has dado cuenta de que la gente feliz camina sin temor? El temor no puede echar raíces en el jardín de tu corazón cuando el gozo está ahí, arrancando las raíces del temor. El gozo es como el aceite curativo para tu alma. Evita que se agriete y desarrolle ácaros en ella, esos parásitos microscópicos, irritan, distraen y causan infecciones en el alma. El gozo previene todas las enfermedades de un alma enferma. No vivas sin esto. El gozo viene por la mañana. Alerta tu corazón que está en tus manos y viene a Mi cada mañana. Alábame por tu vida. Agradéceme por tus victorias pasadas, presentes y futuras. Deténte en Mis promesas. Deja que sean tus muletas y las ligaduras de tu alma. Te estoy haciendo un adicto al gozo, un adicto a vivir con Mi sonrisa.

Las luces están prendidas

Salmos 18:28
Tú encenderás mi lámpara; Jehová
mi Dios alumbrará mis tinieblas.
RV

Tu jornada es constante iluminación avanzada. Cuando termine de educarte en Mis caminos, en Mis pensamientos y en Mis ideas acerca de la vida y del cómo vivir, no serás capaz de encontrar una sola parte de confusión, de oscuridad o de duda. Mi luz de la verdad es tu lámpara de mano, en las cuevas de la vida. Mi vela es tu luz a través de cada camino falso que sientas dentro de ti. Las ideas con telarañas que tengas que te dieron personas engañadas y mal informadas que te han afligido se desaparecerán de tu mente. Tuyo es el camino de la verdad y de la justicia, sabiendo todo respecto de Mí. Conociendo cómo caminar conmigo en armonía es el mayor don. Este don de verdad y entendimiento te abrirá muchas puertas. Tu sabiduría será buscada por muchos llamados "intelectuales". Se asombrarán de la sabiduría que posees para responder sus preguntas acerca de la vida. Las luces están encendidas y nunca se apagarán. Camina en la luz, quédate en la luz, rechaza la luz falsa de los falsos iluminados que han sido seducidos por el dragón rojo. Tu camino ahora es claro. Sigue las señales del camino al Cielo.

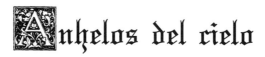nhelos del cielo

Salmos 37:4
*Deléitate asimismo en el Señor y Él
te dará los deseos de tu corazón.*
NKJV

Hay dos autores del anhelo. El diablo crea en ti anhelos para tu carne, esos deseos ilegítimos que se convierten en obsesiones y adicciones. Éstas son las vías del tren del diablo que están en ti, te guían a sus prisiones. Es el carcelero de tu alma. Anhelos por lo inalcanzable son: su música y sus encantamientos. Si anhelas lo inalcanzable sólo te torturarás. No lo hagas; el auto-flagelo es algo tonto. No es sabio amar aquello que te destruirá. Te hice un corazón que ama lo que amo, que sólo tiene espacio para Mí. Que tiene un solo corazón para dar. Estoy dándote los anhelos del Cielo, esos deseos que han hecho grandes a miles de hombres y mujeres en Mi reino. Un deseo del Cielo limpiará una ciudad entera de malos deseos. Si anhelas lo que ves, entonces ves lo que te imaginas y te imaginas lo que meditas. Vive en Mi Palabra; piensa en ella. Úsala como agua, como medicina. Creará un anhelo que te enviará a la grandeza.

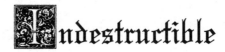ndestructible

Mateo 7:25
Descendió lluvia, y vinieron ríos, y soplaron
vientos, y golpearon contra aquella casa; y no
cayó, porque estaba fundada sobre la roca.
RV

No edifiqué aquello que pudiera ser destruido. No utilicé materiales
débiles y frágiles cuando establecí los cimientos de tu vida. Todo lo
que usé para formarte es indestructible. Tu primera responsabilidad es
dejarme derribar los viejos cimientos. Como ves, éstos ya son viejos, con cimientos falsos y muy frágiles colocados por constructores
ignorantes y descalificados. Estos constructores usaron malos materiales, inservibles y frágiles. Sólo quieren tus recursos y no les importa
tu vida ni tu longevidad. ¿Puedes escuchar a las excavadoras del Cielo
rasgando, jalando y rompiendo todos esos falsos cimientos mentales? ¿Esos valores confusos y creencias, esas filosofías destructivas
del alma y esas muletas engañosas de la carne? Sí, todo debe irse. Y
entonces comenzaré a construir un templo eterno, un templo cuyos cimientos estén seguros, sean confiables, indestructibles, firmes, dignos
de confianza y eternos. Mantente fuerte para que los demás puedan
refugiarse en tus pabellones.

os anuncios del cielo

2 Reyes 6:17
*El Señor abrió sus ojos y él vio que el monte estaba lleno de
gente de a caballo y de carros de fuego alrededor de Eliseo.*
Parafraseo del Autor

Todos los que están en la Tierra de tiempo completo se sienten so-
brecogidos. Todos creen que están solos. Los seres humanos se sienten
aislados y lejos de todos, esto no es nuestro propósito. Observa a tu
alrededor, no con ojos naturales, sí con los ojos del Espíritu Santo. Descubrirás que el Cielo te está observando. Desde ahí te están animando,
orando por ti, alentándote, creyendo lo mejor de ti. Los partidarios del
Cielo no entretienen pensamientos negativos respecto a ti; no esperan
tu caída. Conocen tu destino y confían en Mi para cumplirlo. Nunca
estás solo. En ocasiones, esos sentimientos de soledad desaparecerán
y serán reemplazados con Mi presencia; tú y Yo, caminando juntos
por la vida. Damos la bienvenida a cualquiera que quiera unírsenos.
Corazones abiertos llevan a manos abiertas. Y las manos abiertas son
los anuncios del Cielo.

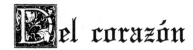el corazón

Proverbios 4:23
Cuida y guarda tu corazón con toda la vigilancia y por encima de todo lo que guardes, porque de él fluyen los manantiales de vida.
AMP

Del corazón fluyen los significados de tu vida. Nunca permitas que nadie altere tu corazón con palabras hirientes, acciones crueles o actitudes maliciosas. Tu corazón es el asiento de tu vida. Veo al corazón. Respondo a un corazón contrito y humillado. Me mueve para actuar. Un corazón roto, suave y tierno es el semillero para Mi amor. Puedo cambiar al mundo con un corazón rendido y flexible. El corazón es la bodega central de todo lo bueno y lo malo; por lo tanto, necesitas cuidarlo y amor. No permitas que nada en tu vida pueda minar Mis planes para ti. Los ladrones siempre tratarán de forzar la entrada y de robar tu corazón del Mío. Esto es lo más valioso que tienes. Es donde Yo vivo. Tu corazón es tu llave hacia Mí; todas las riquezas están depositadas en tu corazón. Mi Palabra debe habitar en tu corazón. Mi presencia fluye desde tu corazón. Amor, gozo y paz habitan en el corazón y del corazón mana la vida. Colócate firme con un corazón lleno de fe y de amor y obsérvame remover el velo que te permitirá conocer los misterios de Mi reino. Dame todo tu corazón sin reservas, porque Yo ya te di el Mío.

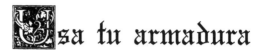sa tu armadura

Efesios 6:11
Ponte toda la armadura de Dios, para que puedas
estar firme contra las asechanzas del diablo.
NKJV

Cuando entres a esa jungla llamada mundo, nunca salgas de tu casa sin tu armadura. Úsala; ponte cada pieza cuidadosamente. No te apresures. Cuando se trata de tu armadura, necesitas asegurarte de que funcione completamente. Revisa el yelmo de la salvación; asegúrate de que tus pensamientos estén en armonía con los Míos. Recuerda quién eres en Cristo, Mi Hijo. Recuerda las bendiciones que te he dado y no permitas que algunos pensamientos te destruyan y echen raíces. Vístete con la coraza de la justicia; di quién te he hecho que seas. Haz lo justo y permanece inalcanzable para las garras del diablo. Ciñe tu cintura con la verdad; la verdad en todos los aspectos te dará acceso a Mi Espíritu. Usa y ata tus zapatos de paz; camina por donde camino y como camino y nunca llegarás a un destino equivocado. Nunca olvides llevar el escudo de la fe; detiene todos los misiles de destrucción en contra de tu vida. Te protege de todas las armas satánicas. Y finalmente, lleva tu espada y no dudes en usarla con los demás. Úsala en tu naturaleza adámica. Sométela con tu espada. Elimina el recuerdo de la voz de tu enemigo. Recoge la cosecha y toma el botín porque es tu primogenitura.

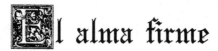

El alma firme

2 Tesalonicenses 2:2
No permitas que tu mente fácilmente se trastorne o perturbe,
ya sea por alguna [simulada] revelación [del] Espíritu, ni por
palabra, ni por carta.
Parafraseo del Autor

El alma firme es Mi regalo para ti. Nunca Me alarmaré de la intimidación por las amenazas de gente o de inminentes peligros mirándote fijamente. Vivirá sin perturbaciones. Una serena paz se quedará sobre ti como una cobija caliente en un día frío de invierno. El alma firme descansa en Mis brazos permanentemente; no está sujeta a alarmas, ni a temor, ni a pánico. Nunca le dará la mano al sádico ni se sentará en el trono de la duda. Está aislada de venenos tóxicos de un alma incrédula. Es el puerto, es el albergue de paz y verdad. Anda con cazadores de gigantes y rechaza la mente de traidores y el corazón de la langosta. Sí, el alma firme es como las velas de un bote, listas para capturar el aliento del Cielo y transportarte a tu puerto deseado. El alma firme es tu armadura, tu trompeta y tu espada. Te guiará a Mi salón de la fe, escribiendo tus obras para que el temeroso las vea, separándote de las mentiras de la cantidad de calumnias, dándote pan para comer y tu vino para beber para que tu alma se renueve. Por lo tanto permanece en Mi Palabra; firme, inmóvil, apacible y ganando los trofeos de la vida para tu Dios.

Las fibras de tu corazón

Romanos 4:19
*Y su fe no se debilitó al considerar [en absoluto] la impotencia
de su propio cuerpo, que estaba ya como muerto porque
tenía casi cien años, o [cuando él consideró] la esterilidad
de la matriz [apagada] de Sara.*
AMP

Abraham no se debilitó en su fe al considerar la debilidad de la matriz de Sara. No te metas en la cueva. Hoy, ¡alcánzame! ¡Alcanza Mi fuerza! Acércate a la bodega de Mi fe. No me muevo por estas circunstancias en las que estás; Yo decido lo que te llegará y Mi decisión para ti es un milagro explosivo. Cualquier cosa que parezca imposible, la haré realidad. ¡Proclama tu victoria ahora! Te estoy rodeando con Mis brazos, uniendo al Mío las fibras de tu corazón. Cada día tú y Yo nos volvemos uno. Estoy formando tu nombre y ministerio. Estoy extendiendo la esfera de tu influencia, para que la gente que pase por tu vida sea conmovida por toda la eternidad. Tu corazón es como el sonido de una campana en la iglesia, siempre está sonando en Mi corazón y atrayendo a la gente para que Me adore. Mi amor te rodeará, a tí y a tus seres queridos, generando un despertar espiritual que será escuchado a donde quiera que vayas. Ríndete diariamente, con todas las fibras de tu corazón que están clamando por Mí. Ahora relájate y déjame terminar lo que empecé en ti.

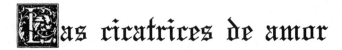as cicatrices de amor

Isaías 53:5
Mas él herido fue por nuestras rebeliones, molido por nuestros pecados; el castigo de nuestra paz fue sobre él, y por su llaga fuimos nosotros curados.
RV

Estas cicatrices sagradas que tengo son por ti. Estarán por siempre cinceladas en los vestíbulos del Cielo. Estas cicatrices de amor hechizan la condena de Satanás y sus demonios, quienes han sido derrotados eternamente por ellas. Estas cicatrices sagradas que llevo por ti son para recordar al mundo cuánto te amo y cuánto me preocupas así como todos aquellos a los que amas. Mis cicatrices son trofeos de Mi amor para el mundo y para todos los que habiten en ellas. Mis llagas tienen el poder sanador para sanar al enfermo del cuerpo, para el ofendido en su corazón y para el quebrantado en su espíritu. Estas cicatrices santas ruegan al Universo porque haya esperanza en la vida, para que todos los que vengan a Mi, nunca sean rechazados ni olvidados. No puedo dejarte y no te abandonaré, nunca. Veo las cicatrices, te alcanzo, corro tras de ti. Vivo para capturar tu amor, dado con libre voluntad. Las cicatrices de amor son lazos victoriosos. Nos dice a todo el Universo que el verdadero amor es posible para un mundo perdido, desdichado de gente enferma. Dirígelos hacia Mi cicatriz. Los dirigiré al Cielo. La salud te llegará. Ambas heridas las viejas y las nuevas hoy desaparecerán. Sentirás como si nunca hubiera pasado. Esas heridas que se han inflamado e infectado ahora sanarán y cerrarán. Las recientes también desaparecerán y se convertirán en cicatriz de amor. Una cicatriz es siete veces más fuerte que la piel original. Lo que solía lastimarte y molestarte tan fácilmente ahora ya no lo hará. No seas guiado o motivado por tu dolor. No hagas que ningún dolor propicie tus decisiones; déjalos, acalla su voz. Recuerda, la vida está a punto de empezar y convertirte en lo que soñaste ser. Detén el impulso descendente. Ríndete a Mi suave voz y aléjate de malos hábitos emocionales. Déjame fortalecer tu espíritu. Piel gruesa y un delicado corazón; ésta es tu respuesta. Bucea precipitadamente hacia el perdón. Úsalo como abrigo y no temas a las palabras, ni a las miradas y ni a las acciones de los demás. Libérate. Mi cicatriz de amor te produce vida en su totalidad. Sufrí por ti para gobernar y reinar en esta vida. Cúbrete con mi cicatriz de amor y ninguna otra cicatriz te tocará.

evocaciones divinas

Isaías 43:2
*Cuando pases por las aguas, yo estaré contigo; y si
por los ríos, no te anegarán. Cuando pases por el
fuego, no te quemarás, ni la llama arderá en ti.*
RV

Aquel que haya obrado mal, lo cambiaré y por cada intención perjudicial que tengan en tu contra, recibirás una bendición. Entre más
intenten lastimarte, serás más rico y lo atesorarás. Eres inmune a la
destrucción y a la decadencia de hoy. Prosperidad en exceso tendrás
ahora. Los malos hábitos se están deshaciendo. Algunos de tus amigos
han escogido llevar una mala vida; no permitas que tus contactos emocionales que te unen a ellos te separen de Mi. Porque te darán dolor y
fracaso con su sonrisa. Yo no, Yo soy tu Socio. Soy tu Ayudador siempre presente. Siempre estoy arreglando las cosas para ti. Soy tu Doctor,
tu Piloto, tu Capitán y tu Benefactor. Ejecuto justicia para ti. Quito la
opresión de ti. Te amo como tu Verdadero Padre, Rey, Creador y el
Guardián del Pacto. Acepta estas verdades. Deja que sean tu lámpara.
Úsalas como faro de la verdad. Nada te afectará mientras sigas en Mi
camino de la verdad. Todos los mentirosos del diablo están siendo
ineficientes. Su plan será frustrado, su voz silenciada y sus mentiras
en tu contra serán desmanteladas. Revocaciones divinas serán tu don,
porque soy el Dios de las revocaciones divinas.

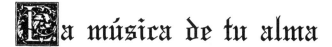

La música de tu alma

Salmos 91:4-5
Con sus plumas te cubrirá, y debajo de sus alas estarás
seguro; escudo y adarga es su verdad. No temerás el terror
nocturno, ni saeta que vuele de día.
RV

Te doy un nuevo canto y una nueva música para tu alma. Porque de ella fluirá la protección divina contra el daño físico, el dolor emocional y el tormento mental. Notarás la sombra de Mi mano cubriéndote de las flechas y de las armas en la oscuridad. Una nube de amor y el poder de Mi presencia seguirá a tu alrededor cada día. Relájate y disfruta los cuidados de tu Padre. Hoy, el Sol brilla para ti. Las nubes te traen lluvia santa y los armamentos del enemigo han sido desmantelados y reducidos a polvo. Quiero que vivas al 100% sin distracciones enfocado en tu tarea. Encuentra el tesoro escondido en las personas conflictivas que te rodean. Ámalos como Me amas. La vida se volverá en música para tu alma. Todo lo que eres o lo que serás está definido por esta canción: escóndete en Mí. Nada te dañará, ni siquiera las puertas del infierno pueden prevalecer en tu contra. Primero escucha la música y luego tócala hasta que finalmente, te conviertas en ella. Esta música soy Yo. Soy una Canción eterna. Mi ser resuena por todo el Universo. Todas las cosas creadas están llenas de esta canción. Cada parte de la naturaleza y del Universo cantará por siempre Mi canción. Sométete a esta música y tu alma sanará. Tu mente será fuente de paz y tus emociones, una fiesta continua de amor.

4 de diciembre

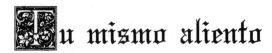

u mismo aliento

Salmos 105:24
Y multiplicó su pueblo en gran manera,
y lo hizo más fuerte que sus enemigos.
RV

Detente y obsérvame pelear hoy por ti. Conozco los nombres de tus enemigos y en dónde viven. He enviado hombres seguros los que removerán toda amenaza en tu casa y en tu vida. Vas a ver la victoria que has estado esperando. No te sientas ansioso. No temas, ni te preocupes. Levanta tus manos a Mi en acción de gracias y obsérvame prevalecer en ti. Alejo a los criminales de tu vida. Sano a los pacientes en los hospitales. Libero a los esclavos por tu causa. Te apaciento con Mi vara y abro el atrio del banquete preparado para el festín. Te enseño cómo lavar los pies de las almas indignas, ingratas, e inútiles sin sentirte rebajado ni usado. Esta vida te define. Vive con calidez y tu experiencia será constante, con un incremento imparable. Abre tu corazón tan grande como el cielo. Entonces, tus provisiones nunca se acabarán. Alimenta al huérfano, arropa a las viudas, libera al indefenso. Haz de esto tu mismo aliento y tú y Yo nunca estaremos separados.

aseando sobre las nubes

Isaías 62:1
Por amor de Sion no callaré, y por amor de Jerusalén
no descansaré, hasta que salga como resplandor su
justicia, y su salvación se encienda como una antorcha.
RV

Estoy paseando sobre las nubes de tus oraciones contestadas. Soy Mensajero Divino y Cartero. No seas tímido con tu oración. Déjame saber lo que necesitas cada día, en todo. La salud perpetua es tu porción, el amor inextinguible y la gloria innegable, tu droga. Del corazón de la mañana he ordenado justicia para ti. Ya no andarás más en círculos. Ahora eres portador de la antorcha ardiente. Mi portavoz. No retengas tu paz. No te detengas con el arado de la injusticia para arruinar tus campos o recuperar tu gozo. Reintégrate a tu propósito original. Consuela a aquellos que sufren porque les han robado y perdieron todo. Ayúdales a recuperarlo todo. Te ayudaré a hacerlo. Iré delante de ti y fortaleceré tus convicciones. Te convertirás en fuente perpetua de oraciones relevantes y agudas. No te detengas hasta que veas que he tomado totalmente el control. Recuerda, estoy paseando sobre las nubes de tus oraciones contestadas. Ahora llena los cielos con la nube de la gloria y deja que todo el Cielo colabore con nosotros en este destino.

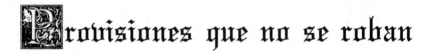rovisiones que no se roban

1 Samuel 30:24
*¿Y quién os escuchará en este caso? Porque conforme
a la parte del que desciende a la batalla, así ha de ser la
parte del que queda con el bagaje; les tocará parte igual.*
RV

A pesar de lo que has hecho, tengo una provisión guardada para ti. He apartado el botín que otros han peleado. Estos son tus socios. Como has sido fiel al orar por los santos, encontrarás sorpresas inesperadas en tu camino. Déjame mostrarte lo ancho y profundo de Mi bondad hacia ti. Déjame sanar tu pasado, preparar tu futuro y fortalecerte hoy. Permíteme despertar tu alma y dotarla de alas que liberarán tu espíritu para volar lejos del desierto hacia la tierra prometida en tus sueños. Vamos a terminar con los problemas. Déjame eliminar todo tu desánimo. Sabes que te perdono y te sano de todo. Redimo todo. Satisfago tu boca con cosas buenas, todo porque te amo. No busques la aprobación de la gente. Mírame directamente. Soy el Único en el quien puedes confiar absolutamente. Nunca te fallaré. Siempre te bendeciré más allá de lo que mereces. Estoy llenando tu alma con sonidos de victoria. Cantaré las canciones de Sion y nunca dormitarás ni te dormirás en Mi presencia. Toda la furia santa es tuya, ahora. Arde con estos fuegos santos y consume este mundo con Mi amor.

En la sombra de la paz

Mateo 6:25
Por eso te digo, que no se preocupen por la vida diaria, que comerás o beberás, ni por tu cuerpo, que te pondrás. ¿Acaso no es la vida más que la comida y el cuerpo más que la ropa?
ESV

No te preocupes, porque preocuparte es un insulto a Mi fidelidad. Confía y descansa con Mi bondad. ¡No pienses! Levanta rendido tus manos ahora mismo. No absorbas ninguna ansiedad ni irritación. Vive con una sonrisa en tu corazón, corre con una espada en tu mano y habla con seguridad, porque soy confiable, fidedigno y digno de confianza. Recuerda, que estoy sentado en el trono de tus circunstancias. Si depositas tu confianza en Mi, te sentaré en este trono conmigo. Nunca llego tarde, nunca tengo escasez y nunca me olvido. Curo las alas rotas del viajero. Resuelvo los problemas de toda alma angustiada. Alivio las penas de las víctimas. Calmo las tormentas del marinero. Bendigo el trabajo de tus manos. Cada sueño precioso está seguro en Mis manos. Entonces vive en la sombra de Mi paz. Riqueza sorprendente hallarás en tu camino. Regalos imprevistos y provisiones para tu viaje te han enviado por correo. Nunca dudes de Mi extraordinaria bondad hacia ti. Compártelo y vívelo.

La pluma de las buenas noticias

Salmos 112:7
No tendrá temor de malas noticias;
su corazón está firme, confiado en Jehová.
NKJV

Sostengo en Mis manos la pluma de las buenas noticias. Sólo Yo puedo usar esta pluma; no le servirá a nadie más. He decidido usarla contigo. ¡No temas a las malas noticias! No tengas temor, hoy. Mi mano controla tu vida. No permitiré que seas sorprendido por la posibilidad de malas noticias. Sacúdete de tu mente los malos pensamientos. Derríbalos y recuerda que no hay malos reportes en tu camino. Mi pluma con buenas noticias y dándote ánimo comenzará a escribir en tu mente y a sanarte. Tus años escasearán no sufrirá los abusos ni el desgaste que otros llevan. Las montañas frente a ti parecen tan grandes ahora, desaparecerán por medio de una señal de Mi mano. Mis bendiciones desmedidas empiezan a llegarte en esa misión que son tú y los tuyos. Se les ha ordenado adherirse y acompañarte y nunca apartarse de tu lado, ni de día, ni de noche. Te llevaré a las alturas de la humildad y de la amabilidad. Bebe de Mi misericordia eterna. Deja que te sane de malos recuerdos y resuelva tus conflictos. Escucha ahora la música del alma que alaba. Porque ésta es tu parte en la vida. Ahora sujeta Mi pluma con tu mano y escribe buenas nuevas para que el mundo las lea.

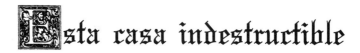sta casa indestructible

Deuteronomio 33:28
Así que Israel puedes vivir confiado, en la tierra de
pan y vino, de quienes los cielos dejan caer su rocío.
ESV

Tengo un hogar que estoy construyendo para ti, uno que produce grano y vino en abundancia. Los días de sequía y de carencia terminaron. No te suscribas al periódico de Satanás. Será la muerte para tu espíritu y tu fe. En vez de esto, levanta la cabeza y bebe la lluvia del cielo. Deja que riegue cada espacio de tu alma y de tu espíritu. Permite que sacie tu sed por Mi. Deja que abra las ventanas del Cielo. Toda adversidad desaparecerá de tu vida. Despertarás feliz cada mañana. La lluvia temprana te caerá, donde te sentías solo, vacío y con carencias, ahora tendrás fuerzas, energía y fuerza de voluntad. Ahora encontrarás frescura y un poder renovado. Ya no te frustrarás más. ¡Vuelve a Mi Palabra! Junta tu grano, es Mi Palabra. Bebe vino nuevo, es una revelación viva de Mi Palabra. Observa mientras abro Mi mano para ti y la dejo así.

Recuerda que Yo te traje por aguas de vida y muerte. Crucé los ríos para encontrarte. Te protegí del fuego. Y te sostuve por encima de las inundaciones. Te revelé mis caminos secretos. Crucé los desiertos de tu corazón. Dispersé la aterradora oscuridad que te acechaba. Llené tu corazón vacío con amor y gracia. Ahora bebe este nuevo vino y habita en este hogar que he construido para ti, esta casa indestructible.

Ningún enemigo adentro

Juan 14:30
No hablaré ya mucho con vosotros, porque el príncipe
de este mundo viene. Y él nada tiene en mí. [No tiene
nada en común conmigo; no hay nada en Mi que
le pertenezca y no tiene poder sobre Mi.]
AMP

Hay un lugar donde las flechas del diablo no pueden alcanzarte. Ninguno de sus planes funciona en este lugar santo. Aquí habitarás seguro, protegido contra los venenos mortales de la vida. Ninguna señal de la presencia del enemigo te llegará, porque serás intocable. Tu cuerpo, tu alma y tu espíritu estarán ocultos en Mí. Ninguna huella del enemigo quedará en tu familia o en tu trabajo y tu futuro estará seguro. Hay un trono privado, secreto dentro de ti, donde sólo Yo me debería sentar. No permitas nunca que nadie más lo ocupe. Este es el secreto de total libertad para ti, donde no hay dueños, ni recuerdos de los amores del ayer, ningún mal enredo, ninguna obsesión fuera de lugar, ni mala reacción y ningún lazo del alma con las canciones del mundo. Aléjate de los lugares del enemigo y cruza el río hacia tu destino. Ofrece tu vida en el altar de la rendición y no te negaré nada bueno. Ya no quedarán enemigos. No escucharás nunca su voz nuevamente, ni sentirás sus pisadas persiguiéndote. Quitarás la máscara de sus profetas y desencadenarás a sus prisioneros, sintiéndote seguro en Mi fortaleza de seguridad.

Dinero de la roca

Deuteronomio 32:13
Te haré beber miel, de la peña y con aceite del duro pedernal.
Parafraseo del Autor

Mis recursos de provisión divina son tuyos. Mi dulce comunión y amistad amable son tuyos. Me entrego a ti como tu porción en esta vida. Te doy miel de la Roca de Cristo, resultando en transformaciones milagrosas, motivos puros y aspiraciones limpias. Colócate al frente de la Roca. Abre las puertas de tu corazón y bebe las aguas de sanidad de vida. Sumérgete en amor y en misericordia. Danza en la unción. Sumérgete en los misterios de la vida. Deja que las aguas refresquen continuamente tu alma. Permite que escudriñen un camino de santidad que te permitirá verme. Conforme te sumerges en la miel, disolveré todos los sabores amargos de tu vida entera. Cada etapa de tu vida será renovada y nueva. Lo aburrido se volverá emocionante. Lo irrelevante se convertirá en necesario y las distracciones se desvanecerán. Enseña a los demás en dónde y cómo beber. Enséñales a estar unidos a la Roca. Inspíralos con tu ejemplo. Muéstrales a dónde llegar para recibir sanidad para sus heridas. Enséñales como mejorar. Muéstrales en donde los paralíticos son sanados y los leprosos son limpiados. Enséñales a escuchar el sonido sagrado del río donde ningún enemigo puede venir y donde ninguna enfermedad puede sobrevivir.

Trae tus vasijas

2 Reyes 4:3
*Él le dijo: "Ve y pídeles vasijas prestadas a todos tus vecinos,
vasijas vacías, todas las que puedas conseguir."*
NKJV

Determinas tu propia cosecha. Muéstrame tu apetito. Trae tus vasijas vacías a Mí. Nombra cada vasija. Como decidas nombrar a esas vasijas, de eso las llenaré. ¿De qué tienes carencia? Tráeme una vasija. ¿Qué necesitas? Tráeme una vasija. ¿Qué quieres que cambie en tu vida? Tráeme una vasija. ¿Qué sueños necesitas ver realizados? Tráeme una vasija. ¿A dónde quieres que te lleve en tu caminar conmigo? Tráeme una vasija. ¿Necesitas a tu familia sana o bendecida? ¿Quieres un cambio en tu economía? ¿Quieres que se abran ciertas puertas de oportunidad? ¡Tráeme una vasija! Tráeme todas las vasijas que quieras. No se me acaban las respuestas, los milagros, ni las sorpresas. Quiero que me necesites. Quiero que dependas de Mí. Quiero que seas la persona más feliz del mundo. Tráeme tus vasijas, todas las que puedas conseguir.

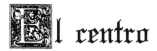l centro

Filipenses 3:7
*Pero cuantas cosas eran para mí ganancia, las
he estimado como pérdida por amor de Cristo.*
RV

Soy tu bóveda. Esconde tus más preciadas posesiones dentro de Mí.
Nadie puede entrar y robarse lo que escondes en Mí. Cualquier cosa
que has dejado, ya sea personas, cosas, sueños o deseos, los reemplazaré conmigo. Soy más valioso que todas las demás cosas que pudieras
poseer. Todo el que Me quiera tener como el centro de su vida deberá
ser probado; su corazón debe ser probado. No debe haber nadie más
sentado en el trono de tu corazón. No puedo entregarte las llaves de
Mi reino si antepones otras cosas antes que Yo. Necesitas saber que Yo
ya sé todo de ti, Yo soy el centro de tu vida. Porque del centro brota la
vida y todo lo que cualquiera pueda alguna vez desear nace de un verdadero y libre corazón. No soy un tirano; soy un padre que realmente
sabe que es lo mejor. Aléjate de las sombras y camina hacia la parte
principal de la vida. Vamos a explorarla juntos y a encontrar lo que
todos los demás están buscando.

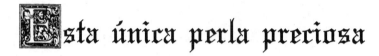

sta única perla preciosa

Mateo 13:45-46
También el reino de los cielos es semejante a un hombre
que busca buenas perlas, y al hallar una perla preciosa,
fue y vendió todo lo que tenía y la compró.
Parafraseo del Autor

Esta única perla preciosa es todo lo que necesitarás algún día. Esta es la perla que todo el mundo está buscando. Esta perla colma lugares vacíos del alma y alumbra los fuegos del corazón. Esta única perla vale más que todas las perlas juntas. Sostiene los derechos de todos tus sueños. Contiene las respuestas a todas tus preguntas. Por lo tanto, echa mano de esta perla y las canciones mundanas nunca regresarán. En tu vida la búsqueda se volverá una visión clara y tu propósito se revelará. Dedica un tiempo para apreciar esta perla. Púlela diariamente. Nunca la pierdas, ni la vendas, ni la regales. Este es Mi regalo para ti. Nunca podrá ser comprada, ni vendida, ni reemplazada. Definirá tu vida y le dará poder a tu relación conmigo. Esta única perla preciosa Me costó todo lo que soy, todo lo que tengo y todo lo que hay. Cuando la ames tan profundamente como Yo la amo, también te costará todo. Está única perla preciosa es Jesús.

El sonido de tu hoz

Apocalipsis 14:18
*Mete tu hoz aguda y cosecha el fruto maduro que he
preparado para ti.*
Parafraseo del Autor

Es tiempo para segar tu cosecha secreta. Es tiempo de levantar la hoz que Dios hizo. Esta hoz ha sido afilada. No puede fallar o desarrollarse torpe e inútilmente. Este es tu regalo de Mi parte. Úsalo, aprécialo y agudízalo con un corazón rendido y una limpia conciencia. Apóyate en él, confía en su poder, deja que genere bendiciones para ti. Permite que Mi corazón compasivo, como tu hoz, sane tu mundo y le dé la vuelta a la base de tu vida. Nunca dejaré de amarte, jamás. Nunca dejo un pedazo, o una roca, o una laja en tu vida. Tu hoz hará que tus sueños sean realidad. Coloca tu hoz al frente y clama por la vida que Dios te dio. No he olvidado tu potencial. Estoy hurgando en tu corazón todos los días. Ríndete a Mi pala. No hay dureza que tu hoz no pueda romper, ni raíz tan profunda, ni suelo tan árido que no lo pueda penetrar. Usa tu hoz diariamente y los frutos comenzarán a caer de los árboles para ti; jugosos, suaves, frutos dulces que no podrá resistirse, ni destruirse a causa de la resequedad, ni por gusanos, ni condiciones adversas. Todo esto responde al golpe de tu hoz; por lo tanto, levanta tu hoz y sumérgete en tu destino.

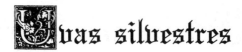uas silvestres

Miqueas 4:4
*Y se sentará cada uno debajo de su vid y debajo
de su higuera, y no habrá quien los amedrente…*
RV

Algunas personas esperan toda una vida para que sus sueños se hagan una realidad y nunca los ven realizados. Hombres, mujeres y niños mueren con sus corazones vacíos y vidas frustradas. Esta no es tu herencia. No tengo una caja de cenizas para ti o un cofre del tesoro lleno con trapos viejos. Tu herencia está hecha con amor, confeccionada en Mi corazón. Cada pieza ha sido diseñada para añadir valor y riqueza a tu vida. Eres Mi vid, Mi espacio donde se fabrica vino nuevo para la sanidad del alma. Nunca producirás uvas salvajes o agrias. Tu familia no será visitada por el diablo y tu herencia no será envenenada por invasores o por robos, ni arruinada por el descuido. Ésta es tu vida y está a salvo de erosión. Tratada con gran amor. Ámala y estímala como algo sagrado y cada año producirá una nueva cosecha de bendiciones. Espera dulzura de las uvas de tu jardín. No te fijes en las uvas marchitas o en las echadas a perder. Caerán al suelo y se convertirán en fertilizante para el resto. Dedícate absolutamente para aprender, a amar y a vivir.

os dientes del diablo

Salmos 46:9
Que hace cesar las guerras hasta los fines de
la tierra, que quiebra el arco, corta la lanza
y quema los carros en el fuego.
NKJV

Una Palabra de Mi boca y las guerras cesarán. Un movimiento de Mi mano y tus problemas se acabarán. No más inesperados choques de tren. No más semillas de tu destino derramadas. No más equivocaciones causadas por ignorancia. Abre tu corazón y tus ojos sanarán para ver como Yo veo. Mi punto de vista es el único punto de vista verdadero. Ver es creer y veo todo. Prepárate para una invasión de amor, para el final de las catástrofes y de los conflictos internos. Una completa reconstrucción en tu vida se ha iniciado, una en la que los baches están tapados, las obstrucciones del camino removidas, las montañas niveladas y una perfecta claridad y conocimiento es lanzado a tu vida. La jungla está siendo liberada de depredadores mortales y de serpientes en el pasto. Las bestias salvajes, enjauladas y lugares ocultos se mostrarán. Estás dirigiéndote a una renovación total. Nunca más volverás a ver los dientes del diablo. Entérate: le arranqué los dientes al diablo. Todo lo que puede hacer es mostrar su dentadura postiza.

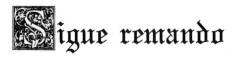igue remando

Salmos 66:12
Pasamos por el fuego y por el agua, pero tu nos sacaste
a la abundancia, al lugar húmedo [a la abundancia, a la
frescura y al aire libre.]
AMP

La vida es como ir en una canoa en los rápidos. No importa qué tan escabrosas las olas sean, tienes que seguir remando. Quédate en el bote. Escucha Mis instrucciones y sigue remando. Aférrate firmemente a los remos; te llevarán por aguas impredecibles. Cuando todos te malentiendan, te juzguen, y distorsionen tus palabras y acciones y te etiqueten como feo y espantoso, tú sigue remando. Cuando roben tu reputación, sigue remando. Cuando insulten tu integridad y te nieguen oportunidades, sigue remando. Cuando te culpen por sus errores, sigue remando. Aprende hoy la lección. Nunca saques tus remos del agua. Rema, rema, rema y sigue remando. Hay un lugar apacible esperándote después de la curva. Los rápidos siempre se calman, el peligro siempre pasa y el terror siempre se desvanece. La vida está esperando para que la descubras. Tienes que hacer lo correcto incluso si la gente lo usa para mal. Rema, rema, rema. Hay un lugar apacible esperándote después de la curva.

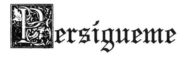ersígueme

Cantares 1:2
Correremos tras de ti, porque mejores son tus amores que el vino.
Parafraseo del Autor

Persígueme y te perseguiré. Persígueme y tus sueños perdidos caminarán de nuevo. Persígueme y tus malos deseos se derretirán. Persígueme y el asesino de gigantes que está en tu interior saldrá. Persígueme y encontrarás tu destino. Persígueme y el Cielo te seguirá. Persígueme con tu alma y nunca te faltará paz. Persígueme y tu propósito se auto-revelará. Persígueme con todo tu cariño y seré tu primer Amigo verdadero. Persígueme con adoración y ningún ídolo volverá a ocupar tu corazón. Persígueme con tu confianza y me manifestaré a ti. Persígueme con fe y cada montaña se desvanecerá. Persígueme con tu vida y nunca seremos extraños. Persígueme con tu corazón y siempre estaremos unidos. Persígueme siempre, porque ya te estoy persiguiendo.

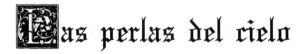as perlas del cielo

Proverbios 28:27
El que da al pobre no tendrá pobreza, pero el que
aparta de él sus ojos tendrá muchas maldiciones.
NKJV

El secreto de tu éxito está en la manera en que tratas al pobre. Quiero que encuentres al pobre y lo enriquezcas con perlas del Cielo. Llena sus estómagos, viste sus espaldas descubiertas, consuélalos con esperanza y otórgales habilidades para soñar. Libera sus almas heridas y guíalas hacia Mí. Si sigues esta luz, nunca te faltará nada en la vida.

Serás la persona más rica que conozcas. Este estilo de vida es Mi corazón. Amo al abandonado, al rechazado, a las almas que sufren y quiero que te conviertas en un soldado para el pobre. Detente y lucha por ellos. Escucha su llanto. Nunca te vayas por otro camino. Cada vez que extiendas tu mano hacia ellos, estrecharé Mi mano a todos los que amas. Arropa su espíritu con sabiduría espiritual. Lava sus mentes con fe, sana sus oídos con los lenguajes del amor y repara sus corazones con actos de bondad. Recuerda: las perlas del Cielo están bajo tu cuidado.

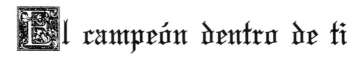l campeón dentro de ti

Filipenses 4:13
Todo lo puedo en Cristo que me fortalece.
NKJV

Tu potencial es tu inspiración y tu tormento, todo al mismo tiempo. Sabes que hay un potencial en ti sin explorar, que está esperando para ser liberado. Hay un pintor experto y un escultor de almas dentro de ti. Hay un pescador de almas perdidas, un constructor de Mi reino y un empresario para Mi, un libertador del oprimido y un rescatador del perdido y de los niños abandonados. Sabes que puedes hablar a las naciones y confundir al intelectual con Mis palabras. Desde el día que empezaste a caminar, sabías que podías correr. Sabías que siempre podría haber más. Mientras que tengas aliento, serás siempre un conquistador para Mí. Vive tu vida con la energía que hace que las cosas sucedan. Siempre estaré contigo. Siempre te ayudaré y te fortaleceré. Nunca retrocedas a causa de los retos. Son como alimento para ti; vives por ella. Son tu alimento diario. Así es como te hice. Ahora sométete al campeón que tienes dentro y conquista a Mis enemigos.

Abba Padre

Romanos 8:15
*Pues no habéis recibido el espíritu de esclavitud para estar
otra vez en temor, sino que habéis recibido el espíritu de
adopción, por el cual clamamos: ¡¡Abba, Padre!!*
RV

Te entiendo incluso si nadie más lo hace. Conozco todos tus pensamientos secretos, buenos y malos. Conozco todos tus sentimientos. Sé de tus cambios de humor, de tus frustraciones, de tu desesperación y de tus alegrías. Sé de donde vienes. Conozco todas tus experiencias, públicas y privadas. ¡Nadie más puede saber eso! Soy el único calificado para ayudarte a salir de lugares estrechos. Hice arreglos necesarios para que tus antiguas cadenas desaparezcan y sean arrojadas en un pozo profundo e inalcanzable. No puedes experimentar lo que tengo planeado para ti con tantos problemas sobre tu espalda. El llamado que te tengo es tan intenso, tan grande. Esto es lo que quiero que aprendas: un minuto conmigo es igual a una vida de salud. Te amo incondicionalmente y nunca te olvidaré. Soy tu Padre. Te he adoptado para siempre. Tengo un corazón con amor para ti, eso nadie lo puede cambiar. Estoy comprometido eternamente con tu éxito y a tu bienestar. Suena la trompeta; haz que el mundo escuche al llamado sagrado.

Justo a tiempo

Salmos 116:7-8

Vuelve, oh alma mía, a tu reposo, porque Jehová te ha
hecho bien. Pues tú has librado mi alma de la muerte,
mis ojos de lágrimas,y mis pies de resbalar.
RV

Es el momento para que te detengas y encuentres una silla confortable. Siéntate, sube tus pies y déjame atenderte. Olvídate de todo lo que debes hacer; puede esperar. Conéctate a Mí, ahora. Descansa, relájate, acomódate y respira aliento de vida profundamente. Deja que Mi paz llene tus pulmones. Permite que tu alma cansada sea reconfortada con Mi amorosa presencia. El descanso es tan importante como el trabajo. ¿Cuánto has estado trabajando y a dónde te ha llevado tu jornada para conocerme? Este es tu tiempo. Es tiempo para que llenes tu tanque de gasolina, para que recargues tu batería. Tienes que hacerlo; te ordeno amorosamente hacerlo. Ahora, cuando hayas descansado, puedes hacer más en menos tiempo con mejores resultados. Recuerda lo que he hecho ya por ti, cómo salvé tu vida en circunstancias peligrosas y de tus enemigos y cómo contuve tu dolor y te salvé cuando ibas cayendo. Por lo tanto, no te preocupes; con Mi ayuda, cambiarás el mundo, justo a tiempo.

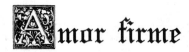mor firme

Lamentaciones 3:22-23
Que el amor firme del Señor nunca cese, sus
misericordias nunca lleguen a un final; nuevas
son cada mañana. ¡Grande es tu fidelidad!
RSV

No te vistas con los harapos de anteriores culpas. No te pongas cadenas de tus pasados fracasos. Aléjate de esto. No puedes hoy ganar victorias si estás viviendo las antiguas derrotas. ¡Vamos! ¡Levántate! No inclines tu alma bajo el ayer. Te daré victorias para que las ganes. Perdónate y perdona a los demás. Regálate un nuevo comienzo. Dicen que ya te realizaste, que ya terminaste y que ya te borraron. Te digo que lo mejor está por venir. ¡Grita de alegría y estremece al mundo! Este es un nuevo día sin errores. Sin culpa, ni dedos acusadores. Repite: "El amor de Dios nunca se acaba. Sus misericordias son nuevas cada mañana. Grande es Su fidelidad para Mí." Recuerda, tengo una provisión inagotable de segundas oportunidades. Tu corazón no es oscuro, ni desleal. Lo he hecho suave, dócil y fiel. Cree esto y prosperarás. No escuches a los desanimados. Escucha al Animador. Yo termino lo que empiezo, te terminaré.

Dones enterrados

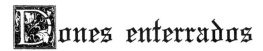

Proverbios 18:16
La dádiva del hombre le ensancha el camino
y le lleva delante de los grandes.
RV

Cuando te encontré perdido, solo y sin esperanzas. Decidí otorgarte algunos dones muy especiales y poderosos. Estos dones ayudarán a la gente a salir de sus calabozos. Tus dones ocultos han escuchado el sonido de la voz de Mi resurrección. "Sal fuera" es el llamado que he enviado. Estos dones te permitirán entrar en los corazones de los altivos y de los humildes. Ningún puesto de autoridad será inalcanzable para ti. Aquellos que se han reído de ti en el pasado estarán avergonzados de sus corazones torcidos. Aquellos que están buscando un fracaso serán acallados. No esperes una vida normal desde hoy y en adelante. Las oportunidades están llegándote. La vida está a punto de decir: "sí" a tus sueños. Utiliza tus nuevos dones y bendice a todos. Ayuda a alguien cada día. No desperdicies ninguna oportunidad. Estoy preparándote una plataforma para hablar. Mis planes para ti incluyen tus sueños imposibles. Detente y permite que tus dones hagan la obra.

a paloma regresó

Génesis 8:11
Y la paloma volvió a él al caer la tarde, con una hoja
fresca de olivo en el pico…
ESV

Mi paloma es la gloria del Cielo. Llena el aire con belleza y con amor como ningún hombre jamás haya podido soportar. Satura todo el cielo con salud, bienestar y buenos propósitos. Mi paloma es amor revelado, gozo expresado y poder manifestado. Mi paloma cambiará tus circunstancias difíciles convirtiéndolas en grandes éxitos. Cuando escuches el sonido del aletear de la Paloma, tienes que saber que los milagros están a punto de ocurrir en tu vida y que las bendiciones rezagadas han sido liberadas. Mi Paloma repara los corazones rotos y lastimados. Mi Paloma acorta brechas entre personas. Resuelve, soluciona y libera a todos de sus pecados y también de sus problemas. Mi Paloma, dirige la música de la vida, convierte lo feo en hermoso, hace que los sonidos en tu vida estén en armonía conmigo. Mi Paloma protege tus tesoros y tu herencia. Trae paz al Mundo.

Los falsos profetas

1 Reyes 18:40
*Entonces Elías les dijo: Prended a los profetas de Baal, para
que no escape ninguno. Y ellos los prendieron; y los llevó
Elías al arroyo de Cisón, y allí los degolló.*
RV

Ninguna otra voz, sólo la Mía. Ninguna verdad, sólo la Mía. Nada
bueno, sólo lo Mío. Estas verdades tienen que llenar tu cerebro. Estas
verdades son medicina a tu alma. Nunca las olvides. Átalas alrededor
de tu cuello y escríbelas en la tabla de tu corazón. Revivirán sueños
muertos en tu corazón. Estas verdades suavizarán los corazones de
quienes te escuchen y te darán fortaleza sobrenatural en el transcurso
de tu vida. Todas las sequías terminarán, abriendo fuentes de vida que
están cerradas, concluyendo tu viaje por el desierto. Ahora las ventanas
del Cielo se abrirán para ti, regando el jardín de tu vida y destruyendo
enjambres de parásitos devoradores. Iniciarás el avivamiento de la Palabra al eliminar a los falsos profetas de Satán, terminando toda catást-
rofe circunstancial y desatando bendiciones de los héroes del Cielo.
Serás lanzado a una vida de relevancia y propósito, estableciendo tu
voz como una voz de poder y de ánimo. Ninguna otra voz más que la
Mía. Nada bueno sólo lo Mío.

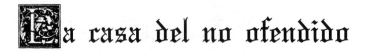a casa del no ofendido

Salmos 119:165
Mucha paz tienen los que aman tu ley,
y no hay para ellos tropiezo.
RV

Hay un lugar a donde puedes ir, en donde las personas agresivas, ofensivas que viven a tu alrededor no puede penetrar la armadura de tu alma. Este lugar ha sido sólo conocido por unos pocos; es un lugar escondido y tan seguro e impenetrable que ninguno de los tiranos de tu pasado podrá alcanzarte. Ahí estoy haciéndote inmune a cualquier invasión emocional. Este lugar santo es la casa del no ofendido, lugar para amar, para comer Mi Palabra diariamente, beber Mi sabiduría y actuar con Mi consejo. Mi Palabra se convertirá en escudo a tu alrededor, protegiéndote de los terribles puñales de los corazones de los Judas que viven ciegos debido a sus impulsos indisciplinados. Recientemente has visto las cámaras de tortura y los pozos de lodo a donde esta gente podría llevarte arrastrando hasta el fondo. Gobernar tus emociones será una gran victoria. Ser libre de imperfecciones de los desairados será una gran libertad. Apártate de las trampas de piedad.

Vive con tus alas extendidas. Vuela por encima de los obstáculos y vuelca tu vida en un mar de oportunidades. Sumérgete en tus ascensos y recibe tus recompensas. Sé un faro de amor y señala el camino a todos aquellos que han perdido sus linternas y se han quedado sin aceite. Recuerda, tu posición es de gran paz. Sé un faro de amor y de perdón.

ranquilo

Filipenses 4:9
*Practica lo que aprendiste y recibiste y lo que oíste y viste
en Mí, y modela tu camino viviendo así y el Dios de paz
(tranquilo, impasible, de bienestar) estará con vosotros.*
AMP

Tranquilo, impasible, con bienestar, ésta es tu porción. Siéntate a Mi mesa y cena en estas verdades: que en Mi hay un lugar de tranquila serenidad y de bienestar. Si habitas en Mí y Mi Palabra habita en ti, te volverás un espejo reflejando al mundo Mi imagen. Verán cómo vivo en ti, haciéndote intocable a influencias corrosivas del mundo. Revelaré al mundo Mi paz a través de tu vida. La paz es Mi medicina para los que tienen problemas y para los torturados. Limpia, repara y refresca el alma con esperanza. Restaura las mentes y sana las grietas de los pensamientos de una persona. Nunca cambies Mi paz por placer. Nunca me pierdas de vista. Entre todos los gritos. Aférrate a Mí y nunca sueltes tu asimiento de amor por Mí. Debes saber que vine para arreglar lo que está roto en tu vida, para enseñarte Mis caminos, para instruirte a vivir la vida como la de Cristo. Si abrazas Mi enseñanza, tu vida será una celebración constante en el Cielo. Habla como hablo, perdona como perdono y responde como respondo. La prosperidad entonces seguirá a tu alrededor durante todo el día. Quiero que pruebes toda clase de bendición que hay: económica, espiritual, social, emo-cional y física. Todo esto es para ti y está preparado por Mí. Veo tus batallas personales de fe. Veo a las personas que te irritan a tu alrededor. La respuesta no es deshacerse de ellas, sino deshacerte de la parte que no está desarrollada de tu naturaleza humana. Aprende, sigue y obedece. Cuando te despiertes por las mañanas, comenzarás a notarme en el espejo. Eres un portador de la paz. Recuerda esto y libérate. Tranquilo, inquebrantable e inequívoco.

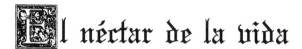l néctar de la vida

1 Pedro 1:8

*Sin haberlo visto a Él, le amamos, creyendo en Él aunque
sin haberlo visto, creemos en Él y le exaltamos y estamos
emocionados con un gozo inefable y una alegría gloriosa.*

Parafraseo del Autor

Estoy más allá de ser descubierto. Todo acerca de Mi es un misterio
esperando a ser descubierto. Habito en la eternidad y veo todas las cosas al mismo tiempo. Sé todo lo que fue y es, y lo que será. Sé esto, Mi
plan para ti va más allá de tu comprensión. Fue concebido en la eternidad por tu Padre que te ama infinitamente. Todo lo que deseo se lleva
a cabo. No sueño y no me doy cuenta de que estoy soñando. Lo que
sueño, lo tengo. He soñado con toda tu vida. Me amas sin haberme visto. Quiero que sepas que por esta razón no retendré nada de ti. Pídeme
y es tuyo. Oh, ¡Las gloriosas posibilidades que te están esperando!
Todo lo que pensaste que era divertido palidecerá en comparación con
lo que estoy preparando hacer para ti. Estos planes, son planes de amor
perfecto, no contaminado y de riquezas indecibles que mantienen el
Universo unido. No tienes por qué preocuparte de nada. Cada pequeño
detalle en tu vida encaja perfectamente en Mi plan soberano. Vive
libremente, ama incondicionalmente y respira el néctar de la vida.

Vive tu vida con las manos abiertas

Génesis 39:3
Y su amo vio que el Señor estaba con él,
y que el Señor lo hacía prosperar y
tener éxito en sus manos.
AMP

Sé que te has sentido solo en el pasado, sin esperanza, confundido e incomprendido. No estás solo hoy. No enfrentarás este día sin sentirme cerca de ti. Mi mano está ahí contigo y nunca estarás solo nuevamente. Voy a sorprender a todos al apoyar tus esfuerzos con resultados milagrosos tan grandes que nadie más será capaz de reclamar el crédito por estas bendiciones. Encontraré las serpientes en el jardín y las sacaré. Ninguna espina, ni zorros pequeños que estropeen tu vida sobrevivirán. Verás a tu alrededor hoy y podrás sentir Mis brazos llevándote, dirigiéndote y animándote. Cualquier cosa que toques prosperará. El éxito seguirá a tu alrededor como perro fiel, gritando al mundo lo que puede tener si Me sigue. Comparte tu dinero, tu amor y tus bendiciones. Vive tu vida con las manos abiertas.

2 sitios// una imagen grande

ivantait.com

recibir mejor ministración
descargar los mensajes de Ivan
comprar más productos
inscribirse para correos electrónicos de Ivan
mantenerse informado

whatmattersmm.org

experimentar el amor de Jesús
ver a nuestros niños
ayudar a convertir a los huérfanos en
REALEZA
irse a Guatemala y visitar nuestro orfanato

Made in the USA
Lexington, KY
28 November 2015